모신
(母神)

자녀를 훌륭하게 기르기 위해 노심초사하는 이 땅의
어머니(모신/母神)들에게 이 책을 바친다.

모 신 母神

1판 1쇄 발행일 : 1999년 03월 05일
2판 1쇄 발행일 : 2000년 08월 05일
3판 1쇄 발행일 : 2001년 04월 20일
4판 1쇄 발행일 : 2002년 04월 02일
5판 1쇄 발행일 : 2009년 05월 11일
6판 1쇄 발행일 : 2010년 01월 02일
6판 3쇄 발행일 : 2012년 09월 01일
6판 4쇄 발행일 : 2013년 07월 22일
6판 5쇄 발행일 : 2021년 02월 01일
7판 1쇄 발행일 : 2022년 09월 01일

지은이 : 임 종 렬
펴낸이 : 김 순 천
펴낸곳 : **한국가족복지연구소**
　　　　서울특별시 마포구 백범로 178 신영지웰 오피스텔(공덕동)A711호

등록번호 : 1991. 11. 21 제 11-62호
전화 : 02-711-6242, 6243
홈페이지 : www.kfti.re.kr
이메일 : kfti2@hanmail.net

디자인 : (주)엔씨엘피플스(02-557-6961)
　　　　http://www.ncl.co.kr
ISBN　 89-89821-04-5 03370

* 잘못된 책은 구입처에서 교환해 드립니다.
* 이 책은 저작권법에 따라 보호 받는 저작물 이므로 무단전제와 무단복제를 금지합니다.

아이의 운명을 관리하는
어머니의 대명사

모 신

(母神)

개정 7판

임종렬 지음

한국가족복지연구소

母神

모신(母神)

신들의 공유영역

환상의 공유영역

자율성의 허용과 능력의 울타리

아이의 운명을 관리하는 어머니

모신(母神)

    사랑이 부족하면 아이들은 병에 걸린다. 아이들의 병은 성장을 거부하는 현상이다. 아이들이 병마에 시달리는 현상은 사랑이 아니면 주검을 달라는 무언의 함성이요, 억울함을 하소연하는 시위이다. 그리고 의미 없는 어머니와의 괴로운 관계를 고발하는 소리 없는 절규이다.

    사랑이 부족한 삶은 살아야 할 이유가 없는 삶이다. 아이들의 삶이 재미없는 이유는 어머니의 삶이 재미없는 것에 있다. 그렇기 때문에 아이의 삶이 재미있게 되려면 어머니의 삶이 먼저 재미있게 변해야 한다.

    아이는 누가 기르든 기르기만 하면 잘 자라는 줄 안다. 절대 그런 것은 아니다. 행복하게 사는 어머니에 의해서 길러진 아이는 행복하게 잘 자라지만 불행한 어머니에 의해서 잘못 길러진 아이는 자주 병을 앓는다. 육체적인 병과 정신적인 병을 동시에 앓는다.

    어머니들은 아이의 병을 약으로 고치려 든다. 사랑으로 고치면 훨씬 쉽고 경제적이며 영원한 치유가 된다는 것을 모르기 때문이다.

책 머리에

    나의 삶은 어머니와의 관계에서 시작해서 어머니와의 관계가 끝이 나는 순간에 마무리된다는 것을 나는 알고 있다. 어머니가 곁에 계셨을 때의 나는 실존하는 신(神)이신 어머니와 함께 살았고 어머니가 세상을 떠나고 안 계시는 지금은 내 마음속에 이미지로 살아 계시는 어머니의 표상(이미지)의 신과 함께 살고 있다.
    이러한 나의 삶을 보고 사람들은 허상 속에 살고 있는 삶이라고 할 수도 있고 병적인 환상 속에서 살고 있는 삶이라고 할 수도 있다. 그러나 어머니가 세상을 떠나고 안 계시는 지금도 나는 나의 마음속에 이미지로 남아 있는 어머니와 함께 살고 있다. 어머니 신의 지시에 순응하며 살고 있다. 오늘의 내 삶 속에는 어머니의 표상이 어머니가 살아 계셨을 때처럼 나의 일거수 일투족을 염려해 주시고 믿어 주시고 격려해 주시는 변함없는 대상으로서 아니 위엄을 갖춘 신으로서 살아 계신다. 나의 생명이 소진(消盡)되어 내가 이 세상을 다 살고 영원한 휴식을 위해 나의 세상을 데리고 다른 사람들이 살고 있는 이 세상을 떠나 어머니가 계시는 저승으로 떠날 때까지 어머니는 그러한 표상으로 나와 함께 살아 계실 것이다.
    어머니의 신성(神性)이 나의 무의식의 세계 아니, 광활한 표상의 세계에서 퇴색되지 않고 예전의 모습으로 나를 지켜보시며 보호하고 계시는 한 나는 나의 삶 속에 스며들 수도 있는 고난의 세월을 극복할 수 있을 것이고 어머니가 살아 생전에 바라셨던 아들로서의 삶을 살아갈 것이다. 지금처럼 아니면 지금까지 어머니와 함께 살아 온 과거의 나처럼 그렇게 살아갈 것이다. 학처럼 사슴처럼 그렇게 살아갈 것이다.

어머니. 나의 신(神)이신 어머니. 당신은 정말 아들의 신이 되셨습니다. 1995년 2월 어느 날. 함박눈이 펑펑 소리 없이 쏟아지던 창경궁 길 건너 불기운 하나 없던 그 차가운 병실에서 정녕 눈물 한 방울도 흘리지 못하시고 떠나신 어머니. 눈에 보이지 않는 신이 되시기 위해서 떠나신 어머니.

당신의 바램과 그 바램 속에 숨겨진 어머니 당신의 참 뜻을 차마 말씀으로 전하지 못하시고 눈을 감으시면서 어머니를 뵈오려, 마지막 가시는 어머니를 뵈오려 서울로 가는 비행기를 타고 있던 아들을 향해 조용한 얼굴로 당부하셨을 그 크고 간곡한 소망의 소리를 들었습니다.

"아들아, 내 아들아…" 끝을 맺지 못하시고 목메어 하셨을 어머니의 소망을 어찌 짐작하지 못하였겠습니까? 지금도 이 아들은 그 때가 오늘인 냥 표상 속의 어머니를 모시고 어머니가 원하셨던 아들이 되기 위해 어머니를 기리며 조용히 어머니의 아들답게 살고 있습니다.

어머니 도와주십시오. 이 아들의 신(神)이신 어머니.

당신의 도움은 당신의 아들에게 자신을 도울 수 있는 힘이 되고 지식에 굶주린 후학들과 병마에 시달리는 이 땅의 많은 사람들에게 지혜의 양식이 되고 치료의 절묘한 약이 될 것입니다.

어머니. 오, 이 아들의 영원한 신(神)이신 어머니.

어머니를 생각하는 정은 모든 사람의 가슴속에 애틋하고 간절한 그리움이 되어 자식된 마음을 아프게 한다. 어머니의 소원을 들어 드리지 못한 자식

일수록 어머니에 대한 생각은 더욱 애닯다. 곁에 계시거나 떠나고 안 계시거나 어머니를 기리는 마음은 매한 가지다.

　어머니의 정을 소망하는 이 땅의 크고 작은 자식들을 위해서 모신(母神)이라는 이름으로 우리들의 어머니를 그려보았다. 혹자는 분개하고 혹자는 통한을 느낄 내용으로 꾸며진 필자의 사고와 그 사고에 의해서 엮어나간 이 책 속의 이론을 사과한다. 무리한 묘사(描寫)가 있으면 관용을 바란다. 기대해도 될만한 관용일지 모르겠다.

　올해의 여름은 유별났다. 유별난 더위 속의 컴퓨터 옆에서 나는 실성한 사람처럼 주문(呪文)을 외우듯 나의 생각들을 불러댔다. 이러한 나의 생각들을 하나도 놓치지 않고 컴퓨터에 입력한 대학원생 김은영과 교정을 보며 개념들을 정리해 준 최경미, 강미자, 그리고 최성숙은 참으로 총명하고 꼼꼼했다. 무더위에 노고가 얼마나 컸을까? 짐작이 간다. 진심으로 감사하다는 말로 보답이 될지 모르겠다.

　그리고 나를 키워 주신 웨인주립대학교 교수님들, International Institute의 Maria Kwitkowsky와 Northville State Hospital의 Judith Brown 수퍼바이져님들, 그리고 대상관계이론과 대상중심이론의 정리와 발전을 위해 열띤 토론의 대상이 되어 준 미국과 한국의 대학원 제자들과 나를 찾아와 상담을 받으며 나를 상담전문가로 만들어 준 세계의 여러 나라에서 온 손님(clients)들에게 감사한다.

1998년 엘리뇨가 떠나던 9월　　필자 임 종 렬

차 례

모신(母神) · 12
- 어머니와 여호와   14
- 어머니   17
- 바람직한 어머니의 모습   21
- 자기-대상표상(어머니 속의 어머니)   24

형이상학적 일기 예보 · 32
- 아이들의 날씨   34
- 모성결핍과 육체적 질환   40
- 무의식 속에 내재화된 이미지들   43
- 인간발전소   54

신들의 공유영역 · 60
- 희랍의 여신 가이아와 우리의 모신(母神) 어머니   62
- 신과 신의 추종자   68
- 아버지   72

어머니의 거울 · 78
- 옆으로만 걷는 어미 게는 아닌가?   80
- 자녀의 거울로 뒤돌아 보라   83
- 화풀이가 되어서는 아니 될 자녀 훈계   87
- 양육의 본질   93
- 어머니와의 관계, 타인과의 관계   102
- 아이는 아이 자신을 위해서 태어난다   110
- 어머니를 좋아하는 자식이 있을까?   115

모신(母神)

환상의 공유영역 · 120
- 불협화음 속의 이중주   122
- 절대자의 변(辯)   129
- 산고(產苦)와 현실   136
- 태교의 의미   144
- 잠재적인 공간   149

정신과 질병 · 156
- 모든 아이는 자폐아로 태어난다   158
- 순응하는 어머니   165
- 대상으로서의 어머니   171
- 아이에게 반항하는 어머니   177

자율성의 허용과 능력의 울타리 · 184
- 모정, 자긍심 그리고 성공   186
- 아이의 잠재력   192
- 어머니와 아이의 공생관계   199
- 아이의 즐거움, 신(神)의   205
- 삶과 환경의 의미   210
- 암닭과 대상   215
- 아이의 팔과 어머니의 목   222
- 웃는 아이와 우는 아이   238
- 울타리는 왜 쳐요?   244
- 혹한에 시달리는 떡잎   254

바람벽에 숨겨진 천재의 여한 · 268
- 돌은 왜 던져요?   270
- 공부를 못하는 아이   278
- 벽창호와 효도타령   294
- 밥을 안 먹는 아이(거식증)   304

<사례>
컴퓨터 중독 청소년 문제해결을 위한 대상중심 가족치료   314

모신(母神)

: 어머니와 여호와
: 어머니
: 바람직한 어머니의 모습
: 자기-대상표상(어머니 속의 어머니)

신(神)은 섭리의 당위성을 가지고 인간을 다스린다. 신의 당위성은 절대적이어서 인간의 저항을 허용하지 않는다. 다만 믿음을 통한 순응이 있을 뿐이다. 이러한 신의 섭리에 동승하여 신(神)보다 더 위대한 능력과 권세를 가지고 아이들의 운명을 다스리는 우리들의 어머니. 나는 그 어머니를 모신이라는 이름으로 경앙(敬仰)한다.
  왜 그럴까? 이유를 묻지 말라. 그렇게 하는 까닭에는 누구도 부인할 수 없는 자명(自明)함이 있다.

  모신(母神). 모신에게는 섭리(攝理)의 신앙이 있다.

  모신(母神)의 섭리는 새로운 것의 창조이고 양육이다. 창조는 우연이고 양육은 필연이다. 창조의 우연성은 경우의 변수 속에 존재하고 양육의 필연성은 자식의 존망(存亡) 위에 군림한다.
  자비와 희생을 상징하는 어머니. 그 어머니의 자비와 희생을 위해 순응하라. 그리고 위대함과 신비스러움을 감사하라. 그 때 비로소 그대의 어머니, 모신은 그대에게 편안한 오늘의 삶과 미래의 성공을 보장하는 사랑의 빛을 밝혀 줄 것이다.

 # 어머니와 여호와

어머니께서는 마치 창세기의 여호와께서 세상을 만드신 것처럼 우리를 만드셨다.

여호와께서는 말씀으로 세상을 만드셨고 우리들의 어머니는 유전 코드로 이어진 단백질로, 함축된 세상을 의미하는 우리들 인간을 만드셨다. 여호와께서는 에덴 동산이라고 이름한 낙원에서 말씀으로 삼라만상을 만드시고 흙으로 인간을 빚어 생명을 불어넣으신 다음 그 곳에 살게 하셨다.

우리들의 어머니도 당신의 몸 속에 있는 자식의 궁전, 자궁(子宮)이라 이름한 낙원에서 처음부터 생명이 있는 우리를 잉태하시고 그 곳에서 살게 하셨다. 우리들의 생명이 완성되어 사람의 모습을 갖추게 될 때까지 그 궁전에서 280일 동안 우리를 살게 하신 후 우리를 세상으로 내보내신 우리들의 어머니, 어머니는 위대한 그 궁전의 왕이시다. 우리를 창조한 신(神)이시다.

세상을 창조하신 여호와께서는 당신의 낙원 에덴동산에 선악과나무를 심으시고 당신이 흙으로 빚은 인간에게 그 나무의 열매인 선악과를 따먹지 못하도록 하셨다.

선악과나무의 열매를 따먹고 선과 악을 알게 되면 낙원 에덴동산에서 쫓겨나게 될 것이고 그렇지 않으면 천진무구한 하느님의 영원한 땅 에덴의 낙원에서 고통이 없는 삶을 살게 될 것이라 하셨다.

그러한 여호와의 계시가 있었음에도 불구하고 호기심이 많고 욕망을 참지 못하며 남의 말을 잘 듣지 않는 인간은 그 열매를 따먹고 말았다. 인간의 한계성을 시험하기 위한 선악과는 에덴동산에서의 인간의 양심을 시험하기 위한 덫이었는데도 여호와의 인간은 그것을 몰랐다. 그리하여 인간은 마침내 먹어서는 아니 될 그 선악과를 따먹고 인간이 되었다.

남의 말(여호와의 말씀)을 잘 듣지 않는 어리석은 인간은 자신의 호기심과 사악한 동반자의 음모를 극복하지 못하고 여호와의 시험에 말려들었다. 그리하여 결국은 여호와의 에덴동산에서 쫓겨나 선악을 구별하며 부끄러움과 고통스러운 삶을 살게 되었다. 여호와의 땅을 떠나 인간의 땅에서 오늘을 사는 나처럼 세속에 시달리는 인간으로 살게 되었다.

여호와의 계획이 애초에 그러했듯이 우리를 낳은 우리들의 어머니도 처음에는 고통이 없는 어머니의 땅, 땅과 비유되는 당신의 낙원, 자궁이라고 부르는 낙원에서 우리를 살게 하셨다. 우리는 그 곳에서 부끄러움과 고통이 없는 삶을 살았다. 먹지 않아도 배고프지 않고, 옷을 입지 않아도 춥지 않으며, 숨을 쉬지 않아도 답답하지 않고, 화장실을 가지 않아도 되는 지고지선(至高至善)의 낙원에서 우리를 살게 하신 것이다.

그러나 자연의 섭리는 우리에게 어머니가 제공해 주신 낙원에서의 영원한 삶을 허용하지 않았다. 여호와의 자녀는 에덴동산에서 따먹지 말라는 선악과를 따먹고 그 곳에서 쫓겨나 인간이 되었지만, 우리는 죄를 지은 것이 없으면서도 마치 죄를 짓고 쫓겨난 에덴동산의 인간처럼 우리의 낙원, 우리의 궁전인 어머니의 자궁에서 쫓겨난 섭리(자연의 섭리)의 희생자가 되어 인간이 되었다.

이러한 맥락에서 여호와와 우리들의 어머니를 비교했을 때 여호와와 어머니 사이에는 엄청난 유사점이 있다는 것을 발견하게 된다. 인간을 창조하신 과정이 당신들의 의지에 의한 것이라는 것이 그렇지만 특히 그분들이 전지전능한 분이라는 점에 있어서 또한 거의 동일하다는 것이다.

여호와께서는 인간에게 전지전능하시고 우리의 어머니는 우리들에게, 그러니까 당신의 자녀들에게 전지전능하시다. 모든 것의 창조주는 그 창조주가 창조한 피창조자들에게 전지전능한 권세를 누리는 섭리적(攝理的) 당위성을 가지고 있는 모양이다.

어머니가 아이를 낳을 때, 그리고 어머니가 그 아이를 양육할 때 보여주시는 능력은 가히 신적(神的)이다.

어떤 어머니의 자녀가 어머니를 신처럼 전지전능하신 분으로 생각하지 않겠는가? 자녀들의 생각과 느낌 속의 어머니는 모든 것을 다 알고, 모든 것을 다 잘하시는 분으로 생각되고 있다. 비단 아이들의 그러한 생각과 느낌이 나이와 더불어 퇴색되어 간다고 할지라도 어렸을 때의 자식들은 모두 그렇게 생각하고 느끼며 자란다.

그렇기 때문에 어머니는 어머니가 낳은 자식들로부터 모든 것을 다 아는 어머니로서 인정을 받아야 하고 모든 것을 다 잘하는 어머니라는 것을 인식시키지 않으면 안 되는 것처럼 행동하신다. 전지전능한 어머니의 역할은 최소한 어머니가 낳은 아이들이 자라서 세상 물정을 이해할 수 있는 나이가 될 때까지 지속된다. 그러한 어머니의 이미지가 손상되지 않은 채 그 아이가 죽을 때까지 지속된다는 것이다.

그러므로 어머니는 자연의 섭리가 부여한 자식들의 신(神)으로서 어머니의 역할에 좀 더 충실해야 하지 않을까 한다.

 # 어머니

어머니는 아이를 낳는다. 신(神)의 속성(능력)을 가지고 세상을 창조하듯 아이를 낳는다. 이 세상 어느 곳에도 존재해 본 일이 없는 유일 무이한 아이를 낳는다.

어머니가 낳은 아이는 어머니가 창조한 아이로써 어머니가 살아갈 어머니의 세상이다. 그렇기 때문에 어머니가 창조한 아이의 탄생은 아이를 위한 창조가 아니고 어머니를 위한 창조가 되는 것이다.

어머니의 세상으로 태어나 어머니와 함께 살아가지 않으면 아니 되는 아이는 어쩔 수 없이 어머니에 의해 양육된다. 아이를 양육하는 어머니의 권한은 그래서 절대적이다.

어머니가 낳은 아이는 어머니에게 귀속되어 어머니의 소유가 된다. 누가 뭐라고 해도 어머니가 낳은 아이는 어머니의 것(자식)이기 때문에 결국 어머니의 영토를 확대한 땅의 개념으로 어머니의 삶을 풍요롭게 하는 자원으로서 어머니의 삶의 의욕을 북돋아 주는 에너지의 원천으로써 기능을 한다.

그리고 아이는 어머니의 섭리에 순응하는 땅으로써 어머니가 심어 주는 농작물을 기르는 역할을 한다. 무엇이든 어머니가 심은 대로 심어 준 것을 자기 것으로 여기고 기꺼이 기르는 속성을 가지고 있다. 웃음을 심어 주면 웃음을 기르고 울음을 심어 주면 울음을 기른다.

이렇듯 어머니에 의해 강행되는 예속의 절대성은 최초의 초심리학적 (무의식적) 관계로써 삶을 담보로 한 소유 본능의 어쩔 수 없는 파행(跛行)이다.

어머니에 의해서 어머니의 세상에 태어난 아이는 어머니의 땅으로써 어머니와 공생하며 주어진 공간(어머니의 품) 안에서 어머니의 뜻에 맞는 삶을 살아야 한다. 아이에게 바라는 어머니의 소망이 그렇기 때문이다. 어머니만을 바라보며 의지한 채 어머니의 땅이 되어 어머니와 함께 어머니가 요구하는 순종과 인고의 세월을 살아야 하는 아이, 그 아이가 바로 우리들이다. 그렇기 때문에 어머니를 잘 만나면 좋은 운명의 주인이 되고 어머니를 잘못 만나면 기구한 운명의 희생자가 된다.

필자가 모신이라고 부르는 어머니의 아이가 되어 그 아이의 운명을 좌우하는 어머니에게 매달려 어머니의 젖을 얻어먹고 살아야 하는 연약한 아이, 그 아이가 또한 세상에 태어나는 순간부터 어머니의 운명을 만들어내는 신이 된다. 어머니의 행과 불행을 좌우하는 신 같은 역할을 한다는 것이다. 아이가 잘 크면 어머니가 행복할 것이고 아이가 잘못 크면 어머니 또한 불행할 것이기 때문에 어머니의 운명이 아이에 의해서 좌우된다는 것이다.

모든 사람은 자기의 세상을 가지고 태어나 자기의 세상 안에서 자기의 인생을 산다. 어머니가 마련해 준 생활 무대, 그 무대에서 익혀 가는 생활 방식, 그 곳에서 만나는 사람들과의 인간 관계를 통해 자기의 세상을 만들고 그렇게 만들어진 세상 안에서 살아가야 하는 존재가 어머니가 낳아 기르고 있는 아이라는 존재이다.

어머니가 만들어 준 세상이 행복하든 불행하든 아이는 어머니가 만들어 준 그 세상에서 자기의 세상을 가꾸며 산다. 아이에게는 그 밖의 어떠한 선택도 주어지지 않는다. 다만 어머니가 선택해 준 세상 안에서 성패와 생사의 과정에 순응하며 살 뿐이다.

만일 우리들의 어머니가 이러한 인간, 지구촌의 한 사람으로서 다른 많은 사람들과 함께 살아가는 우리를 낳지 않으셨다면 우리는 살아가야 할 걱정을 하지 않아도 되었을 것이고 불행한 인간관계를 염려하지 않아도 되었을 것이다. 그리고 언젠가는 만나게 될 죽음의 괴로움을 생각하지 않아도 되었을 것이다. 나의 세상이 존재하지 않아도 되었을 것이라는 것이다.

그러나, 우리의 모신 어머니는 삶을 위한 노력 속에 의미를 부여하고 결실을 위한 과정을 즐기며 주어진 삶을 사는 것으로서 보람을 느낄 우리를 낳으셨다. 싫든 좋든 우리는 우리의 세상 안에 전무후무한 존재로 태어나 어머니가 만들어 준 인생을 지니고 살아야 할 한 사람의 인간인 것이다.

이러한 한 사람인 내가 모여 사는 곳, 그곳에서 우리는 우리라는 덩어리를 만들고 그 덩어리가 함께 뒹굴며 사는 더 넓은 세상을 만들어 간다. 세상은 이렇듯 한 사람인 나를 낳은 어머니로 인해 만들어져 간다. 그러므로 내가 바로 이 세상이고 이러한 나를 낳고 길러주신 어머니는 세상을 낳고 기르는 신과 같은 분이라고 하는 것이다.

아이가 커서 어머니의 행, 불행을 좌우하는 신(神)의 역할을 하는 것처럼 어머니 또한 아이들의 신(神)이 되어 아이들이 성장하는 전 과정을 관리하며 아이들의 행과 불행을 만들어 주는 신의 역할을 한다.

이렇듯 어머니와 아이는 상호보완적인 역할을 하며 산다. 그러나 구태여 보완적인 역할의 순서를 따진다면 그 순서는 당연히 어머니가 먼저이고 아이는 다음이다.

　순위 상 먼저인 어머니가 아이의 행과 불행을 결정하는 우선권을 가지고 아이를 양육하기 때문에 어머니가 먼저 아이의 운명을 결정한다. 어머니의 양육방법과 태도가 아이를 행복하게 했다면 아이는 행복할 것이다. 행복하게 자란 아이는 불행을 모른다. 불행을 모르는 아이는 불행하고자 하지 않는다. 뿐만 아니라 행복한 생활이 만들어 낸 에너지로 어떠한 불행도 참고 이겨내는 위대한 힘을 갖는다.

　이러한 아이와 함께 사는 어머니는 행복하다. 어머니가 아이를 행복하게 만들어 준 결과이다. 그래서 어머니의 행복은 아이의 행복이 되고 아이의 행복이 어머니의 행복이 되는 것이다. 그러나 만일 어머니가 아이의 행복과 무관한 양육을 했다면 아이의 정서적 판도는 판이해 진다.

　그렇기 때문에 아이의 느낌이 어머니의 느낌이 되고 어머니의 느낌이 아이의 느낌이 된 채 서로의 운명을 결정해 주는 관계 속에 살아간다는 것이다.

 ## 바람직한 어머니의 모습

어머니들은 아이를 손으로 기르는 줄 안다. 그러나 아이는 손으로 기르는 것이 아니다. 손이 무슨 재주가 있어서 아이를 기르겠는가?

어머니는 아이를 마음으로 기른다. 그래서 어머니의 마음은 따뜻해야 하고 부드러워야 한다. 나름대로의 멋이 있어야 하고 먹고 또 먹어도 물리지 않는 맛이 있어야 한다.

아이를 기르는 어머니는 아름다워야 하지만 겉모습이 아름다워야 한다는 것은 결코 아니다. 물론 겉모습이 아름답고 속모습도 아름답다면 그 이상 더 바랄 것이 없다. 금상첨화격(錦上添花格)이 될 것이니까…

그러나 겉모습과 속모습 중 어느 것 하나를 택해야 한다면 아이의 선택은 당연히 속모습이 될 것이다. 겉모습이야 어떻게 생겼든 무슨 상관이 있겠는가? 아이를 상대하는 어머니가 어머니의 마음으로 아이를 상대하고 어머니를 대하는 아이 역시 어머니의 겉모습과 거래하는 것이 아니고 오직 어머니의 속마음과 거래를 할 뿐이기 때문에 어머니의 속모습인 마음만 아름다우면 되는 것이다.

어머니의 속모습이 아름다울 때 아이의 마음이 아름다워지고 어머니의 마음이 깨끗할 때 아이의 모습이 깨끗해진다. 아이는 오직 어머니의 속 모습인 마음만을 얻어먹고 성장하기 때문이다. 아이의 정신을 아름답게 살찌게 해 주려고 한다면 어머니는 반듯이 아름답고 맛있는 마음을 조건 없이 먹여 주는 너그럽고 선한 마음을 가지고 있어야 한다.

한번 어머니는 영원한 어머니다. 한번 어머니는 영원한 어머니라는 천륜(天倫)을 모르는 사람이 없다. 어머니와 아이간의 인연이 천륜이라는 뜻은 영원히 남이 될 수 없다는 끈질긴 인연을 표현하는 것이다. 그럼에도 불구하고 그러한 뜻을 새기는 사람이 별로 없다. 다만 막연하게 그러한 것이 있는가 하고 느끼며 살 뿐이다.

어머니는 함께 살아도 어머니요, 떨어져 살아도 어머니요, 헤어져 살아도 어머니요, 이 세상을 떠나고 없어도 어머니인 것이다. 왜냐하면 어머니가 세상을 떠나고 없다고 하더라도 그 어머니와 함께 살던 자녀의 마음속에는 자기를 길러 준 어머니에 대한 수많은 느낌들이 사라지지 않는 아름다운 추억으로 혹은 괴로운 기억으로 영원히 가슴속에 살아남아 있을 것이기 때문이다.

그리고 그 어머니의 느낌이 자녀의 마음, 특히 무의식이라고 하는 또 하나의 다른 마음 속에서 자녀의 일거수 일투족을 감시하고 명령하고 비난하고 저지하면서, 혹은 믿어 주고 인정해 주고 애정을 공급해 주는 일을 계속하는 어머니로서 영원히 죽지 않고 살아있을 것이기 때문이다.

어머니는 그 어머니의 아이였던 사람이 그의 세상을 다 살고 이 세상을 떠날 때까지 그 자녀의 마음속에서 함께 산다. 그래서 어머니는 세상을 떠나고 없어도 어머니가 길러 준 자녀들의 마음속에, 그들이 세상을 다 살고 죽을 때까지 그들의 마음속에 살아 남아 계신다는 주장을 하는 것이다.

이러한 심리적인 관계 때문에 어머니의 자리는 막중하다. 그렇게 막중하기 때문에 그 어떤 사람도 어머니의 자리에 대신 앉을 수 없다. 어머니의 자리는 그래서 존귀하고 위대하고 거창한 것이다.

한번 어머니는 영원한 어머니이다. 그렇기 때문에 그 어머니는 좋은 어머니이어야 한다. 어머니가 좋은 어머니였을 때 그 어머니의 마음과 더불어 성장하는 아이의 마음은 잘 자랄 수 밖에 없다. 잘못 자랄 그 어떤 방법도 있을 수 없다는 것이다.

모든 어머니는 당신의 자녀가 아름답기를 바란다. 그리고 당신이 낳은 당신의 자녀라 할지라도 어머니는 아름다운 아이를 더 좋아한다. 이는 곧 당신의 자녀가 아름다운 아이이기를 바란다는 것이다.

마찬가지로 아이들도 좋은 어머니를 좋아한다. 아름다운 어머니와 함께 사는 아이는 아름다운 세상에서 사는 아이인 것이다. 그래서 좋은 어머니와 함께 사는 아이는 좋은 세상에서 사는 좋은 아이이다.

어머니가 아이를 좋아하고 아이가 어머니를 좋아하는 세상이 좋은 세상이다. 아마도 이러한 세상을 가리켜 무릉도원이라고 부르지 않을까 한다. 우리는 모두 아름다운 어머니와 함께 무릉도원에서 사는 아름다운 아이가 되고 싶다.

자기-대상표상
(어머니 속의 어머니)

어머니의 마음속에는 또 한 분의 어머니가 살고 계신다. 어머니의 마음속에 살고 계시는 또 한 분의 어머니는 어머니의 어머니이다. 어머니의 마음속에 어머니의 어머니인 외할머니가 살고 계신다는 뜻이다.

필자가 이러한 이론을 펼치는 이유는 어머니의 마음속에 살고 계시는 어머니의 어머니인 외할머니가 어머니의 정서를 관리하는 중요한 분으로서의 역할을 하고 계시기 때문이다.

어머니의 마음속에서 어머니의 정서를 관리하고 계시는 외할머니가 어머니를 편안하게 살 수 있도록 믿어 주고 인정해 준다면 어머니의 삶은 편안하다. 그러나 어머니의 마음속에 살고 계시는 외할머니가 어머니에게 명령하고 간섭하고, 비난만 한다면 어머니의 삶은 결코 편안한 삶이 될 수 없다.

모든 어머니의 마음속에는 외할머니가 살고 계신다. 어머니의 무의식 속에 각인(刻印)된, 어머니가 어린 시절에 경험했던 외할머니에 대한 이미지가 살고 계신다는 뜻이다. 그 외할머니를 대상표상이라고 한다. 대상관계이론가들, 특히 Kernberg학파의 이론가들은 어머니의 마음속에 이미지로 살아 계신 외할머니를 대상표상이라고 한다.

어머니의 기억 속에 살아 숨쉬시는 외할머니는 실제로 살아 계시는 외할머니처럼 어머니의 마음속에서 어머니의 느낌을 만들어 내고 행동을 지시하고 감독하신다. 어머니의 마음속에 각인되어 기억으로서 살고 계시는 외할머니는 좋은 외할머니일 수도 있고 나쁜 외할머니일 수도 있다. 마음속에 외할머니가 좋은 분이라면 어머니의 마음은 밝을 것이고 그렇지 못 하다면 어머니의 마음은 어두울 것이다.

어머니의 마음속에 살고 계시는 외할머니는 중요한 분이시다. '어머니의 마음속에 살고 계시는 외할머니가 왜 중요한 분인가?' 묻고 싶은 의아함이 있을 수도 있다. 대부분의 경우 외할머니는 물리적으로 어머니와 함께 살고 계시지 않는다. 그렇지만 정신적으로는 언제나 어머니와 함께 살고 계시면서 어머니의 무의식이라고 하는 마음을 통제하고 계시기 때문에 중요한 분이라는 것이다.

어머니의 마음속에 살고 계시는 외할머니는 실제의 외할머니처럼 어머니가 생각하고 느끼고 행동하는 모든 것을 지시하신다. 하는 일을 감독하시고 그 일이 끝나면 일의 결과를 비평하는 일을 하신다. 마치 어머니의 어린 시절을 다스렸던 것과 같은 힘을 발휘하고 계신다. 그렇기 때문에 어머니의 마음속에 살고 계시는 외할머니는 함부로 대해서는 아니 될 중요한 분이시다.

만일 어머니의 마음속에 살고 계시는 외할머니의 정서(마음)를 잘 관리해 드리지 않으면 외할머니가 마구 화를 내신다. 화를 많이 내시는 외할머니를 마음속에 간직하고 사는 어머니는 화를 많이 낸다. 화를 많이 내는 어머니의 일상은 행복하지 못하고 이러한 어머니와 함께 사는 우리들 또한 행복하지 못하다. 그래서 어머니의 무의식 속에 살고 계시는 외할머니를 잘 모셔야 한다는 것이다.

외할머니를 잘 모시는 방법은 무의식 속의 느낌을 잘 관리하는 것이다. 달래드리고 이해해 드리며 때로는 사정도 해 가면서 어머니 자신의 느낌이 원하는 것을 들어주는 것이 곧 외할머니의 소원을 들어드리는 것이다. 느낌 속에서 요구하는 모든 것을 들어드려야 한다는 것은 결코 아니다. 들어드려야 할 필요가 있는 것은 철저하게 들어드려야 하고 타협해야 할 것은 철저하게 타협해야 하며 들어드려서는 아니 될 것은 철저하게 들어드리지 않는 것으로서 어머니의 마음속에 느낌으로 살아 계시는 외할머니가 불행하시지 않도록 해 드려야 한다는 것이다.

무의식 속의 외할머니가 어머니의 말을 부인하시거나 거절하지 않으시고 잘 들어주셨을 때 어머니는 어머니로서 좋은 역할을 하는 어머니가 될 수 있다. 좋은 어머니는 아이들을 이해하고 용서하고 사랑하는 어머니이다. 이러한 어머니와 함께 자라는 아이들은 행복할 것이고 행복한 아이들은 어머니의 말을 잘 듣고 어머니가 원하는 것보다 더 훌륭한 아이로 성장할 수 있게 된다.

지금 어머니가 기르고 있는 아이들 때문에 괴로워하고 두려워하고 화를 잘 내며 무기력한 생활을 하고 있다면, 그 어머니는 어머니가 길러 낸 아이들 때문에 괴로워하고 두려워하며 허망되고 후회스러운 노후의 인생을 살게 될 것이다. 그 이유는 어머니의 마음속에 분명 어머니의 모든 오늘을 괴롭게 만드시고 두렵게 하시며 짜증스럽게 느끼게 하시는 외할머니가 살고 계시기 때문이다.

그러나 이와는 반대로 어머니의 마음이 즐겁고 만족스럽다면 이것 또한 어머니의 마음속에 어머니의 마음을 즐겁고 만족스럽게 만들어 주시는 외할머니가 살고 계신다는 것을 증명하는 것이다.

어머니가 외할머니와 함께 어머니의 어린 시절을 어떻게 보냈는가가 지금 어머니가 기르고 있는 아이들과의 관계를 말해 주는 것이기 때문에 어머니가 어린 시절에 가지게 된 정서는 참으로 중요하다. 어머니의 삶을 위해서도 중요하지만 어머니가 기르는 아이에게 먹여 줄 좋은 정서(마음)를 만들기 위해서는 더욱 중요하다.

어머니의 어린 시절이 불행했다면 그 어머니가 기르는 아이들의 어린 시절이 불행할 것이고 어머니의 어린 시절이 행복했다면 그 어머니의 아이들 또한 행복한 어린 시절을 보낼 것이다. 그래서 어머니의 정서를 결정하는 어머니의 어린 시절의 외할머니와의 경험이 중요한 것이다.

모든 어머니는 아이들을 잘 기르고 싶다. 그리고 자라나는 어린이들 또한 모두 잘 자라고 싶다. 그러나 혹시라도 아이를 기르는 어머니의 마음이 생각하는 것처럼 다정하지 못하고, 자라나는 아이들이 어머니가 원하는 것처럼 곧고 바르게 자라지 못한다면 거기에는 분명 그렇게 될 수밖에 없는 무슨 이유가 있다.

어머니에게 그 이유를 물으면 "아이들 때문에 힘이 들어요"라고 대답할 것이고 같은 말을 아이들에게 물으면 "어머니 때문에 힘이 들어요"라고 대답할 것이다. 그러나 만일 어떤 사람이 필자에게 그 이유를 묻는다면 "어머니의 마음속에 살고 계시는 불행한 외할머니의 마음 때문입니다"라고 대답할 것이다.

행복과 불행은 마음속에서 느끼는 정서이고 그 정서는 그 정서를 길러 준 사람에 의해서 만들어진 것이다. 그래서 행복과 불행은 할머니에게서 어머니에게로 어머니에게서 어머니의 아이들에게로 대를 이어 전해지는 이해할 수 없는 이상한 마력을 지니고 있다.

어머니가 느끼는 어머니의 정서는 이렇듯 대를 이어 후손들에게 전해지는 속성을 가지고 있다. 그러므로 어머니가 행복한 오늘을 사는 것은 후세의 행복을 위해서 중요하다.

그러나 어머니의 정서가 지니고 있는 이상한 마력은 어머니들에게 행복보다는 불행을 더 많이 느끼면서 살게 하고 아이들에게도 어머니가 느끼는 불행한 정서를 전해 주기를 좋아하는 타성을 가지고 있다. 그리하여 아이들까지도 어머니처럼 어머니 마음속의 불행한 마력을 전수받아 불행한 인생을 살게 한다. 세월이 흘러 그 아이들이 어머니가 되고 아버지가 되면 그들이 기르는 아이들 또한 그들의 할머니들께서 가지고 사셨던 불행한 정서를 전수받아 불행한 인생을 살 수 밖에 없는 한 많은 운명의 주인이 된다.

어머니의 오늘이 불행하다면 어머니의 오늘을 불행하게 만들고 있는 원인을 찾아야 한다. 내 마음속 깊은 그 어느 곳, 무의식의 어느 구석에 박혀 어머니가 된 나를 괴롭히는 어린 시절의 불행했던 나와 어머니와의 관계를 찾아내야 한다. 그리고 그 원인이 되는 것은 그것이 무엇이든지 미련 없이 버려야 한다. 어머니 자신을 위해서 그리고 어머니가 기르고 있는 자녀를 위해서 그렇게 하지 않으면 아니 된다.

어머니가 어머니를 불행하게 만드는 원인을 제거하지 않는다면 그 어머니는 바로 불행하게 살기를 강하게 원하는 어머니이다. 이러한 맥락에서 어머니의 불행을 보았을 때 어머니의 불행은 어머니 자신이 만들어낸 불행이라고 할 수 있다. 어머니가 경험하는 불행은 어머니 이외의 그 어떤 사람도 그 불행을 만들어 주지 않는다. 다만 그 불행을 느끼며 사는 어머니 자신이 만들 뿐이다.

행복하게 살기를 원한다면 행복을 만들어 가져야 할 것이다. 어머니 자신을 위한 행복을 만들어 가져야 할 것이다. 어머니의 행복은 외할머니와의 불행한 관계를 끊고 아이들과의 불행한 관계도 끊고 오직 어머니 자신만의 관계 속에서 어머니를 위한 행복을 만들어 가져야 할 것이다.

외할머니를 위해서 행복을 만들고 아이들을 위해서 행복을 만들려고 한다면 어머니 자신을 위한 행복을 만드는 것이 아니기 때문에 그러한 행복은 만들기가 싫어질 수도 있다. 왜냐하면 어머니의 어린 시절의 냉정했던 외할머니 때문에 오늘이 불행한 것이 싫고 어머니가 잘못 기른 아이들 때문에 걱정을 해야 하는 어머니 자신이 싫기 때문에 행복을 만드는 것이 싫다. 결과적으로 남을 위한 행복을 만들어야 하기 때문에 싫은 것이다. 뿐만 아니라 감정적으로 절실하게 외할머니와 아이들을 위해서 행복을 만들어 주어야 할 이유가 없기 때문에 싫은 것이다.

외할머니가 행복해 지는 것이 싫고 아이가 행복해 지는 것이 싫은 어머니라고 해서 실망할 필요는 없다. 어머니 자신이 행복해 지는 것이 싫은 것은 어머니의 어머니가 어머니를 불행하게 길렀기 때문인데 어머니를 나무라고 원망할 사람이 어디에 있겠는가? 원망하려거든 어머니의 어머니인 외할머니를 원망해야 할 것이 아닌가? 그러나 어머니의 원망의 대상이 되는 외할머니도 외할머니의 어머니에 의해서 그렇게 길러졌는데 그 외할머니를 또 어떻게 원망할 수 있겠는가? 원망하려거든 외할머니의 어머니인 증조외할머니를 원망할 수밖에… 그러나 사실은 그분도 원망의 대상이 되지 않는다. 이렇게 거슬러 위로 가다 보면 끝이 없다. 조상 모두를 원망할 수밖에 다른 도리가 없지 않는가? 이렇게 되면 누가 누구를 원망할 수도 없고 원망해도 소용없는 일이 되어 버린다.

자신을 위해 행복을 만들어 갖는 것도 어려운 일인데 상대가 누구든 남을 위해 행복을 만든다는 것은 참으로 어려운 일이다. 그래서 어머니는 어머니 자신을 위한 행복을 만들어야 한다. 어머니가 만든 행복 속에서 어머니가 행복할 때 외할머니가 행복할 수 있고 아이들 또한 덩달아 행복해 질 수 있기 때문이다.

이는 곧 자신을 위한 삶이 자신과 가까이 있는 남을 위한 삶이 될 수 있다는 것을 의미한다. 어떻든 어머니는 철저하게 어머니 자신만을 위해서 살아야 한다. 그것이 외할머니와 아이들을 위해서 사는 최선의 삶이 됨은 물론 어머니 대(代)에서 후손으로 이어지는 불행의 밧줄을 끊는 것이 되기 때문이다.

혹시 어머니인 내가 잘못 되었거나 아니면 내가 양육한 아이가 잘못 되었다면 그것은 분명 양육과정상의 문제이다. 그러므로 내가 새로운 양육 방법으로 내가 양육하고 있는 자식들을 새롭게 관리한다면 지금 가지고 있는 나에 의해서 만들어진 내 자식들의 문제는 해결될 수 있지 않겠는가?

이러한 문제를 해결해 주는 사람이 나 외에 또 누군가가 있다면 그 사람은 상담을 하는 전문가이다. 문제가 있다고 인식되는 사람이 주변에 있다면 즉시 상담 전문가를 찾아가 상담을 해보는 것도 괜찮은 일이 될 것이다.

형이상학적 일기 예보

: 아이들의 날씨
: 모성결핍과 육체적 질환
: 무의식 속에 내재화된 이미지들
: 인간발전소

우리는 매일 기상청에서 발표하는 지구상의 형이하학적 일기 예보를 듣는다. 곧 다가 올 지구상의 온도와 습도 그리고 풍속과 풍향의 정황(情況)을 미리 알고 그에 적합한 예방적 대책을 강구하기 위해서다. 정확도가 80%도 안 된다는 일기 예보를 100%로 믿고 행동하다가 낭패를 당하는 경우가 많이 있다. 그래도 일기 예보는 우리에게 많은 편의를 제공하기 때문에 정확도와는 관계없이 일기 예보에 의존한다.

그런데 우리 마음의 움직임에 대한 형이상학적 일기는 어찌된 일인지 예보가 없다. 앞으로 살아가야 할 삶을 예보하는 정보가 없다는 것이다. 그렇기 때문에 우리의 오늘이 불안하다. 삶의 정황이 오리무중이기 때문이다.

우리의 마음, 우리의 삶과 관련된 형이상학적 일기는 어떤 것일까? 그에 대한 정황(情況)을 예측한다면 내일을 위한 준비가 훨씬 수월해 질 텐데...

인간의 마음, 그 심리적 상황을 분석하고 예측할 수 있는 방법은 없을까? 다음에서 그 가능성을 타진해 본다.

 아이들의 날씨

사람은 그 사람이 살고 있는 지방의 날씨와 묘한 인연을 맺고 산다. 알라스카처럼 추운 지방에서 살고 있는 에스키모인들은 추위에 적응하는 방법을 잘 알고 그 추운 북극에서 굶어 죽거나 얼어죽지 않고 잘 산다.

아프리카에서 살고 있는 흑인들도 마찬가지다. 생각만 해도 땀이 날 것 같은 그 무더운 열대지방에서 더위를 먹거나 말라죽는 일이 없이 잘들 살고 있다. 추운 곳의 사람들은 추운 대로 더운 곳의 사람들은 더운 대로 그리고 한국처럼 춘하추동이 분명한 곳의 사람들은 또 그런 대로 모두 그들 지방의 날씨에 적응하며 잘 살고 있다.

아이들의 삶도 마찬가지다. 어떠한 어머니를 만났건 그 어머니의 시스템에 적응하며 잘 자라고 있다. 겉으로 보기에는 모두가 잘들 살고 있는 것처럼 보이고 잘들 자라고 있는 것처럼 보인다.

우리가 어떤 때 바닷가에 나가 바다를 보면 이 바다 저 바다 할 것 없이 모든 바다가 똑같이 보이는 것처럼 사람들이 살고 있는 상태나 아이들이 자라고 있는 정황을 보면 그 상태와 모습들도 우리가 바다를 바라볼 때처럼 모두가 똑같이 잘 사는 것처럼 보인다.

바다의 표면이나 사람들이 사는 양식 그리고 아이들이 자라는 과정이 똑같이 보이는 이유는 그런 것들을 바라보는 우리의 눈에 한계성이 있기 때문이다.

한계성을 초월하여 일상을 깨고 바다를 점검해 보면 그 어느 바다할 것 없이 똑같은 바다는 없을 뿐만 아니라 비슷한 바다도 없다는 것을 발견하게 된다. 바다의 크기, 바다의 깊이, 바다 속의 내용물 그리고 바다 주변의 지리적 조건 등이 모두 다르다는 것을 알 수 있다. 이와 마찬가지로 사람들이 사는 양식이 지방에 따라 모두 다르고, 믿음, 기대, 가치관 등도 또한 다르다.

따라서 어머니와 함께 자라는 아이들의 성장과정이 모두 같거나 엇비슷하다고 생각하지만 사실은 전혀 그렇지가 않다. 알라스카에서 사는 사람들은 어쩔 수 없이 추위에 떨며 살고 아프리카에서 사는 사람들은 불가사의한 더위를 속수무책으로 받아들이며 사는 것과 같이 아이들 역시 천태만상의 성격을 가진 어머니 밑에서 어쩔 수 없이 그렇게 성장과정상의 어려움을 겪으며 살고 있다.

추운 날씨와 더불어 사는 알라스카인이 추위에 면역이 생겨 그 추위를 이겨내며 사는 것처럼 냉정한 어머니 밑에서 사는 아이들도 어머니의 냉정한 성격에 면역성을 가지고 냉정함이 무엇인지를 모르면서 자란다. 그런가 하면 아프리카 사람들이 불가사의한 열대 지방의 더위를 극복하며 사는 것처럼 화를 잘 내고 소리를 잘 지르는 뜨거운 어머니의 성격과 더불어 자라는 아이들 또한 그 어머니의 성격이 뜨거워 못살겠다는 느낌을 가지지 못한 채 살고 있다. 주어진 환경에 나름대로 적응하며 살고 있다는 것이다.

춥고 무더운 것이 날씨 탓인 것처럼 냉정하고 화를 잘 내고 소리를 잘 지르는 어머니의 성격 때문에 아이들의 감정적인 날씨가 지나치게 추웠고 무더웠다면 어떻게 생각할 것인가?

    필자는 오래 전부터 "어머니들의 성격이 아이들의 날씨"라는 생각을 가지고 아이들의 편안한 성장을 위해서 어머니들의 날씨를 조종해 주기 위해 많은 어머니들을 대상으로 강의를 해 오고 있다.

    필자의 강의를 들은 어머니들은 대개가 어머니 사회의 엘리트들이었다. 대학을 나왔거나 석, 박사 학위를 가진 어머니들이었는데도 불구하고 "어머니가 아이들의 날씨 역할"을 한다는 내용의 강의를 들으면서 아이들에게 좋은 날씨가 되어 주지 못한 자기 자신에게 실망하고 후회하면서 아이들의 장래를 걱정하고 이러한 사실을 뒤늦게 알게 된 것을 분개하며 이 나라의 교육제도를 원망하고 '어머니 되기' 교육법 하나 제대로 만들어 내지 못한 위정자들과 사회 지도층을 비난하는 말을 많이 들어 왔다.

    어머니들이 자신들의 자녀에게 좋지 않은 날씨 역할을 하는 것에 대해서 무슨 말을 하고 누구를 원망하든 그것은 문제 해결을 위한 방법이 될 수 없다. 다만 어떻게 하면 어머니가 아이들에게 좋은 날씨로서의 역할을 할 것인가를 궁리하고 고민하는 것이 좋은 날씨를 공급하고자 하는 어머니들이 해야 할 일이다.

    어머니의 감정적 날씨는 우리 인간이 순응해야 하는 자연의 날씨와 비슷하다. 자연의 날씨에 봄, 여름, 가을, 겨울이 있는 것처럼 우리 어머니들의 날씨에도 사계절이 분명하다.

    자연의 날씨 가운데 봄은 짧고 여름은 길고 가을이 짧고 겨울이 긴 것처럼 아이들의 날씨인 어머니의 정서도 자연의 날씨처럼 부드러운 봄 날씨 같은 기분을 보여주는 기회는 적고 여름처럼 무더운 화를 내고 소리를 지르는 경우는 길고 또 길며 가을의 시원한 날씨가 짧게 끝나는 것처럼 아이를 향한 어머니의 시원한 감정표현은 극히 한시적이다. 그리고 춥고 고통스러운 자연의 겨울이 길고 또 긴 것처럼 아이들에게 공급하는 어머니의 겨울날씨 또한 길고 길다. 아이들에게 냉정하고 아이들에게 관심을 보여 주지 않는 때가 너무나 많다는 것이다.

자연의 날씨는 자연의 섭리에 의해 바뀌는 원리를 가지고 있기 때문에 그 원리를 변경할 수 있는 방법이 없다. 그러나 우리 어머니들이 자식들에게 공급하는 날씨는 정서적인 날씨로서 마음이 만들어 내는 것이기 때문에 인위적으로 얼마든지 바꾸어 사용할 수 있다. 그럼에도 불구하고 우리 어머니들은 자연의 날씨처럼 화를 내고 소리를 지르고 냉담하고 무관심한 시간은 여름과 겨울처럼 길고 지루하게 끌면서도 봄과 가을처럼 따뜻하고 시원한 마음을 아이들에게 공급해 주는 기회는 봄과 가을처럼 짧다. 그래서 아이들은 항상 아쉽기만 하다. 어머니의 정이 아쉽다는 것이다.

아이의 성장을 건강하게 도모하고 천재적인 잠재력을 개발해 주기 위해서 필요한 봄과 가을 같은 따뜻하고 시원한 정신적인 날씨를 공급해 주는데는 인색하다. 그러나 아이들의 성장을 저해하고 천재적인 잠재력을 파괴하는 위력을 가지고 있는 여름과 겨울 같은 뜨겁고 추운 날씨를 공급하는 데는 주저함이 없고 후하다. 그래서 우리 아이들은 뜨겁고 추운 어머니의 날씨 속에 녹아 내리고 오그라드는 갈등과 고통 속에서 인생의 성장기를 보낸다.

뿐만 아니다. 어머니의 날씨가 봄날처럼 따뜻하면 자라나는 새싹처럼 성장에 성장을 거듭할 것이고 어머니의 날씨가 여름의 장마철같이 무덥고 비가 많이 내리면 아이들은 더위에 녹아나고 비에 젖어 칙칙한 옷을 입고 끈적끈적한 세월을 불쾌한 분위기 속에서 살 수 밖에 없다. 어디 그 뿐이랴, 어머니의 날씨가 가을처럼 시원하다면 아이들은 옷을 가볍게 입고 창가의 책상머리에 앉아 어머니가 원하는 독서삼매경의 주인이 되고 시원한 바람을 마시며 가벼운 기분으로 새로운 인생을 설계할 수 있는 여유를 즐길 수 있다. 가을이 가고 어머니의 겨울이 오면 아이들은 옷을 입고 또 입어도 추운 날씨 속에서 언 몸을 움츠리고 다가올 봄을 그리워하며 날씨를 원망하는 세월을 보내야만 한다.

이러한 날씨를 아이들에게 공급하는 어머니들이 이구동성으로 아이들의 천재성을 논하고 그 천재성을 발휘하지 못하는 아이와 그 아이를 교육시키는 제도를 원망한다. 그리고 어머니 자신들의 입장만을 합리화시키려 하는 오늘의 우리 어머니들, 그 어머니들은 자신들의 모성을 어떻게 생각하고 있을까 자못 궁금하다.

가능하다면 지금이라도 어머니가 좋아하는 음악을 들으면서 차라도 한잔 마시며 조용히 어머니 자신이 걸어 온 어머니로서의 발자국을 더듬어 보는 것도 의미 있는 일이 아니겠는가?

한 많은 인생을 살아 온 어머니들에게 잘못된 자녀의 양육에 대한 것까지 책임을 지라는 말을 하고 있는 것 같아서 참으로 미안한 생각이 든다. 그러나 어머니의 위대함은 자녀의 바람직한 양육에 있다는 것을 인지하고 어머니로서 부드러운 삶을 살 수 있게 된다면 지금까지 어머니가 지니고 살아 온 눈물겨운 인생의 한이 풀릴 것이다.

한(恨)은 이루지 못한 인간관계의 정 때문에 생긴 마음속의 갈등이다. 어머니들의 한이 이루지 못한 옛사랑과 나누어 보지 못한 어설픈 정, 그리고 충분하게 받지 못한 부모의 애정에 원인하는 것이라면 어머니의 그 한을 지금 어머니들이 기르고 있는 아이들을 통해서 풀 수 있다. 한을 풀기 위해서 어머니 자신의 여유를 위해서 아이들의 마음을 이해하는 어머니가 되어야 할 것이다. 인생을 다시 시작한다는 의미에서 '오늘이 남아 있는 내 인생의 첫날' 이라는 새로운 느낌을 가지고 새로운 어머니로서 새로운 인생을 시작해 보는 것이다. 어머니가 기르는 귀여운 아이들의 화창한 날씨가 되어 주기 위해서 어머니 자신의 모습을 아름답게 가꾸는 어머니가 되는 것이다.

　부드러운 어머니, 아이들을 존경하는 어머니, 그러한 어머니가 나는 좋다. 그리고 그러한 어머니가 행복한 세월 속에 좋은 날씨를 만들어 주는 어머니가 될 수 있다고 생각한다.

　한국의 어머니들에게 좋은 날씨가 되기 위한 범사회적인 운동이 하루 속히 전개되었으면 한다.

 ## 모성결핍과 육체적 질환

어머니가 아이에게 공급해 주는 모든 것은 아이의 삶과 직접적인 관련이 있다. 이 말은 어머니가 공급해 주는 것, 그것이 무엇이든 간에 그것을 받지 않고 살 수 있는 아이는 없다는 것이다.

어머니가 공급해 주는 것이 아이에게는 절대적인 것이지만 어머니가 공급해 주어야 할 것을 공급해 주지 않는다면 아이의 삶은 그것으로 끝이다.

공급을 해 주되 적게 공급해 주면 적게 받아야 하고 많이 공급해 주면 많이 받아야 한다. 아이가 아무리 울고 보채고 신경질을 부려도 어머니가 주지 않으면 그만이다. 주고 안 주고는 어머니가 결정하는 것이기 때문이다.

어머니로부터 받는 것에는 두 가지가 있다. 하나는 물질로 받는 것이고 다른 하나는 정신으로 받는 것이다. 물질로 받는 것은 몸으로 가고 정신으로 받는 것은 마음으로 간다. 물질을 많이 받으면 몸이 살찌고 정신을 많이 받으면 마음이 살찌는 것이 일반적이다.

그러나 어머니와 아이의 관계에서는 전혀 그렇지 않은 경우가 많다.

풍부하게 물질을 공급하더라도 그 물질 속에 따뜻한 마음과 정성이 들어 있지 않다면 그 물질은 공급하나 마나이다. 왜냐하면 따뜻한 마음과 정성이 들어 있지 않는 물질은 아무리 풍부하게 공급한다고 하더라도 그 물질을 받아야 할 아이가 받는 것을 거부할 것이기 때문이다. 아이는 좋고 풍부한 물질보다는 따뜻한 마음을 받는 것을 더 중요하게 여긴다. 하잘 것 없는 물건이라도 따뜻한 마음과 정성이 곁들어 있는 것이면 그것으로 만족해 한다. 마음이 물질을 능가한다는 것이다. 마음이 불편하면 병을 자주 앓고 인생을 포기한 나머지 빨리 세상을 떠나기도 한다.

세계 제 2차 대전 때 독일에서 있었던 일이다. 남자들은 모두 전쟁터에 끌려나가고 여자들은 공장에서 밤낮으로 정신없이 군수물자를 만들어야 했던 때의 일이다. 전쟁이 오래 계속 되면서 인명을 많이 잃게 된 것이 원인이 되어 전쟁고아가 감당할 수 없을 정도로 많이 늘어났다.

그러던 어느 날 실의에 차 있는 나치(독일 정부)본부의 고아원에 수용되어 있는 아이들이 날마다 무더기로 죽어나가고 있다는 소식이 들려왔다. 당시에는 대부분의 독일 아이들이 전쟁에 부모를 잃고 고아원에서 성장하고 있었기 때문에 고아원에 수용되어 있는 아이들이 죽어나간다는 것은 독일의 장래가 죽어 가고 있다는 것과 같은 의미로 해석해도 무방할 정도로 중요한 사건이었다. 이에 놀란 나치본부는 특별조사반을 보내 사인(死因)을 알아보도록 했다.

그 때의 고아원은 대부분 보육사 1명이 고아 40명을 맡아 키우고 있을 정도로 보육 인력이 절대 부족한 때이었다. 1명의 보육사가 40명의 고아를 돌본다는 것이 여간 어려운 일이 아니었다.

어떻든 나치 조사반이 발견한 것은 40명의 아이 가운데서 39명의 고아들은 모두 젖을 안 먹고 말라 죽어가고 있는데 유난히 한 아이만 통통하게 살이 쪄 있다는 사실이었다. "어떻게 이런 일이 일어날 수 있느냐?"고 물었지만 보육사도 "모르는 일이다." 라고 대답할 뿐이었다. 그리고 보육사가 하는 말이 "저 아이는 맨 끝에 있기 때문에 아이들에게 젖을 줄 때 1번 아이부터 시작해서 39번 아이까지는 숨돌릴 틈도 없이 이미 만들어져 있는 젖 틀에 젖을 꽂아주고 마지막 40번 아이에게 젖을 줄 때는 항상 의자에 앉아서 이마에 땀을 닦으며 마지막 아이이기 때문에 안고 젖을 먹일 수 있었기 때문에 안고 젖을 먹인 일밖에 없다."고 했다.

그렇다. 바로 그것이 답이다. 다른 아이들은 다 말라죽어 가는데 40번째의 마지막 그 아이만 유난히 통통하게 살찌게 했다는 사실. 안고 젖을 먹였다는 것이 답이었다.

아이들이 우유 먹기를 거부하고 죽기를 자원한 것은 사랑을 갈구하는 무언의 시위이었던 것이다. "사랑이 아니면 죽음을 달라"의 슬로건을 걸고 데모를 한 셈이다. 사랑이 없는 삶, 그 삶이 갓난아이들에게 우유 먹는 일을 포기하게 했다.

불행한 사람은 빨리 죽는다. 사랑이 부족한 아이들은 불행하다. 불행한 아이들은 성장을 거부한다. 이러한 아이들은 병을 자주 앓는다. 그리고 빨리 죽는다. 그래서 사랑은 모든 사람에게 물과 같은 것, 공기와 같은 것, 사람을 사람으로 커서 남아 있게 하는 원동력이 되는 것이다.

 # 무의식 속에 내재화된 이미지들

 정신분석의 창시자인 프로이드(Sigmund Freud)는 사람의 마음에 대한 연구 끝에 사람의 마음속에는 독립된 두 영역이 있음을 발견했다. 프로이드가 발견한 두 개의 영역 중 하나는 의식의 영역이고 다른 또 하나는 무의식의 영역이다. 의식과 무의식은 모든 사람이 가지고 있는 정신세계이다. 그리고 그 단어가 뜻하는 바가 무엇인지 잘 모르는 사람들까지도 너 나할 것 없이 평상시에 많이 써 온 친숙한 단어이다.

 인간의 마음속에 머무르면서 그 사람의 마음의 세계를 관리하는 심리기제인 의식과 무의식은 서로 맡은 바 역할이 아주 다르다. 의식은 사람의 생각을 만들어 내는 일을 하고 무의식은 그 사람의 느낌을 만들어 내는 일을 한다. 그러니까 사람의 생각과 느낌은 서로 다른 마음의 영역에서 만들어지는 것으로서 그 사람의 인간된 모습을 외부에 있는 사람들에게 전달해 주는 역할을 한다.

 의식에서 만들어지는 생각이 사람의 의지에 의해서 만들어지는 것이라면 무의식에서 만들어지는 느낌은 사람의 의지와는 전혀 상관없는 무의식이 혼자서 알아서 만들어 내는 것이다.

보통 사람들은 의식이 하는 일은 많고 무의식이 하는 일은 별로 없는 것으로 이해한다. 그렇기 때문에 의식은 중요하고 무의식은 중요하지 않는 것으로 생각한다. 그러나 사실은 상식적인 생각과는 정반대의 일을 하는 것이 의식과 무의식이 하는 일이다.

의식과 무의식이 하는 일에 대해서 예를 하나 들어본다면 대략 다음과 같은 이야기가 될 수 있다.

초등학교 4학년생인 재욱이는 착한 아이가 되고 싶었다. 공부를 열심히 해서 우등생이 되고 싶었고 부모의 말을 잘 듣는 아들이 되고 싶었다.

그래서 재욱이는 어느 날 새로운 결심을 하게 되었다. 아침에 어머니가 깨우기 전에 혼자 알아서 일찍 일어나고 아침밥을 먹기 전에 공부를 좀 하고 지각하지 않도록 일찍 학교에 가고 학교에서는 열심히 수업을 듣는다. 방과 후에는 피아노와 영어학원에 가서 열심히 배우고 저녁에는 11시까지 공부를 한다. 이렇게 하면 곧 우등생이 되고 부모가 바라는 자랑스러운 아들이 될 수 있을 것이라고 믿고 당장 실천에 옮기기로 했다.

그러나 재욱이의 계획은 결심 첫날부터 차질이 생겼다. 계획했던 대로 되는 것이 하나도 없었다. 아침에 일어나는 것부터 말썽을 빚었다. 어머니가 몇 번씩 깨웠으나 일어나지 못해 결국 고함을 지르고 법석을 떠는 소란이 있고 난 다음에야 겨우 일어났다. 세수를 하는 둥 마는 둥 하고 아침밥도 제대로 먹지 못하고 간신히 지각을 면할 정도로 학교에 갔다.

방과 후의 음악, 영어학원에서도 예전과 다를 바가 하나도 없었다. 학원에 지각을 하고 늦게 들어가서는 해야 할 일이 하기 싫어 게으름을 피우며 쓸데없는 공상만 하다가 돌아왔다. 저녁에 집에서는 TV 채널 때문에 동생과 싸웠고 싸우다가 어머니에게 야단을 맞았다. 11시까지 공부를 하겠다고 작정한 마음은 온데 간데 없이 사라지고 9시도 채 되기 전에 졸음이 와서 견딜 수가 없었다. 겨우 숙제를 끝낸 재욱이는 계획한 대로 실천하지 못한 것 때문에 심한 죄의식을 느끼면서 결국은 잠에 골아 떨어지고 말았다. 그 날 밤의 꿈자리는 유난히 사나웠다. 괴물에게 쫓기는 꿈을 꾸고 낭떠러지에서 떨어지는 꿈을 꾸었다. 다음 날의 생활도 전날과 다를 바가 하나도 없었고 그 다음 날도 또한 마찬가지였다. 그 후에도 재욱이는 여러 차례에 걸쳐서 앞에서 결정한 바와 같은 결심을 했지만 결심은 결심으로 끝났을 뿐 결심한 것을 실천할 수가 없었다.

옛말에 작심삼일이라는 말이 있다. 옛말대로 재욱이가 작심한 것을 삼일 동안만이라도 실천할 수 있었다면 재욱이는 3일마다 한번씩 작심을 해 주었으면 그 작심이 오랫동안 계속될 수 있었을 것이다. 그런데 재욱이의 작심은 3일이 아니고 3초에 불과했기 때문에 3초의 작심은 실천 불가능한 의미 없는 작심이었다. 3초라는 시간은 너무 짧기 때문에 3초의 작심은 작심만을 위한 작심일 뿐 그 어떤 것에도 적용되지 않는 어리석은 작심에 불과하다.

재욱이가 결심한 근본이 이토록 어리석은 자기 기만에 불과했기 때문에 아무리 결심을 많이 해도 결심한 내용을 실천하고 목적한 바의 결실을 거둘 수 없었다. 마음만 괴롭히는 내실 없는 작심만을 하다가 세월을 보낸 꼴이 되었다. 그렇기 때문에 재욱이의 작심은 이러나 저러나 허황되고 짜증스러운 느낌을 만들어 내기 위한 것에 지나지 않았다. 아무 것에도 도움이 안 되는 작심이었다는 것이다.

재욱이가 공부를 하겠다고 생각하고 작심을 한 것은 의식이 한 일이고 재욱이의 작심을 3초밖에 가지고 있지 못하도록 한 것은 무의식이 한 일이다. 의식과 무의식은 이렇게 엄청난 차이를 가지고 인간의 심리와 그 심리에 의한 행동을 관리하는 엄청난 역할을 한다.

그렇기 때문에 의식에서 생각하는 자기의 의도나 결심은 무의식이 "그렇게 해도 좋다."는 허락을 해 주어야만 의식이 생각한 것을 생각한

대로 실천할 수 있다. 그러나 만일 의식이 생각한 것을 무의식이 허락하지 않는다면 그 생각은 생각으로 끝날 뿐 전혀 실천할 수 없는 허황된 것이 되고 만다.

의식과 무의식이 하는 일이 이렇게 다르기 때문에 의식에서 생각하는 모든 것은 가짜 생각이고 무의식에서 만들어내는 느낌만이 진짜 자기의 느낌이라고 하는 것이다. 생각은 생각하는 사람의 의도에 따라 얼마든지 바꾸어 생각할 수 있고 잘못된 생각을 고칠 수도 있고 생각에 생각을 거듭해서 새로운 계획을 세울 수도 있다. 그러나 무의식이 만들어내는 느낌은 그 느낌을 느끼는 사람의 마음대로 느낌의 내용을 바꿀 수도 없고 새로 만들어 낼 수도 없는 절대적이고 결정적인 성질을 가지고 있다.

재욱이가 "공부를 하자"는 생각을 했다면 재욱이는 재욱이 자신에게 "공부를 하라"고 명령을 한 것과 같다. 그러나 이러한 재욱이의 명령은 명령에 그쳤을 뿐 무의식의 느낌이 재욱이의 명령을 따라주지 않았기 때문에 재욱이는 계획한 것을 하나도 실천하지 못하고 실패자로서의 쓰라린 느낌을 맛보아야 했다.

재욱이가 공부를 할 수 없으면서도 공부를 하자고 자기에게 말한 것은 결과적으로 공부를 하지 않고 느끼게 될 쓰라림을 맛보기 위한 계획을 세운 것이라고 할 수 있다. 만약에 재욱이가 공부를 하지 않은 결과로 인해서 맛보게 될 쓰라림이 싫었다면 재욱이는 재욱이가 생각한대로 공부를 했거나 아니면 그러한 결심을 하지 않았을 것이다. 그러나 재욱이가 공부를 하지 않은 데는 나름대로 이유가 있다. 그 이유가 결과적으로 맛보게 된 쓰라림을 자기 것으로 만들기 위한 무의식의 의도에 의해서 그러한 계획을 세웠던 것이라고 할 수 있기 때문이다.

그렇기 때문에 재욱이가 공부를 하지 않은 결과로 인해서 쓰라린 느낌을 하나의 고통으로 감수하지 않으면 아니 되었지만 사실은 그 고통을 스스로에게 느끼게 함으로써 그 동안에 게으름을 피운 자기 자신에 대한 벌을 주는 것으로써 그 동안의 고통에 의해 만들어진 죄의식을 줄이기 위한 것이었다고 할 수 있다.

이러한 고통스러운 느낌은 어머니로부터 게으름 때문에 꾸중을 받은 것이 불충분해서 자기 스스로가 자기에게 벌을 주는 행위라고 할 수도 있다.

이렇듯 우리는 우리의 느낌을 우리 마음대로 조정할 수 없다. 왜 우리는 우리의 마음속에 들어 있는 우리의 느낌을 우리 마음대로 조정할 수 없는 것일까? 그 이유를 설명한다면 대략 다음과 같다.

생각과 느낌은 정신분석학에서 주로 다루는 심리분야이다. 정신분석은 오랜 연구의 역사적 과정 속에서 인간이 조정할 수 없는 무의식에 대한 본질을 알아보고자 했다. 무의식의 본질을 한 마디로 줄여서 말한다면 인간이 인지하고 이해하고 종용할 수 없는 의식이 알지 못하는 심리영역이다.

무의식은 인간의 마음 속 깊은 곳에 자리를 잡고 인간의 운명을 결정해 주는 엄청난 일을 한다. 무의식의 영역에는 인간이 태어나서 살아온 지금까지의 모든 것, 특히 잊어버렸다고 생각하는 과거의 모든 경험들이 버려지지 않은 채 저장되어 있는 어마어마하게 큰 저장창고라고 할 수 있다.

무의식이라고 하는 그 큰 경험의 저장창고가 언제 어떻게 해서 만들어졌을까? 무의식의 저장창고에 대한 이야기는 참으로 길고 복잡하지만 그것을 다음과 같이 요약해서 설명할 수 있다.

아이가 출생한 후 어머니에 의해서 양육되는 동안 아이가 겪는 첫 36개월간의 경험들이 의식의 세계와는 인연을 끊고 잊혀진 채 어마어마하게 큰 마음 속 깊은 곳의 저장창고에 저장되어 있으면서 사람의 운명을 좌지우지하는 엄청난 힘을 발휘하는 것이 무의식이다.

  마음 속 깊은 곳의 저장창고에 이미지로 저장되어 있는 출생 후 아이가 겪은 36개월간의 경험들이 평생을 살아가면서 두고두고 사용하게 될 운명의 재산이 된다. 아이가 사용하게 될 운명의 재산인 무의식의 영역에는 의식의 세계에서 충족되지 못한 욕구와 불만 등이 억류되어 있다. 일단 무의식의 영역에 억류된 불행한 경험과 사건 그리고 충족되지 못한 욕구는 의식의 세계로 떠오를 수 없다. 그렇기 때문에 무의식의 영역에 억류되어 있는 불만의 덩어리는 의식의 세계로 올라와 미처 해결하지 못한 불만이 된 과거의 욕구를 해결하고자 하는 강한 소망을 갖는다. 그러나 이러한 소망은 무의식의 세계에 머무르면서 느낌을 만들어 낼 뿐 과거에 충족되지 못한 욕구를 현실적으로 충족시킬 수 있는 기회를 갖지 못하는 것이 일반적이다.

  이러한 문제의 원인을 규명하고 그 해결책을 찾고자 하는 정신분석이론의 한 학파인 대상관계이론에서는 성장 초기의 인생 경험을 중요하게 생각한다. 왜냐하면 아이가 성장하면서 경험하게 된 대상(어머니)과의 관계가 아이의 성격과 운명의 바탕이 되는 생각을 만들어내고 느낌을 만들어내기 때문이라는 것이다. 그래서 아이의 성격과 운명을 만들어내는 생각과 느낌의 근원인 자기(아이)와 대상(어머니)의 이미지를 어떠한 것으로 결정하여 정신내부에 억류(내면화)시켰는가를 검증하는 것이 고장난 마음을 고치는데 없어서는 아니 될 주요한 작업이 된다.

  대상(어머니)을 내면화시키는 유아의 관계적 발달 단계는 정상 자폐기, 공생기, 격리개별화기로 구분되며 이러한 발달은 대상항구성의 정립으로 완성된다. 자기(아이)의 이미지와 대상(어머니)의 이미지는 아이가 36개월의 성장기간에 느낀 어머니에 대한 느낌들이다. 이 느낌들이 후기 성장과정의 어머니의 이미지가 되어 그 아이의 성격과 운명을 만들어

내는 역할을 한다.

　아이가 아이의 무의식 속에 저장하는 어머니의 이미지는 아이가 어머니에게 무엇인가를 해달라고 요구했을 때 어머니가 어떠한 반응을 보였는가와 밀접한 관계가 있다. 만일 어머니가 아이의 요구에 좋은 반응을 보였다면 아이가 갖게 된 어머니의 이미지는 좋은 이미지이고 반대로 어머니가 아이에게 보여준 반응이 나빴다면 아이는 어머니에 대한 나쁜 이미지를 가지게 된다. 이러한 이미지가 무의식 속에 가라앉아 그곳에 머물게 되는 현상을 '내면화'라는 말로 표현한다.

　자기(아이)의 이미지 역시 대상(어머니)의 이미지가 형성되는 것과 같은 과정을 겪는다. 아이가 어머니에게 무엇인가를 요구했을 때 어머니의 반응이 좋았다면 아이는 어머니가 자기에게 좋은 반응을 보이지 않을 수 없을 정도로 자기가 좋은 아이였기 때문에 어머니가 아이에게 좋은 반응을 보였다고 생각한다. 그리고 자기 자신에 대한 좋은 이미지를 가지게 된다. 그러나 아이의 요구에 어머니의 반응이 좋지 않았다면 그 아이는 어머니가 자기를 좋아할 만큼 자기 자신이 좋은 아이가 아니었기 때문에 어머니의 반응이 좋지 않았다는 것을 느낀다. 그리고 자기 자신에 대한 이미지를 나쁘게 가지게 된다.

　그 뿐만이 아니다. 자기(아이)가 출생 후 초기 36개월을 대상(어머니)과 함께 살면서 자기(아이)가 대상(어머니)에게 보내는 정, 그러니까 "나는 어머니가 좋아요."라는 표현을 했을 때 어머니가 그것을 어떻게 받아드렸느냐에 따라 어머니에 대한 아이의 느낌이 결정된다. 일반적으로 이때의 느낌은 좋지 않은 느낌이다. 왜냐하면 아이가 어머니를 좋아한다는 느낌을 표현했을 때 어머니는 아이의 그러한 표현을 반갑게 받아드려야 하는데 대체로 어머니는 아이의 그러한 표현을 귀찮게 생각하고 거부하는 경우가 많기 때문이다. 이러한 어머니의 태도는 아이로 하여금 자기 자신의 이미지를 부정적으로 결정하게 하고 이를 내면화하게 한다. 그리하여 "나는 어머니가 싫어하는 아이다." 라는 이미지가 아이의 정신 내면에 이미지로 각인되게 한다. 이렇듯 초기 성장과정에서 아이가 겪는 어머니와의 관계는 아이의 이미지를 결정해 주는 중요한 구실을 한다.

아이와 어머니와의 관계에서 어머니가 아이에게 어떠한 느낌을 가지도록 했느냐에 따라 아이의 자기 이미지가 결정이 되고 어머니의 이미지가 결정되어 아이의 정신 내부에 가라앉게 된다. 정신 내부에 가라앉은 느낌은 무의식의 세계에 보관되기 때문에 의식의 세계에서는 더 이상 인식할 수 없는 잊어버린 기억이 된다.

잊어버렸다고 생각하는 그 기억이 무의식 속에 남아서 아이가 하고자 하는 일과 해야 하는 일 사이에서 그 일들을 할 수 있게 하기도 하고 할 수 없게 하기도 한다. 일반적으로 아이가 하고자 하는 일(TV보기, 만화보기, 전자오락하기 등)은 하게 하고 해야 할 일(아침 일찍 일어나기, 알아서 숙제하기, 그리고 또 따로 공부하기 등)은 하지 못하게 하는 경향이 강하다.

실제의 어머니(밖에 있는 어머니)가 아이에게 공부를 하라고 요구했을 때 그 아이가 어머니의 말을 듣지 않고 공부를 하지 않는 것은 실제 어머니의 말을 듣기 싫어서 듣지 않는 것이 아니다. 무의식 속에 이미지로 각인되어 살아 움직이는 정신 속의 어머니가 실제 어머니의 말을 듣지 못하게 하기 때문에 어머니의 말을 듣지 않는 아이가 된다.

이미지로 각인된 무의식 속의 어머니는 실제 어머니보다 훨씬 더 강한 힘을 가지고 아이의 행동을 조정한다. 아이가 아무리 실제 어머니의 말을 듣고 공부를 하고 싶더라도 무의식 속의 어머니가 '공부를 해서는 안 된다' 하면 아이는 아이가 원하는 공부를 할 수 없다.

이러한 아이의 심리현상은 이미 언급한 바와 같이 출생 후 36개월에 걸쳐 경험한 어머니와의 관계가 행복하지 못하고 불행했던 것에 원인한다. 36개월 간의 초기 인생살이가 괴로웠던 아이는 항상 그때 겪었던 그 시절의 괴로움과 같은 삶을 그대로 재현하려고 하는 강한 무의식적 욕구를 갖는다. 이러한 무의식 속의 욕구는 의식이 아무리 강하게 조정하려고 해도 조정되지 않는다. 그렇기 때문에 불행한 생활을 싫어하는 모든 아이들이 불행한 생활을 청산하지 못하고 계속해서 불행한 생활을 하고 있는 것이다.

앞에서 예로 든 재욱이의 경우가 이러한 경우에 해당된다. 재욱이가 계획한 것을 실천하지 못하고 계속해서 예전과 같은 생활을 할 수밖에 없었던 이유가 바로 여기에 있다.

재욱이가 새로 짠 생활계획을 제대로 실천하지 못한 것으로 미루어 보아 틀림없이 재욱이의 출생 후 초기 36개월 동안의 경험이 불행했을 것으로 짐작된다. 만일 어머니와의 그 때의 경험이 행복했었다면 재욱이는 그렇게까지 스스로를 괴롭히는 불행한 생활을 하지 않아도 되었을 것이다.

재욱이는 결국 일주일에 한 차례씩 1년 8개월간의 상담을 받았다. 상담을 통해서 재욱이는 그의 삶과 관련된 초기 36개월간의 성장 경험을 새로운 각도에서 이해(통찰)하고 자기 이미지와 대상(어머니) 이미지를 마음속으로 다시 끌어들이는 재내면화에 성공하여 의식에 협조하는 무의식의 표상(이미지)을 가지게 되었다. 재욱이의 마음속에 새롭게 저장된 재욱이와 재욱이 어머니의 이미지가 좋은 표상으로 작용하는 좋은 이미지가 되었다는 것이다. 그리하여 재욱이는 의식이 생각만 하면 의식이 생각한 거의 대부분을 "해도 좋다"고 허락해 주는 협조적인 무의식을 가지게 되었다. 건강한 삶을 살 수 있는 아이가 되었다는 것이다.

이 글을 읽는 사람들이 그렇듯이 대부분의 사람들은 상담의 위력을 모른다. 설사 안다고 하더라도 진정한 의미의 상담을 모른다. 상담이 어떠한 것인지 모르기 때문에 상담을 믿지 못한다. 그래서 정말 상담다운 상담을 받아 본 사람이 별로 없다. 상담을 받아 본 사람만이 상담의 위력을 안다.

상담은 누구나 할 수 있는 것으로 생각한다. 그러나 상담은 누구나 할 수 있는 것이 아니다. 오랜 세월 동안 상담과 관련된 인간 심리와 그 심리가 어떻게 발달해 왔는가에 대한 정확한 내용을 알 수 있는 이론을 철저하게 배워야 하고 그 이론을 적용할 수 있는 상담에 대한 기술적인 공부를 지도자와 함께 해야 한다. 최소한 4년 이상 상담기술을 연마한 후에야 겨우 걸음마를 배우는 아이처럼 상담의 발을 한 두 발자국 디뎌 놓을 수 있게 된다.

상담을 제대로 공부한 전문가가 별로 없는 우리 나라에서 상담다운 상담을 받는다는 것은 참으로 어려운 일이다. 그러나 진정으로 상담을 받을 마음이 있다면 전문가가 전혀 없는 것도 아니라는 것을 마음에 새겨두는 것이 좋을 듯 하다.

마음을 제대로 다스리지 못하고 인생을 어렵게 사는 사람들 특히 부부간의 사이가 나쁜 사람들, 고부간의 사이가 나쁜 사람들, 성적으로 문제가 있는 사람들, 공부가 잘 안 되는 사람들, 화가 자주 나고 사람이 두려운 사람들, 의욕이 없고 무기력한 사람들, 사업에 실패한 사람들 그리고 자주 직장을 옮겨야 하는 사람들과 해고당한 사람들은 상담을 받아야 한다. 왜냐하면 이러한 문제는 문제를 가진 사람의 성격이 만들어 낸 것이기 때문에 성격이 바뀌어지지 않는 한 사람들이 생각하고 있는 것처럼 세월과 더불어 쉽게 없어지는 문제가 아니기 때문이다.

어떠한 문제이든 문제를 가진 사람은 필경 상담을 받고 새로운 인생을 살 준비를 해야 한다.

  진정으로 오늘 이후의 삶이 보람되기를 원한다면 상담을 받아야 한다. 새로운 인생을 살기 위해서이다.

 인간발전소

발전소는 전기를 만들어 내는 곳이다. 전기를 만들어내는 발전소라면 우선 수력발전소가 있고 화력발전소와 원자력발전소가 있다. 그밖에도 여기저기에 우리가 미처 알지 못하는 수많은 발전소가 있을 수 있다.

그러나 필자가 여기에서 논하고자 하는 발전소는 일상적으로 우리가 알고 있는 수력발전소나 화력발전소 혹은 원자력발전소와 같은 공식적으로 개발된 발전소가 아니라 지금까지 어떤 사람도 생각해 보지 못한 발전소, 혹은 상상을 불허했던 발전소, "인간 발전소"에 대한 이야기를 하려는 것이다.

어쩌다가 몸이 불편해서 한의원에 가면 무조건 팔을 내밀라 하고 팔을 내밀면 맥(脈)을 짚어 본다. 한방(韓方)에서 맥을 짚어 보는 이유는 기(氣)가 강한가, 약한가를 알아보기 위함이다.

맥을 짚어 보는 것이 인간의 몸이 가지고 있는 기능의 모든 것을 알아보는 유일한 방법인 것처럼 한방(韓方)에서는 맥만을 짚어 보고 건강하다, 건강하지 않다라고 판단해 준다. 그리고 기를 강하게 할 수 있는 처방을 해 준다.

한방의 효험을 알고 있는 사람 치고 한의원에서 하고 있는 이러한 의술에 대해서 불신을 하거나 비과학적인 방법이라고 외면하는 사람은 거의 없다.

그렇다면 한의원에서 맥만을 짚어보고 처방을 내리는 의술을 믿는다는 것이리라.

한의원의 처방이라고 하는 것이 고작 몇 가지의 풀이파리를 섞은 풀약을 지어 주는 것에 불과하다. 풀이파리 속에 기(氣)를 살리는 어떤 신비스러운 것들이 들어 있는지는 모르지만 어찌된 일인지 그 풀약을 다려 먹으면 대체로 기가 강해진다.

잘은 모르지만 그 풀약 속에 기를 강하게 하는 어떤 화학 요소가 들어 있는 것일 수 있다. 아니면 기를 살리는 약을 다려 먹었기 때문에 기가 살아날 것이라는 심리적인 기대가 기를 강하게 살려낸 결과일 수도 있다.

필자는 한방에 대해서 아는 것이 없다. 그러므로 풀약의 효과에 대해서 이러쿵저러쿵 이야기할 입장은 아니다.

다만 한방에서 기(氣)라고 말하는 것이 혹시 전기(電氣)를 말하고 있는 것이 아닐까 하는 생각에서 기(氣)에 대한 이야기를 했을 뿐이다. 왜냐하면 인간의 몸은 전기에 의해서 만들어진 것이기 때문이다.

정확하게 말해서 인간의 몸은 여러 개의 세포들이 전기에 의해서 서로 잡아당기는 인력(引力)이 있기 때문에 그 인력에 의해 서로 응집되어 만들어진 것이고 인간의 몸 속에 있는 세포들이 만들어 낸 전기에 의해서만 움직일 수 있는 생명체라는 것이다. 그렇기 때문에 몸 속의 자가(自家) 발전소에서 전기를 생산해 내지 못한다면 인간의 생명은 그것으로 끝이 난다.

예를 들어서 인간의 몸에 전기가 없다면(물론 그럴 리가 없지만) 손가락 하나 제대로 움직일 수 없다. 그리고 자율신경 계통의 모든 기능이 전체적으로 정지될 수밖에 없다. 그렇기 때문에 사람의 생명은 스스로 발전해 내는 전력이 없이는 살아 갈 수 없다는 것이다.

한방에서 말하는 기(氣)를 전기(電氣)와 동일하게 생각한다면 한방에서 말하는 기에 대해서 이의를 제기할 수 없을 줄 안다. 인간의 몸을 움직이는 것이 전기이기 때문에 한방의 기 역시 전기라고 할 수 있기 때문이다.

이미 언급한 바와 같이 인간의 몸 속에는 인간을 움직이게 하는 전기를 생산해 내는 발전소가 있다. 그 발전소는 인간의 능력으로는 헤아릴 수 없는 수많은 세포로 형성된 인체의 각 세포 속에 위치하고 있다.

우리의 몸 속에 있는 세포 속의 발전소는 원자와 양자, 그리고 중성자로 이루어져 있다. 원자와 양자, 그리고 중성자가 인체 안에서 한시도 쉬지 않고 계속해서 끊임없이 움직임으로서 발생하는 열이 바로 전기가 된다. 그 전기는 인간의 몸을 움직이게 하는 원동력으로서 기능을 할 뿐만 아니라 인간의 마음을 움직이게 하는 에너지로서의 역할을 하고 몸을 따뜻하게 보존하는 보일러로서의 일을 한다.

인체에서 생산해 내는 전력이 팔다리를 움직이게 하는 것은 물론이고 자율신경 계통인 허파의 숨쉬기, 심장의 혈액순환, 위의 소화기능 등의 일체를 움직이게 하는 에너지로서 사용된다.

인간발전소에서 생산해 내는 하루의 전량(電量)이 자그마치 12만 와트에 해당하는 전력이라고 하니까 그 전력이 얼마나 방대한가를 짐작하게 한다.

인간이 하루에 생산해 내는 전력이 12만 와트라고 한다면 인간이 하루에 소비하는 전력이 12만 와트에 해당되는 전력이라는 계산이 나온다. 그러니까 인간은 하루에 12만 와트의 전력을 생산해 내야만 자기의 몸을 움직이고 생각을 하게 하고 몸의 온도를 보존하게 하고 그 밖의 많은 일을 할 수 있게 한다는 것이다.

이러한 인간의 몸을 만일 건전지를 사용해서 움직이게 하려고 한다면 얼마나 큰 건전지를 달고 다녀야 될지 상상을 초월하게 한다.

어떤 사람을 막론하고 하루에 생산해 내는 전기의 양이 모두 같은데도 불구하고 어떤 사람은 전력이 모자라서 기가 약하고 어떤 사람은 전력이 남아돌아서 기가 강하다고 한다면 전력의 소비방법에 문제가 있지 않을까 하는 추측을 가능하게 한다.

전기의 소모량은 정신적 상황과 밀접한 관계가 있다. 정신적으로 안정된 삶을 사는 사람은 전력 소모량이 극소화되고 정신적으로 불안정한 생활을 하는 사람의 전력 소모량은 극대화된다.

걱정을 많이 하는 사람과 걱정을 하지 않는 사람의 에너지 소비량이 현저한 차이를 보인다는 것이다. 걱정을 많이 하는 사람은 많은 에너지를 소비해야 하고 걱정이 적은 사람은 적은 만큼 에너지를 적게 소비한다.

걱정이 많은 사람이 전력을 많이 소모하는 이유는 걱정 그 자체가 마음과 몸을 긴장시키고 신진대사 기관들을 너무 빨리 돌아가게 하기 때문에 전력의 소모량이 배 이상으로 늘어나고 늘어난 만큼 사용할 전량이 줄어들기 때문에 쉽게 피곤해지고 쉽게 화가 나고 그래서 모든 것을 쉽게 포기해 버리는 나약한 사람이 되는 것이다. 이러한 사람을 두고 한방에서 기가 약한 사람이라고 하지 않을까 싶다.

출생초기에 어머니와 함께 생활하던 아이의 환경이 인정이 없고 성마른 환경이었기 때문에 불안하고 긴장된 삶을 살았다면 그러한 환경에서 자란 아이의 일생은 계속해서 불안하고 긴장되고 화가 많이 나고 환경 속의 중요한 사람(어머니)을 원망하는 생활을 하지 않으면 아니 되는데, 여기에 소모되는 전력 때문에 전력의 절대부족을 느낀다. 이러한 사람의 장래는 보장되지 않는다.

불안하고 긴장된 사람이 어떻게 해야 할 일을 할 수 있겠는가? 이러한 사람이 할 수 있는 일은 오직 불안과 긴장을 잊어버릴 수 있는 어떤 일에 열중하는 것이다. 이러한 사람이 열중하는 어떤 일이란 대체로 바람직하지 못한 일이다. 그런 사람이 하는 일이란 대체로 해야 할 일이 아니라 하고 싶은 일이다. 그러한 사람이 어린이였을 경우에는 게으름을 피우고 잠을 많이 자고 전자 오락과 만화, TV만을 즐기며 해야 할 일(공부 등)을 하지 않는 것이다. 그리고 그들이 어른이 되었을 때는 술을 많이 마시거나 상습적인 도박을 하거나 돈을 마구 써버리고 직장에 나가는 것을 신경 쓰지 않는 것 등을 비롯해서 만성 건강 염려증, 소화 불량, 편두통, 관절염, 천식, 간염, 고혈압, 당뇨 등을 포함한 온갖 질병에 취약하다. 그리고 자기에게 좋은 일을 해 줄 수 없다. 그래서 이러한 사람은 스스로의 장래를 보장하지 못한다.

　전력의 과다 소비와 실패와의 관계 역시 어렸을 때 아이가 어머니와의 관계에서 겪었던 인간적인 관계에서 비롯된다는 것을 아는 사람이 없다. 그렇기 때문에 고달픈 인생을 사는 어머니는 어머니의 인생이 고달픈 만큼 아이를 고달프게 기르고 그러한 어머니 밑에서 고달픈 양육을 받은 자식의 인생 또한 고달프다는 것을 모른다는 것이다.

　기가 약한 아이들의 기를 살리는 유일한 방법은 무조건 야단을 치지 않으면서 기르는 것이 아니고 무조건 귀여워하면서 기르는 것이다. 아이를 귀여워하는 어머니가 어떻게 아이를 야단칠 수 있겠는가? 귀여움을 받고 자란 아이는 야단 맞을 짓을 아예 하지 않는다. 혹시라도 아이를 귀엽게 길렀는데 그 아이가 야단맞을 짓을 한다면 야단맞을 짓을 한 만큼 그 아이의 어머니는 그 아이를 귀여워하지 않으면서 길렀다고 할 수 있다.

　귀여움을 받고 자란 아이는 기가 강하다. 전력이 많이 비축되는 생활을 하기 때문이다. 전력의 비축은 오직 안정된 삶 속에서만 가능하다. 기가 강한 아이는 공부를 잘하고 어머니의 말을 잘 듣고 그래서 입을 대야 할 필요가 없는 아이가 된다.

　어머니의 아이에 대한 태도는 이렇듯 막중한 결과를 초래한다. 엄청난 영향을 미친다는 것이다. 인생 초기의 어머니에 의한 영향은 더욱 그렇다.

　만일 어머니가 아이를 사랑한다면 아이를 믿고 인정하는 어머니가 되어 아이가 전력(電力)을 비축할 수 있는 좋은 어머니로서 부담을 주지 않는 역할을 해야 할 것이다.

　발전소의 가동이 잘 될 수 있도록 아이를 믿고 인정하고 사랑하는 어머니가 되어 자식의 성공을 보장하는 관계 속의 역할을 잘 해야 한다는 것이다.

신들의 공유영역

: 희랍의 여신 가이아와 우리의 모신(母神) 어머니
: 신과 신의 추종자
: 아버지

신(神)이란 종교를 가진 사람들이 믿는 대상으로서 우주를 운행하는 초인간적이고 초자연적인 존재를 일컫는 말이다. 초인간적이고 초자연적인 신을 믿고 따르는 종교적인 신 외에도 신은 도처에 존재한다. 우선 그 많은 원시적인 종교라고 할 수 있는 수많은 토속(土俗) 신(神)들이 있고 현대인의 정신세계에 지대한 영향을 미친 희랍신화에 나오는 많은 신들이 있다.

인간이 신을 믿고 신과 함께 살지 않으면 아니 되는 것은 정신적인 공황(恐慌) 때문이다. 정신적인 공황은 자기 확신이 없는 것에서 비롯된다. 그래서 인간은 신을 통해서 자기확신을 얻으려 한다.

이러한 인간의 노력이 결국은 그들의 마음속에 신을 위한 재단을 쌓게 하고 신으로 하여금 인간의 모든 것을 지배할 수 있는 엄청난 위력을 가지게 한다. 신에게 매달려 의존함으로써 정신적인 안정을 추구하려는 본능적 욕구가 있기 때문이다.

어머니와의 관계에서 정을 잃은 사람은 이처럼 신을 추구한다. 어머니로부터 받지 못한 정을 신으로부터 대신 받으려 하기 때문이다.

 ## 희랍의 여신 가이아와
우리의 모신(母神) 어머니

초인간적인 존재로서 초자연적인 능력을 자유자재로 행사하는 신의 위력이 대단한 이유는 신의 존재 가치를 높게 평가하고 인식하는 사람들의 마음 때문이다.

사람들의 신과 관련된 마음은 신을 격앙하고 믿음으로써 구원을 얻을 수 있다는 종교적 신앙이 있기 때문이다. 그리고 나쁜 행위와 병행하여 갖게 되는 죄의식과 그 죄의식을 용서받기 위한 하나의 수단으로써 신을 섬기기 때문이다.

신(神) 중에는 형체가 보이지 않는 형이상학적인 신이 있고 형체가 보이는 형이하학적인 신이 있다.

인간의 마음속에서 지대한 영향력을 행사하며 우주를 운행하는 신이 있는 반면에 모신(母神)이라고 하는 신과 같은 존재가 있다. 종교적인 신이 형체가 보이지 않는 신이라면 모신은 형체가 보이는 신이다.

형체가 보이지 않는 신, 다시 말해서 종교적인 신은 인간에게 믿고 싶으면 믿고, 믿고 싶지 않으면 믿지 않아도 되는 선택의 자유를 주고 있는 반면 형체가 보이는 모신은 인간의 예속을 강압함으로써 인간의 자율성을 빼앗아 가는 속성을 가지고 있다.

특히 모신은 인간의 능력이 발달하기 전부터 인간을 장악하고 성장과정을 통해서 인간의 모든 것을 지배하기 때문에 모신이 갖는 위력은 그 어느 신에도 비할 수 없을 정도로 막강하다.

앞에서 이미 언급한 바와 같이 여기에서 말하고 있는 모신 역시 양육자를 의미한다.

양육자는 누구든지 아이를 기르는 사람이다. 그러나 일반적으로는 어머니가 아이를 기르기 때문에 양육자라는 말은 어머니의 대명사처럼 되어 있다. 아이를 양육하는 사람은 여러 면에서 신과 같은 역할을 하기 때문에 양육자인 어머니를 필자는 신이라고 부른다. 그래서 신과 양육자인 어머니는 동일선상에 위치하며 절대성을 소유하고 신성불가침의 존재로서 인간의 마음속에 살고 있다고 하는 것이다.

종교적인 신은 인간이 그 신을 믿었을 때 인간의 마음을 지배할 수 있지만 양육자인 어머니 신은 아이가 믿든, 믿지 않든 아이의 인생을 마음대로 관리하는 권한을 가지고 있는 신이다.

이들 신들에 대해 인간이 할 수 있는 최선의 일은 결국 신들에게 의존하고 매달리는 것이다.

인간은 신들에게 매달려 신과 같은 힘을 갖기 위해서 신과 합일화하고 신을 마음속에 끌어들이고 신과 동일시하는 내면화 과정을 통해서 심리적인 발달을 도모한다. 그리고 어렵고 힘든 격리개별화의 숙명적인 재탄생(심리적인 탄생)을 시도한다.

그러나 인간의 심리와 행동을 통제하는 신은 인간으로 하여금 신으로부터의 독립을 위한 격리개별화를 방해하고 분열(splitting)이라고 하는 정신내부의 균열을 가져오게 한다. 어머니 신에 의한 투사적 동일시(아이를 어머니의 한 부분으로 생각하는 느낌)는 아이의 정상적인 성장을 방해하고 때에 따라서는 빨리 죽을 수도 있는 조사증후군(早死症候群=anaclitic syndrome)과 같은 모성결핍증상을 가지게 할 수도 있다.

양육자인 어머니와 아이의 관계 혹은 신으로서의 어머니와 어머니를 신으로 섬기는 아이와의 관계는 서로 돕고 위하고 협력하는 관계라기보다는 신으로서의 어머니의 존재가치를 돈독히 해야 하는 관계라고 할 수 있다. 그렇기 때문에 어머니는 아이의 마음의 영토를 최소한으로 축소시키고 축소된 자식의 영토를 어머니의 심리적인 영토에 첨가하여 어머니의 영토를 최대한으로 확장하려는 의도에서 맺어진 일방적인 관계라고 할 수 있다. 그래서 자식과 어머니와의 관계는 맺고 아니 맺고 하는 결정권이 자식에게는 전혀 주어지지 않는 속성을 가지고 있다.

이러한 인간관계 다시 말해서 어머니와 아이의 관계는 인간의 역사가 시작되면서부터 지금까지 존재해 온 독선적인 관계라고 할 수 있다.

다시 말해서 어머니는 어머니 마음대로 아이를 잉태하고 어머니 마음대로 태교를 하고 아니하고를 결정하고 기분 내키는 대로 아이를 낳아서 기르기 때문에 여기에 어머니의 독선이 개입된다는 것이다.

뿐만 아니라 아이가 태어나는 것은 아이의 의사와는 전혀 관계가 없는 일이기 때문에 어머니의 독선적인 양육태도는 더욱 강조된다고 할 수 있다.

이러한 어머니들이 아이를 양육하는 과정에서 어려움에 봉착하였을 때에는 항상 '너 때문에' 라는 말을 사용하면서 어머니 자신은 모든 것에서 옳다고 주장한다. 이러한 어머니의 주장이 아이를 무능하게 만드는데도 불구하고 어머니는 이러한 사실을 알지 못하는 것이 일반적이다. 이와 같은 예는 희랍신화의 창세기에 잘 나타나 있다.

"세계의 최초는 하늘과 땅과 바다가 한데 어울려 혼돈(카오스)스러운 상태를 이루고 있었는데 여기에서 처음으로 태어난 신이 '가이아' 이었다.

가이아는 땅의 여신으로 혼자서 사랑의 신 에로스와 암흑의 신 에레보스와 하늘의 신 오우라노스와 바다의 신 본토스를 낳았는데 가이아는 자기의 넓은 가슴을 이 신들의 집으로 제공하고 자기와 더불어 살게 했다.(희랍 신화 중에서)"

앞에서 언급한 바 있는 어머니와 여호와의 관계적 유사점처럼 희랍의 여신 가이아와 우리의 모신 어머니 사이에도 서로 같은 점이 있다. 어디 그 뿐이랴. 혼자서 예수님을 낳은 동정녀 마리아와 혼자서 희랍의 신들을 낳은 가이아 사이에는 또 어떤 유사점이 있을까?

마음대로 자녀를 낳은 독선과 자기의 가슴에 집을 짓고 그 가슴속의 집에서 자녀들을 살게 하는 일체감의 연속성과 혼자서 자녀를 낳는 능력과 제휴된 만능감이 희랍의 여신 가이아와 우리의 모신 어머니가 갖는 특성이다.

이 밖에도 모신이라고 지칭하는 우리들의 어머니의 특성은 충분한 모성을 가지고 있으면서도 그 모성을 발휘하지 않는다는 것이다. 설사 모성을 발휘하고자 할지라도 모성을 발휘할 수 있는 충분한 지식을 가지고 있지 못하기 때문에 그 결함에서 생겨난 잘못된 모성이 아이들을 불행하게 기르게 하는 원인으로 작용하는 경우가 비일비재하다.

어머니 자체는 좋은 어머니가 될 수 있는 개발 가능한 잠재능력을 가지고 있지만 어머니로서 받았어야 할 근본적인 교육을 받지 못한 것 때문에 아이들을 제대로 기르지 못하는 누를 범하고 있다는 것이다.

그럼에도 불구하고 우리의 모신 어머니는 이 세상에 존재하는 그 어떠한 신보다도 더 많은 힘을 가지고 우리 아이들에게 엄청난 영향력을 행사하고 있다.

우리 어머니들이 아이들에게 행사하는 영향력은 일반적으로 지나친 간섭을 하는 것이다. 그러나 어머니 자신은 어떠한 사람의 어떠한 간섭도 받지 않으려 한다.

이러한 모성의 본질에는 타협과 이해 그리고 양보와 같은 일반적인 거래 원칙이 통하지 않는다.

배가 고픈 사람에게 여유가 없듯이 교육을 받지 못한 것 때문에 지식이 고픈(결핍된 지식) 어머니에게는 타협과 이해 그리고 양보의 미덕을 행사할 수 있는 여유가 없다. 다만 고집의 타성이 있을 뿐이다. 이는 곧 교육을 적게 받은 양육자는 교육을 많이 받은 양육자에 비해서 비교적 융통성과 아량이 적다는 것이다.

그러므로 교육을 적게 받아 지식의 배가 고픈 어머니와 사는 아이들은 답답하다. 그리고 아이들도 어머니처럼 고집을 부리는 강한 버릇이 있다. 그러한 어머니 밑에 그러한 아이들이 자란다는 것이다. 콩 심은 데 콩 나고 팥 심은 데 팥 나는 격이다.

이러한 어머니에게 혹시라도 새로운 육아방법을 제시하면 지금까지 어머니가 실천해 온 양육방법이 옳다고 주장한다. 그리고 아이들은 역시 명령하고 비난하고 저지시켜야 하며 필요한 만큼의 매를 맞아야만 제대로 성장한다는 고집을 부린다.

새로운 지식을 자기 것으로 만들어 아이들을 양육하는데 적용하려는 흥미나 의지는 전혀 보이지 않는다.

이렇듯 아이들의 신(神) 어머니는 어머니로서 갖추고 있어야 할 교양과 지식을 갖추지 못하면서 자식들의 성격과 행동에 대해서 불평을 한다는 것은 어떤 의미에서나 재고의 여지가 없다. 양육과 관련된 교육 부재 현상이 두드러진다는 것은 불행한 일이다. 이러한 현상이 어머니의 독선을 유발시킨다.

그리고 카리스마적인 존재로서 어머니의 위치를 강화하려는 욕심을 부리게 한다.

　이러한 어머니 밑에서 성장하는 아이들은 기가 약하고 의욕이 없다. 그 뿐만이 아니다. 이들은 쉽게 실망하고 충동을 참지 못하는 취약한 성격을 갖는다. 그러므로 어머니는 새로운 형태의 양육방법을 터득하여 어머니가 원하는 훌륭한 아이로 성장할 수 있도록 아이를 도와야 한다. 어머니 아니 양육자 자신을 위해서 꼭 그렇게 해야 한다.

 # 신과 신의 추종자

어머니는 인간을 만들어 내는 공장이다. 인간의 육체를 만들어 내는 사람이 어머니라는 것은 말할 필요도 없고 인간의 정신까지도 어머니가 만들어 낸다. 만일 어머니로부터 인간을 만들어 내는 역할을 제외해 버린다면 어머니가 갖는 의의나 역할은 아무 것도 없다. 제로(0)가 된다는 것이다. 어머니가 존재하는 이유와 어머니를 중시하는 까닭이 바로 아이를 낳고 기르는 일에 있기 때문이다.

생판 모르는 남녀가 만나 서로 좋아한다는 단순한 이유 하나만으로 꾸미는 것이 가정이다. 물론 가정을 꾸미기까지에는 여러 가지 사회적인 제약과 남녀 각자의 가정적 조건이 따르지 않는 것은 아니지만 웬만한 제약이나 조건은 별로 계산에 넣을 만한 장애물이 되지 못한다. 서로 좋아한다는 결속에 의한 확신만 있다면 어떠한 것도 이들이 가지고 있는 자력(磁力)을 능가하는 힘을 행사할 수 없기 때문이다.

남녀가 갖는 자력(磁力)이란 서로 좋아한다는 단순한 감정적인 작희(作戲) 이외에는 아무 것도 아니다. 그럼에도 불구하고 그 힘이 갖는 한계성은 무한하다. 좋아한다는 남녀의 감정이 이렇게 엄청난 위력을 가지고 있지만 그 감정에는 모양이 없고 빛깔이 없기 때문에 눈으로 볼 수도 없고, 그렇다고 해서 냄새가 나는 것도 아니기 때문에 그 존재여부나 깊이를 측정할 수 없다. 그래서 좋아한다는 느낌은 극히 추상적이고 형이상학적이라고 하는 것이다. 인간만이 향유하는 불가사이한 특전이다.

자유결혼이든, 중매결혼이든 결혼에 필요한 절대적인 조건은 서로 좋아한다는 감정이다. 서로 좋아한다는 감정이 없이는 결혼이라는 것이 거의 불가능하기 때문이다. 그러면서도 사실은 서로가 얼마나 좋아하고 있는가에 대한 측정이 불가능한 상태에서 막연한 감정만을 믿고 자신을 맡기는 것이 결혼이다. 특히 예상했던 것보다 빨리 식어버리는 상대방의 감정을 경험하며 겪는 곤욕스러움은 대부분의 경우 짐작을 불허한다.

물론 사람에 따라서 어느 정도의 차이는 있겠지만 좋아하는 감정이란 어느 땐가는 묽어지는 것이 일반적이다. 그렇다고 해서 열정을 보존하는 방법이 전혀 없는 것도 아니다. 그런데도 그 방법을 터득하기도 전에 성급하게 가정을 꾸며버린 당사자들의 무책임한 결과가 갈등과 싸움 그리고 심하면 별거와 이별의 업보를 안겨 준다. 애석하지만 어쩔 수 없는 일이다.

결혼 후, 결혼 전의 열정은 어떤 속도로든지 식어가기 마련이다. 부부의 열정이 식어 갈 무렵이 되면 때를 놓칠세라 자녀가 태어난다. 그렇다고 해서 누구에게나 자녀가 태어나는 것은 아니다. 자녀를 갖지 못하는 부부는 애정에 대한 위기의식을 갖는다. 결혼을 구제해 줄 자녀가 태어나지 않아 가지게 되는 좌절감은 또 하나의 다른 감정적 격동기를 맞이하게 한다. 공허함과 외로움을 가지게 한다는 것이다.

많은 경우의 남편들은 자녀가 없다는 것을 빙자해서 밖으로 나돌고 부인들은 남몰래 밤중에 나가 망부석의 코를 찍어대기에 여념이 없어진다.

그러다가 어떻게 해서 자녀가 태어난다. 자녀를 얻었으니 천하를 얻은

거나 진배없다는 생각이 환성을 지르게 하고 안도의 숨을 돌리게 한다. 주변의 상황이 일시에 변하고 부모가 된 부부의 역할에 활력이 넘친다.

자녀가 없을 때 불행했으니 자녀를 얻은 다음에는 당연히 행복해야 한다. 그러나 얼마나 많은 부모들이 자녀를 얻은 다음에 행복하다고 느끼는가? 만일 자녀를 얻은 다음에도 행복한 느낌을 갖지 못한 사람이 있다면 그 사람은 이러나 저러나 어차피 불행한 사람이다.

행복한 느낌을 가질만한데도 행복한 느낌을 가지지 못한 사람은 불행한 부모 밑에서 자란 사람이다. 그리고 그러한 사람 밑에서 자라는 자녀 또한 그 부모처럼 불행할 수밖에 없다.

그러니까 불행도 유전이라면 유전일 수 있다. 여기에서 말하는 유전이란 세포 속에 들어 있는 유전자에 의한 유전이 아니라 성장과정에서 겪었던 경험을 통해서 학습된 사고상의 유전이라는 것이다. 그러니까 이러한 유전은 후천적 혹은 이차성 유전이라고 할 수 있다.

가정은 인간을 만들어 내는 공장이라 하지 않았는가?

공장을 제대로 운영하려면 필요한 시설을 갖추어야 한다. 원하는 자녀가 될 수 있도록 자녀를 기르려면 이에 알맞은 가정이라는 인간공장의 설비를 제대로 갖추어야 한다는 것이다. 자녀를 대하는 따뜻한 마음과 언행이 일치하는 부모 밑에서 배워서 유익한 것을 배울 수 있도록 철저한 배려가 있어야 한다는 것이다.

부모가 아니 어머니가 자녀를 위해서 배려해 줄 수 있는 것이 있다면 그것은 믿음과 인정과 그리고 사랑이라고 할 수 있다. 모든 어머니는 이러한 것을 충분히 가지고 있다. 그러면서도 이러한 것을 아이들에게 공급해 주는데는 대단히 인색하다. 믿음과 인정과 그리고 사랑에 인색한 부모 아니 어머니는 부모 혹은 어머니가 될 자격을 상실한 사람이다.

자격을 상실한 사람이 부모가 된다는 것은 스스로 비참한 생활을 자초하는 것이다. 그러므로 부모가 된 사람은 자기의 마음속에 무진장으로 쌓여 있는 믿음과 인정과 사랑을 그들의 자녀에게 아낌없이 줄 수 있는 마음의 여유를 가질 수 있는 삶이어야 한다. 자식과 부모 모두를 위해서 반드시 그래야 한다는 것이다.

 # 아버지

 어느 모임에 가든지 그 모임 앞에서 필자가 하는 말의 내용은 언제나 어머니의 대한 것이다. 그때마다 사람들이 궁금하게 생각하는 것은 아버지에 대한 것이다.

 어머니는 힘도 없고 결정권도 없고 하는 일도 별로 중요하지 않은데 무슨 이유로 어머니만을 우상화해서 엄청나게 대단한 존재로 부각시키고 정작 힘이 있고 능력이 있고 그래서 중요한 일을 도맡아하는 아버지에 대한 말은 하지 않느냐는 것이다.

 아버지, 그렇다. 아버지도 역시 대단한 존재다. 필자도 아버지 중의 한사람이기 때문에 그렇게 생각하고 싶다. 대단한 존재가 되는 것을 싫어하는 사람이 없을 테니까 말이다. 특히 아버지는 돈을 벌어 오고 집안의 어려운 일을 처리하고 아이들을 양육하는데 있어서 이것저것 하지 않으면 아니 되는 어려운 일들만을 맡아하기 때문에 가정에서 아버지가 차지하는 위치가 대단하다고 할 수 있다. 아니, 대단하다고 생각한다.

 그러나 거치장스러운 편견을 버리고 순수한 마음을 가지고 우리 어른들이 궁금하게 생각하는 아버지에 대한 것을 아이들에게 물어보면 어떨까?

아버지는　1. 돈을 잘 벌어 오신다.

　　　　　2. 술에 취해 밤늦게 오신다.

　　　　　3. 화를 잘 내신다.

　　　　　4. 어머니와 자주 싸우신다.

　　　　　5. 무섭다.

　　　　　6. 늦잠을 많이 주무시고 게으르시다.

　　　　　7. 친절하시고 용돈을 잘 주신다.

　　　　　8. 구두쇠이시다.

　　　　　9. 어머니와 우리를 정말로 사랑하신다.

　　　　　10. 야단을 치시고 잘 때리신다.

　　　　　11. 인정이 많고 상냥하시다.

　　　　　12. 부지런하시고 우리들과 함께 노시는 것을 좋아하신다.

　　　　　13. 쉬는 날이면 언제나 우리와 함께 지내신다.

만일 우리 아이들에게 위에 열거한 설문을 주고 우리 아버지에게 해당되는 것을 선택하라고 하면 어떤 것을 선택할까? 긍정적인 것을 많이 선택할까? 부정적인 것을 많이 선택할까? 아버지들이 들으면 섭섭한 말이 될지 모르지만 아이들의 대답은 대부분 부정적인 것이 많을 것이다. 필자가 생각하는 한국의 아버지들이 그렇기 때문에 그리고 필자가 직접 물어 본 아버지에 대한 자식들의 의견이 그러했기 때문에 아버지를 그렇게 생각할 것이라는 것이다. 그 뿐만이 아니라 아버지의 일상이 그렇기 때문에 아버지를 그렇게 생각하는 자식들이 많을 것이다. 그렇다고 해서 우리는 그러한 아이들을 탓할 수만은 없다.

그리고 만일 아버지들에게 위의 설문 중 자신에게 해당되는 것을 선택하라고 하면 어떤 것들을 선택할까? 잘은 모르겠지만 아버지 자신들도 자신들의 가족과 관련된 일상에 대해서 부정적으로 생각하는 경향이 우세할 것으로 추측된다.

이러한 질문은 조금은 잔인한 질문이 될지 모르겠지만 아이들에게 만일 부득이한 일이 생겨서 아버지와 어머니 중 한 사람하고만 살 수 있다면 누구하고 살기를 원하는가? 아버지? 아니면 어머니? 아마도 100명의 아이 가운데 100명 모두가 어머니하고 함께 살기를 원한다면 그 아버지의 느낌은 어떠할까? 자식의 나이가 많고 적고에 관계없이 모든 아이는 어머니하고 살려고 한다는 것을 부정할 사람이 있을까? 우리는 모두 알고 있다. 자식들에게 사랑받을 만한 인품을 지닌 아버지가 없다는 것을...

그렇다면 아버지의 위치는 가정의 어디쯤에 있을까? 미안하지만 아버지는 있으면 좋지만 '없어도 그만 일 정도'로 그 존재가치가 미세하다. 자식들의 입장에서 보았을 때 그렇다는 것이다.

아이들의 눈에 비치는 아버지는 돈을 벌어오는 사람이고 어머니의 파트너일 뿐이다. 그래서 먹고 살 돈만 있다면 아버지가 없어도 크게 문제될 것이 없다. 다만 어머니의 경우가 어려워 질 것이기 때문에 어머니의 입장에서는 크게 문제될 수도 있지만 경우에 따라서는 그렇지 않을 수도 있다.

가정에서 아버지가 없어진다면 만일 그러한 일이 발생한다면 답답할 사람은 어머니 한 사람뿐이다. 우선 돈을 벌어 올 장본인이 없어졌다는데 문제가 있고 다음으로는 정을 나눌 파트너가 없어졌다는데 문제가 있다.

돈과 정은 있을 때에는 그렇게 중요한 것이 아니지만 없을 때에는 엄청나게 중요한 것으로 부각된다. 삶을 위해서 극히 필요한 것 모든 사람에게 없어서는 아니 될 것이 돈과 정이기 때문이다.

아버지가 없어서 어머니가 돈이 없고 정에 굶주린다면 돈이 없고 정에 굶주린 것 때문에 실망하고 좌절한 나머지 아이들이 짐스러워지고 세상이 귀찮아질 것이다. 그러한 어머니는 아이들을 제대로 양육할 수 없다. 그렇기 때문에 아버지는 보이지 않는 존재로 가정의 어느 구석에 구겨져 있는 사람처럼 느껴질 수도 있지만 가정의 생존과 질서 그리고 안녕을 위해서 필요한 존재이다. 이러한 맥락에서 아버지를 고려한다면 그 아버지는 단연 위대한 존재이다.

아버지는 자식들을 위해서 직접적으로 해야 할 일이 없다. 아버지가 아이들에게 잘 해주는 유일한 방법은 어머니라는 매개체를 통해서 잘 해줄 수 있을 뿐이다. 그러므로 아버지는 돈을 많이 벌어 들여야 하고 어머니를 많이 사랑해 줌으로서 어머니로 하여금 삶의 의미와 가치를 느끼게 하는 것이다. 이러한 어머니는 아이를 잘 기를 수 있다. 아이를 잘 기르지 못하는 어머니는 일반적으로 아버지와의 관계가 좋지 않은 사람이다.

그럼에도 불구하고 어머니들은 마치 새끼 오리들만 거닐고 다니는 어미 오리처럼 아버지 오리를 귀찮게 생각하는 이상한 속성을 가지고 있다. 아이들만 있으면 살 것 같은 어머니의 느낌이 아버지의 마음을 섭섭하게 하여 '오리가족' 현상을 낳게 한다.

어머니와 아이들로부터 소외당한 아버지는 가정에 대한 애틋한 정을 가질 수 없다. 애틋한 정을 갖지 못한 아버지들, 그 아버지들은 외롭고 괴롭다 못해 답답하다. 그래서 아버지들은 막힌 숨통을 틔우기 위해 밖으로 나돈다. 가족외적 사람이 된다는 것이다. 이러한 아버지가 어찌 행복할 수 있겠는가?

가족은 아버지와 어머니 그리고 아이들이 잘 융합되었을 때 가족으로서의 기능을 할 수 있다. 가족이 가족을 생각하지 않는다면 누가 그 가족을 생각해 주겠는가?

어머니는 아버지를 가족내적 사람으로 받아들이고 아버지는 어머니와 아이들을 보다 귀하게 여기고 서로가 필요한 것을 충분히 주고 받을 때 비로소 그 가족은 가족다운 기능을 하는 가족이 될 것이다. 모두가 행복한 가정을 이룰 수 있을 것이라는 것이다.

어머니의 거울

: 옆으로만 걷는 어미 게는 아닌가?
: 자녀의 거울로 뒤돌아 보라
: 화풀이가 되어서는 아니 될 자녀 훈계
: 양육의 본질
: 어머니와의 관계, 타인과의 관계
: 아이는 아이 자신을 위해서 태어난다
: 어머니를 좋아하는 자식이 있을까?

어머니의 인간 됨됨이를 비추어 주는 거울이 있다. 어머니의 양심과 인간관계, 그리고 삶의 참된 모습, 거짓이 없는 모습을 비추어 주는 거울이 있다. 그 거울은 다름 아닌 자식이라는 관계적 호칭이 부여된 어머니가 낳은 아이들. 그 아이들을 이름하여 어머니의 무의식 세계를 비추어 주는 양심의 거울이라고 한다.

그 거울은 깰 수도 없고 버릴 수도 없는 어머니의 거울이다. 어머니의 마음과 삶의 진솔한 모습을 비추어 주는 거울이다. 그 거울에 비치는 어머니의 모습, 그 모습을 보고 만족해하는 어머니는 과연 얼마나 될까? 참으로 궁금하다.

 # 옆으로만 걷는 어미 게는 아닌가?

자녀가 잘 되기를 바라는 것은 동서고금을 막론하고 모든 부모가 바라는 순수하고, 절실하고, 양보할 수 없는 간절한 소망이다. 어떠한 부모도 자녀가 잘 자라주기를 바라지 않는 경우는 없다. 그러나 과연 얼마나 많은 자녀들이 부모가 원하는 대로 자랑스럽고 믿음직하게 성장하여 부모의 마음을 흡족하게 해 주었는가? 또 얼마나 많은 부모들이 "내 자식은 내가 원하는 대로 잘 자라주었다"라고 자신있게 말할 수 있겠는가? 궁금하기 짝이 없다.

자녀들이 남부끄럽지 않게 잘 자라주기를 원하면서도 부모들 자신은 부끄러운 일을 예사롭게 하고 잘못된 자신의 행동을 합리화하려는, 정신적으로 성숙하지 못한 부모를 둔 불행한 가족이 많다. 딱하고 안타깝고 울분스럽기까지 한 일이다.

잘못된 인생을 살고 있으면서도 잘못을 깨닫지 못하는 부모가 있다. 잘 살아보려고 노력한 것이 잘못된 삶을 살게 되었다고 하면서 말이다. 잘 살아보려고 했는데... 참 좋은 말이다. 아니 차라리 참 좋은 생각이었다고 해도 좋다. 그러나 잘못 살게 되었다면 그 원인은 물론 잘못 살 수

밖에 없는 계획 속에 노력을 했기 때문인데… 그것을 모르고 잘 살아보려고 했는데 잘못 살게 되었다는 생각과 말로 자기들의 실수를 합리화시킨다.

이러한 부모를 가진 자녀들은 잘 되기가 어렵다. 그럼에도 불구하고 부모들은 "잘못된 나를 보지도 말고 본 받지도 말고 너만은 그래도 잘 되어야 한다"는 식의 무리한 바램으로 자녀들을 괴롭힌다.

마치 옆으로만 걷는 어미 게가 옆으로 걷는 새끼 게를 보고 똑바로 걷지 못하고 옆으로 걷는 것을 나무라는 것과 같다.

잘못된 부모를 가진 자녀들은 잘 되기가 어렵다. 참혹한 일이지만 어쩔 수 없는 일이다. 잘못된 부모를 가진 자녀들은 잘 된 부모를 둔 자녀들보다 몇 갑절 더 많은 노력을 해야 한다. 그래야 겨우 잘 된 부모를 둔 자녀들과 비슷한 성취를 할 수 있기 때문이다.

그러니까 자녀가 잘 되기를 원한다면 우선 부모들부터 잘 되어 있어야 한다는 것이다. 만일 부모가 잘못 되어 있다면 잘 되도록 노력해야 한다는 뜻이다. 말로만 하는 노력이라든지 아니면 실제로 노력을 하고 있다고 할지라도 실패할 수밖에 없는 노력을 하고 있다면 이는 암담한 결과를 예상한 헛된 노력을 하고 있다고 할 수밖에 없다. 실패를 위한 노력에는 실패가 따르고 성공을 위한 노력에는 성공이 따른다.

대구에서 서울을 가려면 북쪽을 향해서 가야 한다. 남쪽을 향해 걸으면서 서울을 간다고 하면 걸어가고 있는 그 사실만은 틀림없지만 가고자 하는 목적지인 서울에는 도착하지 못하게 되는 경우와 같다.

부모들의 뜻대로 자녀들을 길러낼 수 없다고 생각하는 것이 일반적인 믿음이다. 믿음부터 그릇된 부모의 자녀 기르기에 대한 태도가 자녀를 망치고 부모를 불행하게 만든다.

어렵다고 생각하는 모든 일은 어려움 속에 진행되고 어렵다고 생각했던 정도만큼 어렵고 잘못된 결과를 가져온다. 생각이 결과를 만들어 낸다는 것이다. 아무리 쉬운 일이라 할지라도 어렵다고 생각하면 어려울 수밖에 없고 어려운 일이라도 쉽게 생각하면 쉬울 수밖에 없다.

　자녀 기르기가 어렵다고 생각하는 부모들의 자녀는 일반적으로 성장을 거부하거나 성장을 하더라도 불량스럽게 성장할 수밖에 없다. 그러나 자녀 기르기가 쉽고 재미있다고 생각하며 자녀를 기르는 부모 밑에서 자라는 자녀는 산다는 것이 쉽고 재미있다. 그리고 이러한 자녀들은 그들이 가지고 있는 재능을 십분 발휘하여 유능한 인간으로서 성장할 수밖에 없는 노력을 한다.

　불량이나 피우며 공부는 하지 않고 말썽만 부리고 다니는 아이들은 불량을 피우며 공부는 하지 않고 말썽만 부리고 다녔던 부모 밑에서 자라고 있는 자녀들이다. 그러니까 불량을 피우는 것도 부모가 자식 앞에서 불량을 피우는 것을 보고 잘못된 부모의 행동을 모방해서 되풀이한 것이 버릇으로 굳어져 불량을 피우는 것이다. 그렇기 때문에 불량도 결국 부모의 뜻에 따라 교육된 것이라고 할 수밖에 달리 표현할 길이 없다. 불량한 부모처럼 불량한 자식이 되기를 원하는 부모의 무의식적 욕구가 자식을 불량하게 만든다. 만일 부모가 선량하고 성실한 자녀를 두기를 원한다면 먼저 부모의 태도가 선량하고 성실해야 한다.

　성실한 삶은 불성실한 삶보다 쉽고 편하다. 불성실한 삶을 위해서 고민을 하고 고민한 결과때문에 불성실한 삶 속에서 괴로워해야 할 필요가 없기 때문이다. 성실한 삶은 어렵고 괴로운 반면 불성실한 삶은 쉽고 즐겁다는 잘못된 생각을 버려야한다. 이러한 생각을 버리게 되면 괴로움이 없는 삶을 살 수 있는 성실한 사람이 될 것이다. 그리고 그러한 부모 밑에서 자라는 아이들도 성실하게 된 부모를 닮아 성실한 아이들이 될 것이다.

 ## 자녀의 거울로 뒤돌아 보라

특별한 경우를 제외하고 모든 사람은 부모가 된다. 부모가 된다는 사실이 이 세상의 그 어떤 일보다도 즐겁고 중요한 일이 되기 때문이다. 부모가 되는 것이 즐겁고 중요한 것처럼 부모의 역할도 즐겁고 중요하다. 부모의 역할이 즐겁고 중요한 만큼 부모가 되는데 필요한 모든 것을 완벽하게 준비해야 하며 준비하는 그 과정이 즐거워야 한다. 그러나 대부분의 사람들은 부모가 될 때 아무런 준비도 없이 부모가 된다.

지금 이 순간에도 부모가 부모의 참된 역할을 하지 못하면서 아이들에게만 자식된 도리를 하라고 강요하는 부모들이 있다. 부모의 역할이 무엇을 어떻게 해야 하는가에 대해서 잘 모르기 때문일 것이다.

사실상 언제 우리가 부모되기 교육을 받았으며 언제 바람직한 부모가 되는 연습을 해 보았는가?

평생에 거의 한 번도 써 볼 기회가 없는 고등 수학 문제를 풀면서 밤을 새우고 철학, 정치학, 사회학 등을 공부하면서 코피를 흘렸으면서도 인생을 사는데 정작 필요한 부모의 역할에 대한 교육은 한 시간도 받아 본 적이 없다. 그리고 부모되기 연습 한 번 해보지 못한 채 부모가 되어

버렸다.

    이러한 부모가 어떻게 바람직한 부모가 될 수 있겠는가? 배운만큼 실천할 수 있는 것이 우리 인간이 하는 일이라면 우리가 수행하는 부모의 역할은 빵점일 수밖에 없다. 한 시간의 공부도 해보지 않았기 때문이다.

    그러나 도처에서 우리 부모들이 하고 있는 부모 역할을 보면 그들이 수행하고 있는 부모역할이 그렇게까지 어설프지만은 않다. 나름대로 부모 역할을 적당히 하고 있다. 다만 문제가 되는 것은 결정적인 시기에 결정적인 실수를 한다는 것이다. 이러한 문제만 제거할 수 있다면 아마 우리 한국 부모들도 세계 어느 곳에 내놓아도 괜찮은 부모가 될 수 있지 않을까 싶다.

    가정과 국가의 백년대계를 위해서 특히 자라나는 아이들의 장래와 그 아이들에게 매달려 살아야 할 우리들 부모 자신을 위해서 아이들이 사랑하는 부모가 되는 방법을 터득해야 한다.

    그렇지만 바람직한 부모가 되기 위한 교육을 받으려 해도 교육을 시키는 기관이 없고 교육을 시킬만한 전문가도 없다. 그렇다고 해서 이제 와서 부모의 역할을 포기할 수도 없고 계속할 수도 없는 딜레마를 어찌하란 말인가? 스스로 한탄하는 부모가 있음직하다.

    내가 어떠한 부모인가를 알아보는 것은 내가 기르는 아이가 되어 보는 것이다. 특히 바람직한 부모가 되는 길은 말썽을 부리는 어린이의 입장이 되어 보는 것이다. 상상의 세계에서 어린이가 되어 보지 못하고, 말썽을 부리는 어린이의 입장이 되어 보지 못한 부모는 어린이의 심정을 이해할 수 없다.

    어린이의 심정을 이해하지 못하는 부모는 부모 자신이 어린이와 같다. 어린이와 같은 부모가 어떻게 어른이 될 수 있으며, 어른도 될 수 없는 사람이 어떻게 부모가 될 수 있겠는가?

가장 훌륭한 부모가 되기 위해서 부모 자신이 자기의 자녀가 되어 봐야 한다. 나를 부모로 둔 내 아이들이 내 밑에서 얼마나 편안하고 만족하고 활발하게 성장할 수 있겠는가를 부모 자신이 자신의 아이가 되어 경험해 보았을 때 내가 내 아이들의 부모로서 어떠한 부모인가를 알 수 있다. 만일 나의 부모가 나 같다면 나는 그 부모를 어떻게 생각했을까? 심사숙고 해 볼 문제이다.

나는 부모로서 내가 어렸을 때 내 부모에게 바랬던 그러한 부모가 되어 있는가? 아이의 모습에서 나의 부모로서의 모습을 찾아 보라. 자식에게 비추어진 내 모습이 아름다운가 아니면 아름답지 못한가를 찾아보라는 것이다.

아이는 부모의 거울로서 부모의 참모습을 비추어준다. 아이의 모습이 곧 부모의 모습이다. 아이의 행동이 부모의 행동이라는 것이다.

아이라는 거울에 비추어진 내 모습이 내 마음에 들지 않는다면 아이라는 거울에 비추어진 내 모습의 형체를 바꿀 수 있도록 노력하면 된다. 거울은 언제나 그 거울 앞에 선 사람의 모습을 있는 그대로 정직하게 비추어 주는 속성을 가지고 있다. 이것은 우리가 이미 오래 전부터 알고 있는 사실이다.

아이라는 거울에 비추어진 내 모습이 내 마음에 들지 않을 때는 나의 거울인 아이에게 부모인 내가 어떻게 하면 자식인 그 아이의 얼굴에 비취어 지는 나의 모습이 아름다운 모습으로 비추어 지겠는지 물어보아야 한다.

특히 부모인 내가 어렸을 때 매를 때리는 부모를 좋아했는가? 냉담한 부모를 좋아했는가? 인색한 부모를 좋아했는가? 냉담한 부모를 존경했는가? 만나기만 하면 잔소리를 하는 부모를 좋아했는가? 내가 어렸을 때 부모에게 바랬던 부모가 된다면 그래도 괜찮은 부모로서 자녀들의 양육에 갈등을 느끼지 않아도 될 것이다.

특히 명심해 두어야 할 것은 권위를 세우기 위해서 혹은 땅에 떨어진 자존심을 만회하기 위해서 자녀를 꾸짖고 때리는 일은 삼가야 한다는 것이다. 부모로써 자기의 감정 하나 억제하지 못하면서 자식에게만 하고 싶은 일을 참으라고 요구하는 것은 무리한 일이다.

조금만 화가 나도 냉담해져 버리는 살인적인 태도를 취하는 부모가 아이들에게만 친절하라고 한다. 말도 안 되는 주문이다. 부모부터 먼저 너그럽고 따뜻하고 이해심 많은 부모가 되어 그 맛을 자식들에게 보여 주어야 하지 않을까?.

현명한 부모가 되는 최선의 길은 첫째 자녀의 말을 끝까지 들어주는 것이다. 그리고 둘째는 아이들이 옳지 않는 일을 했을 때 아무 일도 없었던 것처럼 평범한 태도로 그냥 그 일을 흘려 보내는 것이다.

자녀가 잘못했을 때 부모가 꾸짖거나 매를 때리지 않으면 아이의 괴로움은 배로 증가한다. 그러면 아이의 옳지 않은 행동은 자연스럽게 교정된다. 배로 증가된 고통을 겪는 것이 너무 힘들기 때문에 그러한 고통을 만들어 내는 옳지 않는 행동을 하지 않게 된다. 단번에 하지 않는 것은 아니다. 점차적으로 하지 않게 된다. 점차적으로 하지 않게 되는 이유는 같은 잘못을 계속 저지르면서 부모가 잔소리를 하나 안 하나를 실험한 다음에 부모가 끝까지 잔소리를 않고 참고 있으면 그 때 가서 하던 잘못을 그만 둔다.

사람들은 필자의 이러한 충고를 듣지 않는다. 엉터리 충고라는 것이다. 그러나 필자의 이러한 충고는 30년이 넘는 상담 경험에 근거한 충고라는 것을 잊지 말았으면 한다.

 화풀이가 되어서는 아니 될
자녀 훈계

자녀를 기르는 것은 쉽지만 올바르게 기르는 일은 그다지 쉬운 일이 아니다. 그 까닭은 자녀를 기르는 데 필요한 공식이 없고 단계적으로 상황에 맞게 설명해 놓은 지침서가 없기 때문이다. 특히 자녀의 성장에 필수적인 인간 모델의 다양성과 주어진 물리적 환경의 이질성 때문에 그리고 각기 다른 부모의 성격 때문에 획일적인 양육 방법의 안내가 어렵기 때문이다.

인간이 하는 일 중에는 쉬운 일보다 어려운 일이 많다고 생각한다. 아무리 어려운 일이라 할지라도 자녀 기르는 것보다 더 어려운 일은 없다고 생각한다. 그러나 그러한 생각은 옳지 않은 생각이다.

자녀를 기르는 일에서의 실수는 실수를 위한 실수다. 실수를 안 하려면 얼마든지 안 할 수 있다.

일단 실수를 실수로 인정하고 말을 한다면 자녀 기르기에서의 실수를 제외하고는 어떠한 실수도 병가지상사다. 즉 자녀를 기르는 일 이외의 일에서는 실수가 있을 수 있고 있어도 크게 문제가 되지 않는다는 것이다. 일반적인 일에서의 실수는 실수를 해야만 했던 이유를 찾아내면 되고 이유를 찾아 낸 다음에는 재시도를 하면 실수한 것을 다시 만회할 수 있다. 재차(再次) 시도가 가능하기 때문이다. 아니면 일이 성공될 때까지 계속해서 시도할 수도 있기 때문이다.

그러나 자녀를 기르는 데 있어서의 실수는 재시도의 기회가 허락되지 않는다. 단 한 번의 실패, 단 한 번의 성공으로 끝나는 것이 자식 기르는 과정이기 때문이다.

자녀를 기르다 실패했다고 해서 다 성장한 자녀를 다시 어린아이로 돌아가게 할 수 없다. 일단 올바른 성장에 실패한 자녀를 실패했다고 생각하는 그 순간에 다시 처음부터 새로운 방법의 교육을 시작할 수도 없다. 설사 기회가 주어진다고 할지라도 이를 새로 시작할 의욕을 갖기가 어렵다. 새로 시작할 의욕이 있고 실천할 의지가 있다고 할지라도 새로 시작한 방법이 옛날의 실수했던 방법 그대로를 가지고 다시 할 것이기 때문에 다시 시작한다고 해도 옛날에 실수했던 결과를 되풀이하는 것이 될 것이다. 그래서 다시 시작한다고 해도 별다른 의미가 없다. 그래서 자녀 기르기가 조심스럽다는 것이 아닌가?

근간에 이르러 매스컴(신문, 잡지, 라디오, TV 등)에서는 전례 없이 자녀 양육법에 대한 많은 정보가 홍수처럼 쏟아져 나오고 있다. 처치 곤란할 정도로 많은 정보가 쏟아져 나오고 있다.

물론 자녀에게 관심이 많은 부모들, 특히 자녀를 잘못 키우고 있는 부모들을 교육시키려는 좋은 의도에서 동기를 얻은 좋은 일이라고 할 수 있겠다. 그러나 필자가 우려하는 문제는 그 프로그램 내용들이 일관성이 없게 전시되고 있다는 것이다. 뿐만 아니라 이론이 없는 상식을 가지고 흥미 위주의 글을 쓰고 말을 한다는 것이다. 얼마나 많은 부모들이 그러한 말과 글 때문에 오도(誤導)될 것인가에 대해서는 관심이 없다. 흥미만 있으면 된다는 상업성 사고에 의해서 만들어진 프로그램이라는데 문제가 있다.

　매스컴의 이러한 오류 때문에 부모들에 의한 자녀교육이 왜곡되고 왜곡된 부모교육 때문에 날로 자녀들이 병들어 가고 있다면 프로그램을 운영한 주체나 전문가라고 자처하고 글을 기고하고 라디오나 TV에 나와서 교육 아닌 교육을 시키는 전문가답지 않은 전문가들의 느낌은 어떠할지 궁금하다.

　매스컴에서 진짜 전문가를 수렴해서 자식 기르기에 대한 의견을 듣게 하는 것은 참으로 중요하다. 진짜 전문가의 말을 들었을 때 부모들이 가지고 있는 자녀양육에 대한 개념상의 모순된 내용을 고칠 수 있게 할 수 있을 것이고 실제로 적용하는 면에 있어서도 최대한의 효과를 겨냥하는 공공이익이 되는 교육이 될 수 있을 것이기 때문이다.

　전문가라고 자처하는 사람들의 말을 들으면 아이의 버릇을 고치는데 최고의 약은 매질을 하는 것이라 하기도 하고 또 어떤 전문가는 매질을 해서는 절대로 안 된다고 하는가 하면 또 다른 어떤 전문가라고 자처하는 사람은 상황에 맞게 매질도 하고 어르기도 하면서 중용을 지키는 것이 최선의 방법이라고 역설하기도 한다. 이러한 말을 하고 글을 쓰는 사람들이 천편일률적으로 왜 그래야 하는지에 대한 이유를 제시하지 않는다. 설명을 곁들이지 않는다는 것이다. 그리고는 그렇게 하면 되니까 그렇게 하라는 식이다. 무책임하기 짝이 없는 말들이다.

　"어떤 아이가 부모의 말을 듣지 않고 올바른 생활을 하지 않기를 원하겠으며 그러한 일 때문에 매를 맞고 싶겠는가?" "어떠한 부모가 말을 듣지 않고 올바른 행동을 하지 않는다고 해서 자식을 때리고 싶겠는가?" 라고 생각하는 것이 일반적인 사람들의 견해이다.

　매를 맞는 아이는 매를 맞아야 할 이유가 있고 매를 때리는 부모는 매를 때려야 할 당위성이 있다. 이것을 우리는 무의식적 가정(假定)이라는 말로 표현한다.

　무의식적 가정 속에 잠재되어 있는 때리고 맞아야 할 의욕을 제거해야만 때리고 맞는 관계가 없어진다. 그냥 말로만 때려라, 때리지 말아라 한다고 해서 때리고 맞는 문제가 해결되는 것은 절대 아니다.

　무의식적 가정에 의해서 때리고 맞는 현상이 병원적(病原的) 실체(實體)로서 기능을 한다면 무의식적 가정 속에 내재되어 있는 병원적 실체를 제거하는 것이다. 그렇게 하지 않고서는 때리고 맞는 관계가 절대로 없어지지 않는다.

　그럼에도 불구하고 국민교육을 시키기 위해서 매스컴에 등장한 사람들의 수박 겉 핥기 식의 말을 들으면 그 말이 옳은 것 같고 저 글을 읽으면 저 글 또한 옳은 것 같아서 어떻게 해야 할 바를 모르는 혼돈 속에 갈피를 잡지 못하도록 하는 것이 오늘날 성행하고 있는 매스컴 교육이다.

　문제는 어떠한 방법의 자녀교육을 역설하든 역설하는 사람 자신이 그가 역설하는 분야의 지식을 얼마나 터득하고 있느냐 하는 것이고 다음으로는 그 사람이 역설하는 이론이나 주장을 자기 자녀들에게 얼마만큼 적용해 보았느냐 하는 것이다. 그리고 적용해 본 결과가 과연 어느 정도의 효과를 가져왔느냐 하는 것이다.

　만일 매질을 해서 자녀를 기르는 것이 가장 바람직한 방법이라면 날마다 매를 때리면 매를 맞은 만큼 그 아이가 올바르게 자랄 수 있을 것이다. 그리고 훌륭하게 성공할 수 있을 것이다. 그러나 필자는 지금까지 매를 맞고 자란 아이가 잘 되었다는 말을 들어본 적도 없고 그런 아이를 만나 본 적도 없다. 만일 잘 되었다고 하더라도 잘 된 정도가 잘된 그 아이가 잘 될 수 있는 최상의 경지에 도달한 잘 됨인가, 아니면 그 아이가 혹시라도 매를 맞지 않고 자랐다면 그 보다 더 큰 성취를 할 수 있을 텐데 매를 맞고 자랐기 때문에 그 정도밖에 성취하지 못하지 않았나 하는 의문의 여지가 있다.

그러나 경우에 따라서는 매질을 하고 안하고가 바람직하게 아이를 기르는 것과는 별로 상관이 없는 일일 수도 있다.

그 첫째가 매를 잘 맞는 아이의 경우이다. 매를 때리고 또 때려도 매만 맞을 뿐 변화를 모르는 아이는 너무 매를 많이 맞은 아이이다. 이러한 아이는 매만 축낼 뿐 점점 더 큰 문제를 일으키는 아이이기 때문에 매를 때릴 필요가 없다. 이러한 아이는 백약(百藥)이 무효일 정도로 구제 불가능한 아이이다.

그리고 그 두 번째가 매를 못 맞는 아이로서 매의 효과를 타는 아이이다. 적당히 매를 때려 주면 할 일을 잘하는 아이가 이 부류에 속한다.

이러한 아이들의 생태는 하나같이 양육에 무지한 부모에 의해서 매에 의해 길 들여진 매맞기 좋아하는 아이들이다.

다만 자녀가 부모의 지시에 순종하지 않는다든지 기대하는 기대치에 알맞은 행동을 보이지 않았을 때 부모가 느끼는 손상된 자존심과 이 때문에 치밀어 오르는 울화를 억제하지 못하고 자식을 학대하는 행위가 매질을 하는 것이다.

그렇기 때문에 자녀에게 매질을 하는 것은 울화가 치밀어 오른 부모의 감정을 발산시키기 위한 것이라고 하는 것이다. 명목상으로만 자녀의 교육에 필요해서 매질을 한다고 할 뿐이다.

자식의 버릇을 가르친다고 매질을 하다가 갑자기 매질을 그만 두고 자식을 방치해 버리는 부모가 있다. 이러한 경우의 부모는 화풀이를 하기 위해서 인정사정 없이 자식을 때리다가 그 매질이 지나치게 심했을 때 "이렇게 매질을 하다가 아이를 때려 죽여 버릴지도 모른다"는 무서운 공포를 경험하게 되면 그 이상 아이에게 매질을 못하게 된다. 이러한 느낌 때문에 매질을 하지 못하는 부모는 아이를 포기한 부모이다. 이러한 부모가 어떻게 아이의 올바른 성장을 기대할 수 있겠는가?

어떻든 매질을 하다가 매질 그 자체가 두려워 매질을 그만 둔 부모들은 매질을 하는 대신에 이제는 냉담하게 자식을 대한다. 부모의 냉담(冷淡)은 매질보다 더 무서운 자식학대라는 것을 모르는 부모들이 그러한 일을 한다.

냉소적이고 방임적으로 갑작스럽게 변해 버린 부모 때문에 자녀가 괴로워하고 부모를 두려워하는 눈치가 보이면 그 때 부모는 잔인하게도 자기의 구겨진 자존심이 펴진 듯한 느낌으로 회심의 미소를 짓는다.

부모가 되면 마치 세상만사에 능통하고 자녀교육에 일가견을 가지고 있는 것처럼 거드름을 피우며 자녀를 통제하려고 하지만 사실은 정신적으로 자신의 감정 하나 컨트롤할 수 없는 어린이와 같은 미성숙한 부모의 성격이 부모 자신의 능력을 과장 포장하게 하여 무엇이든지 아이들보다 더 잘할 수 있다는 생각을 가지게 한다. 이러한 부모를 어찌 부모라고 할 수 있겠는가? 날마다 아이에게 매질을 하고 잔소리를 하는 부모들. 무엇을 위해서 그렇게 자식들을 때리고 잔소리를 해야만 하는지 가슴에 손을 얹고 깊이 생각해 보아야 할 것 같다.

 양육의 본질

필자는 어머니들을 많이 만났고 지금도 만난다. 필자가 만나는 어머니들은 교육을 많이 받은 어머니들부터 교육을 적게 받은 어머니들까지 여러 형태의 교육수준과 성격을 가진 어머니들이다. 그 어머니들 가운데는 동양 어머니, 서양 어머니, 남미 어머니, 아프리카 어머니, 그리고 중동 어머니 등 세계의 여러 곳에서 사는 어머니들이다.

필자가 만났던 어머니들은 하나같이 어떻게 하면 어머니가 원하는 대로 아이를 잘 기를 수 있을 것인가를 알고 싶어 궁금해 했다.

필자는 과거 30년이 넘게 상담가로서, 교육자로서 미국과 한국에서 아이를 잘 기르고자 하는 어머니들에게 육아교육을 실시했고, 대학과 대학원에서 정신치료 이론과 방법을 가르치면서 동시에 상담실무에 종사해 왔다.

필자가 만난 어머니들 중에는 아이 기르는 것에 대해 걱정을 하지 않는 어머니가 하나도 없었다. 그들은 하나같이 아이를 낳고 기르는 것이 어렵다고 했다.

아이를 낳고 기르는 것이 어렵다고 생각하며 힘겨워 하는 어머니에게

"아이는 왜 낳아서 기르시지요?" 하고 물으면,

"그런 질문이 어딨어요? 무슨 그런 질문을 다 하세요?." 하며 이상한 표정을 지어 보인다.

"아니, 아이 기르는 것을 하도 어려워하시니까…" 이렇게 되받으면 그 어머니는

"당연한 일을 가지고 뭘 그렇게 이상해 하세요. 아이 기르는 일이 그럼 장난인 줄 아세요?" 하며 약간은 짜증 섞인 어투로 말한다.

"장난이라니요? 그런 뜻으로 물어 본 것이 아닌데요. 제 생각에는 아이 기르는 일이 재미있을 것 같은데 어머니들마다 모두들 아이 기르는 일이 귀찮고 어렵다고 하면서 짜증스러워들 하니까 왜 그렇게 아이 기르는 일을 어려워하는가 궁금해서 물어 보는 것입니다."라고 말하면

"어떻게 생각하시든 아이를 기르는 일은 어려워요. 보는 것마다 가지려고 하지요, 안주면 울지요, 우니까 시끄러워서 달래면 더 울지요, 그런데 어떻게 짜증스럽지 않을 수 있겠어요. 아무튼 아이를 기르는 일은 어려워요."

이렇게 하소연하듯 울화를 터트리듯 말한다.

이때 또

"그럼 아이를 낳지 않았으면 더 좋을 뻔했습니다." 위로하듯 말하면

"누가 낳고 싶어서 낳았나요? 생겼으니까 낳은 거죠. 전에는 생각해 본 적도 없는 일이지만 말씀을 하시니까 생각나는데 차라리 아이를 낳지 않았으면 더 좋았을지도 모르지요… 이렇게 말해도 되는가 모르겠네…" 하며 해서는 안될 말을 한 것처럼 죄스러워 한다.

"그렇게 말씀하시고 나니까 아이에게 미안한 느낌이 드는 모양이죠? 그렇지만 낳기 싫은 아이를 낳은 것은 아니잖아요? 결혼을 하고 세월은 흘러가는데 그 동안에 아이를 하나도 낳지 못했다고 생각해 보세요?

아이가 없었어도 괜찮았겠습니까?" 라고 물으면 어머니들은 어떻게 그런 말을 할 수 있느냐는 식으로 쳐다본다.

그리고 이렇게 말한다.

"아이가 없다는 것은 상상할 수도 없는 일이죠. 아이 없이 어떻게 살아요?"

"아이가 없다는 것은 상상할 수도 없는 일이라고 말씀하셨는데 그렇다면 아이가 필요해서 낳았다는 뜻으로 이해해도 되겠습니까? 필요해서 낳았는데 그 아이를 기르는 일이 힘들고 귀찮고 짜증스럽다고 하시니까 어쩐지 앞뒤가 맞지 않는 것 같은 생각이 드는데요. 아이가 필요해서 낳았다면 필요해서 낳은 아이니까 재미있게 길러야 할 것 같은데… 그것에 대해서는 어떻게 생각하시죠?"

"필요해서 낳은 것인지는 모르지만 어떻든 결혼을 하면 아이는 낳아야 하니까 낳은 거죠. 별다른 뜻도 없이 임신이 되었으니까 낳은 거죠 뭐." 하며 운명을 탄식하듯 말한다.

"그렇다면 특별한 생각도 느낌도 없이 그냥 아이를 낳았다는 건가요? 아이를 잉태하고 낳을 때 특별한 생각과 느낌이 있었을 것으로 생각하는데요?"

"그야 물론 그랬었지요. 아이를 뱄을 때는 나름대로 최선을 다해 태교도 했고요. 출산 후에는 정성을 다해서 길러 보려고도 했었지요. 그렇지만 아이가 내 뜻대로 잘 따라주지 않으니까 속상하고 속상하다 보니까 소리도 지르고 밀치기도 하고 때로는 때리기도 하며 길렀는데요. 모든 어머니들이 저처럼 그렇게 아이를 기르고 있잖아요? 저만 아이들에게 못되게 하는 게 아닐 텐 데요. 사실 그렇게 하는 것이 못되게 하는 것이라고 생각해 본적도 없지만요"

"제 생각에도 모든 어머니들이 지금 엄마처럼 그렇게 아이들을 기르고 있는 것으로 이해하고 있습니다. 그렇지만 모든 어머니들이 그렇다고 해서 나도 그래야 한다는 법은 없지요. 어머니들이 아이를 낳아 기르면서 불행해 하는 것은 사실 어머니들 자신의 인생이 불행하기 때문에 아이를 기르는 것이 불행하다고 생각할 수도 있습니다. 아마도 어머니 자신이 어렸을 때 친정어머니로부터 지금 어머니가 아이를 기르는 것과 같은 푸대접을 받으며 자랐겠지요. 그래서 나도 우리 어머니가 나를 길렀던 것처럼 내 아이를 푸대접하며 길러야 내가 받은 푸대접에 대한 보상을 받는다는 식으로 아이를 푸대접하며 기르고 있을 것입니다. 사람들은 너 나할 것 없이 모두가 자기가 자란 방식대로 아이를 기르고 있으니까요. 그러나 아이 기르는 일처럼 재미있고 보람되는 일이 없을 텐데요. 그럼에도 불구하고 아이를 기르는 일이 힘들고 귀찮고 짜증스럽다고 느끼는 것은 우리들 어머니가 우리를 기르면서 그런 방식으로 우리를 대했기 때문입니다. 그러나 사실은 우리를 기른 우리 부모나 우리 아이를 기르는 우리 모두가 아이 기르는 것에 대한 근본적인 자세가 갖추어져 있지 않기 때문이라고 말할 수 있습니다. 말씀하신 대로 아이를 기르는 일이 어려울 수 있습니다. 그 이유는 우선 우리 부모가 우리를 기를 때 그렇게 생각했던 것을 우리가 답습하는 것이고 그리고 다음으로는 아이를 기르는데도 상당한 교양과 지식과 기교가 필요한 법인데 이러한 것을 잘 모르고 아이를 기르려고 하니까 자연스럽게 어려움이 따라올 수밖에 없는 거지요. 그래서 아이 기르는 일이 귀찮게 느껴지겠지요." 라고 필자가 말했을 때

"말씀을 듣고 보니까 그럴 것도 같다는 생각이 듭니다. 아이 기르는 일은 정말로 어렵고 벅찬데 그 까닭이 아마도 말씀하신 대로 우리가 아이를 기르면서 우리 부모가 우리에게 그랬던 것을 그대로 흉내내는 것 같고 그리고 우리들 자신이 아이 기르는 법을 잘 모르기 때문에 아이 기르는 일이 힘들게 느껴졌다는 생각이 드네요." 라고 어머니가 답했다.

"사람이 하는 일 중에서 아이 기르는 것보다 더 전문성을 요하는 일은 없을 것입니다. 아이를 기르는 것은 한 나라의 백년대계를 기르는 것과 같으니까요. 그래서 스웨덴을 위시한 선진제국에서는 놀이방이나 어린이 집에서 아이의 성장을 돌보는 교사가 되려면 대학원을 졸업해야 합니다. 아동학이나 유아교육학의 석사학위를 갖지 않은 사람은 유아원이나 유치원의 보육사나 교사가 될 수 없습니다. 그토록 아이 기르는 일이 중요하다는 것입니다. 그런데 우리 한국의 어머니들은 다른 교육은 받으면서도 가장 중요한 아이 기르는 법에 대한 교육을 받지 못해서 아이 기르는데 문제가 많고, 힘들고 어렵게 길러 놓은 아이들이 어머니들이 원하는 대로 훌륭하게 자라지 못하고 인간구실을 하지 못하는 경우가 많은 것입니다. 그래서 아이들이 잘 자라지 못하는 것입니다. 문제아가 되는 것은 바로 어머니들의 아동 양육 전문성 결여에 있다는 것입니다. 그래서 '문제아는 없다. 다만 문제 어머니가 있을 뿐이다(Fairbairn, 1940)'라는 말이 있게 된 것 아니겠습니까? 사람이 하는 모든 일은 그 일이 아무리 쉬운 일이라 할지라도 전문성을 요하는 것이 많습니다. 전문성을 요하는 직업은 전문성을 요한 만큼 전문가가 될 수 있는 교육을 받아야 하는 것을 원칙으로 합니다. 간호사가 되는데도 간호대학에서 교육을 받아야 되고 의사가 되는데도 의사가 되기 위한 교육과정을 거쳐야 하고 학교 교사가 되는데도 대학에서 이에 대한 정규교육을 받아야만 합니다. 간호사, 의사, 교사가 하는 일이 어렵겠지요? 그러나 그 일이 제아무리 어렵다고 해도 어머니가 아이를 기르는 일보다 더 어렵고 전문성을 요하는 직업들은 아닙니다. 그래서 아이를 기르는 일을 저는 〈종합예술〉이라고 부르고 있습니다. 아이 기르는 일처럼 전문성을 요하는 직업은 없다고 생각하기 때문입니다. 그런데 이런 것에 대한 교육을 하나도 받지 않고 어머니가 되었으니 우리 어머니들은 참으로 용감한 분들이라는 생각을 합니다."

이러한 말을 듣고 난 어머니는 눈을 둥그렇게 뜨고 의아해 하며 심각한 목소리로 그러나 약간은 기가 꺾인 태도로

"그렇게 어려운 아이 기르는 일을 쉽게 생각하고 아무런 준비도 없이 아이를 낳았으니 제가 얼마나 무식했는가를 새삼스럽게 느끼게 됩니다. 말씀하신 대로 아이를 기르는 일은 세상의 그 어떤 일보다 중요하고 중요하기 때문에 중요한 만큼 어려울 것이라는 생각을 하게 되네요." 라고 말한다.

"간호사나 의사 그리고 교사 등이 하는 일은 잘못되었다고 하더라도 다시 하면 되는 일이 많습니다. 그러나 어머니가 아이를 기르는 일은 한번 잘못 기르면 영원히 고칠 수 없는 결과를 가져옵니다. 그렇기 때문에 아이를 기르는 일처럼 실수를 해서는 아니 되는 일은 없다고 할 수 있습니다. 아이를 기르는 일은 아이들의 몸만 길러주는 것이 아닙니다. 몸보다도 더 중요한 정신까지 길러주는 일을 하는 것이기 때문에 그렇습니다. 정신은 한번 잘못 길러지면 다시는 고칠 수 없는 속성을 가지고 있습니다. 성격은 커가면서 변하고 변한 만큼 바른 사람이 될 수 있다고들 합니다. 하지만 이러한 말은 전혀 근거가 없는 터무니없는 말입니다. 그래서 성격을 길러주는 어머니의 양육자로서의 역할이 중요하다는 것이지요. 성격은 곧 그 사람의 팔자를 정해주는 것이기 때문입니다. 어머니가 길러주는 아이들의 성격이 아이들의 운명을 좌우하는 모든 것이라고 할 수 있습니다. 그래서 어머니들은 아이를 양육하는 법을 알고 아이를 길러야 한다는 고집을 부리는 것입니다." 라는 말을 들려주었을 때 어머니는 상당히 놀란 표정을 지어 보였다.

그리고 하는 말이

"어머니인 내가 우리 아이들의 몸만을 길러주는 것이 아니고 정신까지를 길러주어야 한다는 말은 평생에 처음 들어보는 말입니다. 정신도

길러진다니 참으로 놀라운 일이네요. 그렇게 보면 어머니가 아이를 기르는 일이 하잘 것 없는 잡일 같은 것이 아니고 정말 중요하고 또 중요하다는 믿음이 가네요." 라고 했다.

"그러니까 사실은 이 세상의 모든 어머니들이 어머니가 되기 전에 어머니로서 해야 할 아이 기르는 법에 대한 교육을 받아야 한다는 것입니다. 설사 결혼 전에 기회가 없어 교육을 받지 못했다고 하더라도 아이를 잉태했을 때 혹은 최소한 아이가 크기 전에 그러니까 그 아이가 어렸을 때 '참된 어머니 되기' 교육을 받고 아이를 올바르게 기를 수 있는 자질을 갖추어야 한다는 것입니다. 어머니가 '어머니 되는 법'을 배워서 터득하고 이를 아이 기르는 실제에 적용하는 것은 참으로 중요한 일이라고 할 수 있습니다."

"아이 기르는 일이 그렇게 중요한 일인데 그러한 일에 대해서 학교에서는 왜 가르치지 않지요? 저는 대학까지 졸업했는데 사실 아는 게 별로 없어요. 아는 것이 별로 없는 저를 생각하면 참으로 한심해요. 더욱이 그렇게 중요한 아이 기르는 법에 대해서조차 아무 것도 모르고 있었으니까 어디 가서 누구한테 무슨 낯으로 대학 졸업했다고 말할 수 있겠어요? 한심한 일이에요."

"아이 기르는 법을 모르는 것은 다 마찬가지지요. 모든 어머니들이 아이 기르는 법에 대해서 공부한 적이 없을 테니까요. 그래서 결국은 우리나라의 모든 아이들이 제대로 자라지 못하고 있는 것 아닙니까?" 라고 필자가 말했을 때

"그런데 왜 정부에서나 학교에서는 이렇게 중요한 아이 기르는 법에 대해서 관심을 가지고 있지 않지요? 이러한 일은 정부나 학교에서 미리 알아 가지고 솔선해서 해야 할 일일 텐데요. 아이들을 양육하는 일이 나라의 백년대계를 위해서 얼마나 중요한 일인데 그렇게 중요한 일에 대

해서 관심조차 가지고 있지 않았다는 것은 정말 이해하기 어려운 일입니다."
어머니의 반응이 당당해 지면서 심각하다. 이 때 필자가

"정부나 학교나 아이를 기르는 당사자들까지도 이러한 일에 대해서 전혀 모르고 있으니까 결국 아이 기르는 법을 가르치는 것이나 배우는 것에 대해서 무관심했을 것으로 생각됩니다. 그래서 정부에서는 이러한 일을 하루 속히 깨닫고 국민 모두에게 어머니 되기 교육을 시켜야 합니다. 초등학교에서 대학에 이르기까지 정식 교과과정으로 채택해서 가르친다면 어머니 되기 교육을 받고 난 사람들이 결혼을 하여 아이를 낳아 기르게 될 것 아닙니까? 그렇게 되면 아마도 이 나라의 장래가 훨씬 더 밝아지고 좋아질 것으로 생각됩니다." 라고 했을 때

"정말 그런 날이 빨리 왔으면 좋겠습니다." 라고 어머니의 소망을 말했다.

아이들이 잘 자라야 어머니의 마음이 편하고 반대로 어머니의 마음이 편해야 아이들이 잘 자란다. 아이들이 잘 자란다는 것은 아이들이 자라는 환경이 원만하다는 것을 뜻한다.

환경은 집이나 도시나 학교나 그 밖의 물리적인 주변환경을 말하는 것이 아니고 내가 거래하는 사람 특히 내가 거래하는 그 사람의 마음을 말한다. 아이를 기르는 어머니의 마음은 아이들에게 절대적인 환경으로 작용한다. 그렇기 때문에 아이들을 기르는 어머니의 마음이 안정되고 삶의 즐거움을 느낄 수 있는 여유와 자신감이 있어야 한다. 어머니의 마음이 그렇게 되었을 때 아이들도 어머니의 마음과 같이 안정되고 즐거운 삶을 살기 위해 신나는 성장을 거듭할 수 있다.

아이들이 잘 자랄 때 국가의 장래가 약속되고 어머니의 행복이 보장된다. 약속된 장래와 행복의 보장을 위해서 국가는 이 땅의 모든 여성들에게 어머니 되기 교육을 시킬 수 있는 혜안(慧眼)과 지혜를 모아야 하고

기존의 어머니와 장래의 어머니가 될 여성들은 어머니 되기 교육 개설을 위해 국가를 상대로 졸라대기 작전이라도 펼쳐야 할 것으로 생각한다.

 # 어머니와의 관계, 타인과의 관계

내가 맺고 있는 나와의 관계 그리고 내가 맺고 있는 다른 사람들과의 관계가 지금까지 내가 맺고 살아 온 우리 어머니와의 관계와 같다. 내가 어렸을 때 어머니와 어떠한 관계를 맺고 살아왔느냐에 따라 지금 내가 맺고 있는 다른 사람들과의 관계의 질또는 방식이 결정된다.

사람이 사는 데는 여러 가지 필요한 것들이 많다. 우선 먹고 살아야 할 음식이 있어야 하고 입어야 할 옷이 있어야 하며 잠을 자야 할 집이 있어야 한다. 의식주는 삶을 위해서 갖추어야 할 필수조건이다.

그러나 사람이 살아가는데 필요한 것은 의식주뿐만이 아니다. 의식주 문제가 해결되었다 하더라도 인간의 삶에는 부족한 것이 많다.

사람은 우선 함께 살아야 할 사람들이 필요하다. 사람이 사람과 함께 살지 못한다면 사람과의 관계를 갖지 못한다. 그렇다면 아무리 풍요로운 의식주가 있더라도 그 풍요로움은 별다른 의미를 갖지 못한다.

인간이 물질적인 풍요를 구하는 것은 보다 아름다운 인간관계를 갖기 위함이다.

인간관계는 인간의 삶에 필요 불가결한 것이다. 인간이 추구하는 그 어느 것보다 중요한 것이다. 특히 나를 낳고 길러 준 어머니와의 관계는 이 세상의 그 어느 것보다 중요하다.

어머니가 아이를 낳는 것은 인간과의 관계 특히 사랑을 근거로 한 인간관계에 의한 것이다. 사랑에 의한 인간관계의 결실로서 출생하게 된 아이를 사랑하는 어머니의 마음은 모성본능을 초월하는 특별한 관계적 의미를 갖는다.

어머니가 아이를 기를 때 먹이고 재우고 기저귀를 갈아주고 목욕을 시켜주는 것 등의 보살핌에 의해서 성장하는 것으로 생각한다. 그러나 사실은 그러한 물리적인 보살핌에 의해서 아이가 성장한다고 말하기보다는 어머니가 정신적으로 아이를 얼마만큼 따뜻하고 부드럽게 그리고 고운 마음을 가지고 아이를 보살펴 주느냐에 따라 아이가 잘 자라기도 하고 잘못 자라기도 한다.

어머니가 아이에게 밥을 먹이고 기저귀를 갈아주고 목욕을 시키고 하는 과정이 아이를 기르는 과정이다. 모든 어머니가 천편일률적으로 이러한 일을 한다. 그러면서 그러한 과정이 아이 기르는 일의 전부로 생각한다. 그러나 아이가 자라는 질적인 내용은 천차만별이다. 모두가 하나같이 다르게 키우고 큰다는 것이다.

어머니가 아이에게 먹여주고 기저귀를 갈아주고 몸을 씻겨주는 외적인 현상은 동일하다. 그러나 그러한 일을 하는 어머니의 마음은 모두 다르다. 어머니들의 마음이 다른 만큼 아이들도 다르게 자란다.

어머니의 마음이 따뜻하고 부드러우면 따듯하고 부드러운 어머니를 느끼면서 아이가 자랄 것이다. 어머니의 마음이 거칠고 차가우면 아이는 거칠고 차가운 어머니를 느끼면서 자랄 것이다. 따뜻하고 부드럽게 자라는 아이는 바르게 자랄 것이다. 거칠고 차가운 어머니를 느끼며 자라는 아이는 바르지 못하게 자랄 것이다.

아이가 자랄 때 부드럽고 따뜻하게 자라는 것과 거칠고 차갑게 자라는 것은 아이에게 달려있지 않다. 어디까지나 어머니의 인간됨됨이와 관련되기 때문에 사실상 아이에게는 선택의 여지가 없다. 어떻게 아이를 기를 것인가의 선택은 어디까지나 어머니가 알아서 결정할 일이다. 어머니와 아이의 관계에서 어머니가 아이를 싫어한다고 해서 자기 아이를 다른 사람의 아이와 바꿀 수는 없는 일이다. 아이 역시 어머니가 필요한 사랑은 주지 않고 미워만 하기 때문에 싫다. 그렇다고 해서 다른 아이의 어머니와 바꾸어 달라고 요구할 수도 없는 일이다.

어머니들은 대체로 따뜻하고 부드럽게 아이를 기른다고 생각한다. 그러나 아이가 느끼는 어머니의 보살핌은 따뜻하고 부드럽다고 느끼지 못하는 경우도 많다. 어머니가 아이에게 따뜻하고 부드럽게 잘 대해 주었다고 할지라도 아이가 그렇지 않다고 생각하면 그렇지 않다. 결과적으로 그 어머니는 아이를 대할 때 따뜻하고 부드러운 마음과 그 마음을 전달하는 손길이 따뜻하고 부드럽지 않았다고 할 수밖에 없다.

어머니와 아이 사이 혹은 그 밖의 모든 인간관계에서 행해지는 주고받는 것에 대한 느낌은 주는 사람의 느낌보다도 받는 사람의 느낌이 중요하다. 주고받고 하는 관계적 의미는 받는 사람이 결정하기 때문이다. 어머니가 아무리 좋은 것을 많이 주었다 할지라도 아이가 어머니로부터 좋은 것을 받은 적이 전혀 없다고 하면 없는 것이다. 어머니가 줄 때 좋은 것이라고 주었지만 아이가 그것을 받을 때 좋지 않은 것이라고 생각하고 받으면 그것은 나쁜 것이다.

주고받는 행위 속에서 느끼는 감정에는 객관적 견해가 크게 의미 있는 것으로 작용하지 못한다. 다만 주관적으로 느끼는 것만이 중요하고 의미 있을 뿐이다. 그렇기 때문에 어머니가 무엇인가를 아이에게 줄 때는 좋은 것을 받았다는 느낌을 가질 수 있는 방법으로 주는 것이 좋다. 충분히 받았다는 느낌을 가질 때까지 주는 것은 더욱 좋다.

아이가 어머니로부터 무엇인가를 받았다고 느낄 때는 아이가 원하는 것을 어머니가 주었을 때이다. 그것도 지체함이 없이 당장에 즐거운 마음으로 아이가 원한만큼 주었을 때이다. 그 때 비로소 아이는 어머니로부터 충분히 받았다는 것을 느낀다. 이러한 관계적 현상을 정신분석학에서는 용전(containment)이라고 한다.

어머니가 아이에게 무엇인가를 줄 때는 어머니가 주고 싶을 때이다. 아이가 원하기 때문에 주는 것이 아니고 어머니가 주기를 원하기 때문에 무엇인가를 주는 경우이다. 아이는 어머니가 준 것을 받고 받은 것에 대한 느낌이 좋을 수도 있고 나쁠 수도 있다. 결국 얼마만큼 아이가 원하는 것을 아니면 아이가 필요로 하는 것을 주었느냐에 따라서 느낌이 달라진다. 아이는 어머니로부터 받은 것에 대해 고마움을 느낄 수도 있고 짜증스러운 느낌을 가질 수도 있다.

그렇기 때문에 어머니는 무엇이든지 알아서 주면 아니 된다. 어머니가 알아서 주고 싶은 것을 주는 대신에 아이가 원하는 것을 원한만큼 필요한 시간 안에 주면 된다. 그 때 아이는 자기가 원하는 것을 스스럼없이 당장에 주는 어머니에게 고마운 마음을 갖는다. 그리고 충분하게 받았다는 느낌을 갖게 된다.

어머니로부터 필요한 것을 충분하게 받으면서 자란 아이는 어머니에게서 받은 만큼 풍요로운 인생을 살게 될 것이다. 그리고 성공하는 아이가 되어 인생의 보람을 느끼면서 살게 될 것이다. 그러나 어머니로부터 필요한 것을 필요한 만큼 받지 못한 아이는 실패에 실패를 거듭하는 아이가 될 것이다.

어머니가 알아서 주고 싶은 것을 아이에게 주었을 때 생기는 폐단은 참으로 무섭다.

어느 날 중2 남학생이 어머니의 손에 잡혀 끌려 온 적이 있었다. 그 어머니는 필자를 보자말자 눈물을 글썽이며 그 어머니의 억울한 사정을 털어놓았다.

"글쎄요. 제 이야기 좀 들어보세요. 그 동안 애들을 위해서 정신없이 살아왔지 뭡니까? 공장이란 것을 하나 차려놓고 이 애들 아버지하고 밤낮으로 공장에 매달려 일하느라고 이 애들을 돌볼 겨를이 없었지 뭡니까? 그 사이에 애들의 몰골이 형편없이 되었습니다. 어미가 돌보지 못한 아이들이었으니까 그 동안에 몸도 모두 쇠약해지고 성적도 떨어지고 그랬어요. 특히 이 애가 요즘 들어 갑자기 눈이 나빠졌다고 하소연을 했는데 공장 일로 바빠서 차일피일하다가 오늘에야 겨우 짬을 내어 병원을 데리고 갔더니 영양부족이라지 뭡니까? 특히 비타민 A가 부족하다는 거예요. 그래서 안경을 하나 맞추고 집으로 돌아오는 길에 시장에 들러 당근 한 포대를 샀습니다. 이 아이에게 먹일려구요. 당근에는 비타민 A가 많이 들어있기 때문에 당근즙을 내 먹였으면 하구요. 집에 와서 당근즙을 내 가지고 먹으라고 하니까 한사코 먹지 않겠다는 겁니다. 처음에는 사정하고 달랬지요. 그런데 막무가내로 안 먹겠다는 거예요. 먹이기는 해야겠고 애는 먹지 않으려고 하고 그래서 소리를 지르고 으름장을 놓아봤지만 아무런 소용이 없었습니다. 어미의 말을 듣지 않는 것이 섭섭하고 그리고 화가 나서 견딜 수가 없었어요. 그래서 한데 쥐어박았는데 이 애가 글쎄 눈을 부릅뜨고 고래고래 소리를 지르며 안 먹겠다고 이 어미에게 달려드는 거예요. 이런 일은 처음 있는 일이었습니다. 그래서인지는 모르겠지만 큰일났다 싶대요. 그래서 좀 두들겨 팼습니다. 그랬더니 울고불고 소리를 지르고 말도 마세요. 그런 꼴은 제 평생에 처음 봤습니다. 마치 실성한 아이처럼 이 어미에게 마구 달려들면서 집을 나가겠다는 거지 뭡니까? 정말 가방을 들고 집을 나가려고 했어요. 어디를 갈려고 했는지는 모르지만 집을 나가려고 했을 때 눈앞이 캄캄해지대요. 그래서 차라리 너 죽고 나죽자 하며 더 많이 두들겨 팼습니다. 그랬더니 이 아이가 나를 때리며 달려드는 거예요. 어이가 없었습니다. 그래도 이래서는 안 되겠다 싶어서 더 많이 두들겨 팼어요. 그랬더니 이 아이가 졸도를 하고 까무러쳤습니다. 도대체 자식이란 것이 뭡니까? 저를 위해서 잘해 주려는 어미에게 그렇게 할 수 있습니까? 기가 막혀서 죽고 싶은 생각밖에 없었습니다."

"그래서 결국은 어떻게 되었습니까?"라고 필자가 물었다.

"먹이려고 한 것이니 먹여야지요."

"그래서 먹였다는 말씀입니까?"

"예. 먹였습니다."

"그러니까 결국 아들과의 싸움에서 어머니가 이겼다는 말씀이네요."

"예 그렇게 되었어요. 아들한테 질 수는 없잖아요."

"먹기 싫다는 당근을 먹이셨는데... 그것이 희망하시는 대로 눈에 좋은 효과를 가져왔겠습니까? 제아무리 좋은 약이라도 그 약을 먹는 사람의 마음이 불행하다면 아무런 효과가 없을텐데요. 먹이시려면 참을성 있게 잘 달래서 먹도록 했으면 더욱 더 좋았을 뻔했습니다."

"불행하든 말든 먹으면 좋겠지요. 약인데 먹으면 어디로 가겠습니까? 필요한데로 가지 않겠어요? 어떻든 먹었으니 목적은 달성한 셈이고... 그렇습니다만은"

"그 목적 달성이라는 것이 결국 어머니의 아들에 대한 생각과 그리고 그 생각과 관련된 어머니의 고집을 관철시켰다는 의미는 있었겠습니다만... 그것 때문에 아들과의 관계가 악화되고 그래서 그 아들은 앞으로 어머니를 믿지 않고 어머니처럼 고집을 부리는 아들이 될 가능성이 많다는 것을 생각해 보셨습니까? 그렇다면 어머니가 하신 일이 그렇게 좋은 것만은 아닐 것 같은데요. 어머니 자녀간의 관계는 그렇게 강압적인 힘을 사용하는 관계가 아니지 않습니까? 이해하고 수용하며 인정하고 믿는 관계가 될 수 있도록 서로 보살피는 것이 바람직할 텐데요."

"누가 아니래요. 아이들이 말을 잘 듣지 않는데 어떻게 나 혼자서만 잘 할 수 있겠어요."

"물론 그럴 수야 없겠지요. 그러나 아이들이 혼자 알아서 어머니의 말씀을 잘 들어줄 수 있는 그런 아이가 될 수는 없습니다. 어머니가 아이들에게 잘 해주었을 때 아이들도 어머니에게 잘 해줄 수 있는 마음을 갖게 되는 것입니다. 아이들은 나이가 많든 적든 어머니 앞에서는 아이들의 울타리를 벗어나지 못하는 법입니다. 그렇기 때문에 어머니가 먼저 아이들에게 잘 해주지 않는 한 아이들은 절대로 어머니에게 잘 해주지 않습니다. 이것은 결국 어머니로부터 배운 행동을 어머니에게 다시 돌려주는 것이 아이들이기 때문이지요. 그래서 아이들은 어머니의 거울이라고 말하는 것 아닙니까? 어머니의 모습이 아름다웠을 때 어머니의 거울이라고 말하는 아이들의 모습에 비치는 어머니의 모습이 아름다운 것입니다."

"참 그럴듯한 말씀이네요. 아이들은 무조건 닦달만 하면 되는 건 줄 알았는데 그런 것이 아닌 것 같네요. 말씀을 듣고 보니까 오늘 제가 이 아이에게 너무 심했던 것 같습니다."

"그런 느낌이 드신다니 참으로 다행스럽습니다. 앞으로는 가능한 한 잘 해주십시오. 잘 해 준만큼 보답을 받을 겁니다."

그 날의 상담은 이 정도로 해서 끝이 나고 그 후에도 몇 차례 아들과의 관계를 만회하기 위한 모자 상담이 계속되었다.

어머니와 아이들과의 관계는 언제나 어머니가 먼저라는 것을 알아두는 것이 중요하다. 어머니가 옳지 않는 행동을 하면서 아이들에게 옳은 행동을 하라고 강요할 수는 없다. 어머니의 옳은 행동을 보고 옳은 행동을 배우지 않는 한 옳은 행동을 할 수 없는 것이 아이들이기 때문이다.

 ## 아이는 아이 자신을 위해서 태어난다

아이는 아이의 인생을 살기 위해 태어난다. 아이가 세상에 태어나는 것이 비단 아이의 의지에 의해서 태어난 것이 아닐지라도 아이는 아이의 인생을 살기 위해서 태어난다. 아이가 태어나는 것이 그렇게 힘들고 어려운 과정이지만 죽어서는 아니 되기 때문에 살아야 하기 때문에 아이는 세상에 태어나는 고통을 참고 이겨낸다. 자기의 삶을 살아가야 한다는 것이 그렇게 중요한 것이다.

아이가 세상에 태어날 때 세상에 태어나고 있다는 사실을 인지하는 것 외에는 아무 것도 아는 것이 없다. 그리고 태어난 후에도 다만 춥다든가, 덥다든가, 배가 고프다든가, 배가 부르다든가를 알 뿐이다. 신생아는 밤낮을 구별할 수 없고 어느 나라의 어느 도시에서 태어난 것도 모른다. 뿐만 아니라 어느 가문의 몇 째로 태어난지도 모르고 자기 자신이 여자인지 남자인지도 모른다. 다만 태어났다는 것만을 알뿐이고 태어났다는 사실에 대해 감탄할 뿐이다.

이러한 아이가 세월과 더불어 자란다. 혼자서 자연스럽게 자라는 것처럼 느끼면서 자란다. 주변에 어머니가 있고 형제가 있고 일가 친척이 있다는 것을 알 까닭이 없다. 이러한 것을 모르는 아이는 오직 성장하기에만 열중할 뿐 그 어떠한 것에도 관심이 없다. 미국에서 태어났는지 프랑스에서 태어났는지 아니면 한국에서 태어났는지를 알 까닭이 없다. 그런 것들을 알아야 할 필요도 없는 것이다. 미국에서 태어났으면 미국 말을 배우고 미국 음식 먹는 것을 배우고 미국 습관을 배우면 된다. 프랑스에서 태어났다면 프랑스 말을 배우고 프랑스 음식 먹는 것을 배우고 프랑스 풍습을 배우면 되는 것이다. 그리고 한국에서 태어났다면 한국의 것을 배우면 되는 것이다.

아이들은 이러한 문화적 여건에 전혀 관심이 없다. 관심이 없는 이유는 어떤 나라의 어느 곳에서 태어났든지 아이는 자기가 태어난 나라의 모든 것을 배우고 익혀 자기의 것으로 만들 수 있는 재능을 가지고 있기 때문이다.

아이가 어느 나라의 어느 곳에서 태어난 것이 무슨 문제가 되겠는가? 다만 문제가 되는 것은 어느 나라의 어느 가정에서 태어났는가 하는 것이다. 특히 어떠한 성격과 어떠한 자질을 가진 사람을 어머니로 하고 태어났는가 하는 것이다. 좋은 성격과 풍부한 자질을 갖춘 사람을 어머니로 하고 태어난 아이라면 어머니의 성격과 자질에 걸맞은 다행스러운 인생을 살 수 있게 될 것이다. 그렇지 못한 어머니를 만난 아이는 그렇지 못한 어머니를 만난 만큼 다행스럽지 못한 인생을 살게 될 것이다.

어머니를 잘 만나고 잘못 만나고 하는 것은 아이가 선택할 수 있는 것은 아니다. 다만 아이를 낳은 어머니에 의해서 선택될 뿐이다. 만약 사람에게 운명이라는 것이 있다면 이러한 것을 하나의 운명이라고 할 수 있을 것이다.

아이에게 다행스러운 삶을 제공하는 어머니는 다행스러운 인생을 사는 어머니다. 다행스러운 어머니란 돈이 많고 공부를 많이 하고 높은 사회적 지위를 갖고 권력을 휘두르며 사는 어머니를 뜻하는 것은 아니다. 어머니가 돈이 많고 공부를 많이 하고 높은 사회적 지위를 갖고 권력을 휘두르며 사는 것이 아이에게 무슨 소용이 있겠는가? 아이가 원하는 어머니는 아이가 원하는 것을 줄 수 있는 어머니면 되는 것이다. 어머니가 아이에게 줄 수 있는 것은 아이가 구속을 받지 않고 학대를 받지 않으면서 자유분방하게 아이다운 인생을 살 수 있는 배려를 해주는 것이다. 학식과 부와 지위와 권력은 어머니에게 속하는 다행일 뿐 아이에게는 어떠한 의미도 없다.

어머니가 부와 학식과 높은 지위와 권력을 가지고 있다고 해서 아이가 성장하는데 도움이 될 것이 하나도 없다. 만일 어머니의 그러한 다행스러움이 아이에게 성장의 이익을 줄 수 있다면 그것은 도대체 무엇일까? 한번쯤 생각해 볼만한 문제이다.

만일 부와 학식과 높은 사회적 지위와 권력 등을 갖춘 어머니가 아이에게 그러한 권위를 행사하려고 한다면 그 아이의 인생은 어떻게 될까? 인생의 출발점에서부터 그 아이는 불안과 좌절과 분노와 적개심으로 일그러진 성격을 갖게 되는 것 이외의 어떠한 도움도 받지 못할 것이다.

좋은 어머니는 학식이 낮아도 좋고 부자가 아니어도 좋고 사회적 지위가 낮거나 없어도 좋고 권력을 쥐고 있지 않는 무수리 평민이라도 좋다. 다만 아이가 아이답게 성장할 수 있는 기회와 필요한 것을 줄 수 있는 어머니면 된다.

학식이 많고 부를 누리며 높은 사회적 지위를 가지고 권력을 행사하는 어머니는 어울리지 않게 아이에게까지 권력을 행사하려 하는 경향이 있다.

부 때문에, 학식 때문에, 높은 사회적 지위 때문에, 그리고 권력 때문에 아이가 피해를 본다면 어머니의 외형적 자질은 오히려 아이의 성장에 방해가 되는 백해무익한 의미가 없는 장식에 불과할 뿐이다.

그래서 아마도 부와 학식과 사회적인 지위와 권력을 가지고 있는 사람들의 자녀들이 잘 자라지 못하고 있는지도 모른다. 아이의 인생을 지나치게 보호하고 간섭하고 학대하는 어머니를 둔 아이들은 원하는 대로 성장하지 못한다. 보호를 받은 만큼 간섭을 받은 만큼 학대를 받은 만큼 아이의 인생이 일그러지고 망가진다.

마치 아이들이 어머니의 소유물이라도 된 것처럼 아이들에게 '이래라, 저래라' 하는 것부터가 아이를 잘못 기르겠다는 의지를 표명하는 것이다. 아이들은 간섭으로 자라지 않는다. 뿐만 아니라 지나친 과잉보호나 학대로 자라지도 않는다. 이러한 어머니의 양육 태도는 아이들의 인생을 망칠 뿐이다.

아이들은 아이들의 인생을 살기 위해 태어났고 사는 방법을 가지고 태어났고 살아갈 수 있는 능력을 가지고 태어났다. 그래서 자라는 대로 그냥 그렇게 놓아두면 아이들은 잘 자란다. 아이가 아이답게 자라며 살 수 있는 여유를 마련해 주면 아이들은 그냥 자란다. 우후죽순처럼 재미있게 자란다. 잘도 자란다.

이러한 아이에게 어머니를 위해서 살아달라고 강요하는 것은 무리한 요구이다. 무엇 때문에 아이가 어머니를 위해서 살아야겠는가 그렇게 꼭 살아야 할 필요가 있는가 생각해 볼만 한 일이다.

현실적으로 아이는 어머니를 위해서 살아야 할 필요가 없다. 아무리 어머니가 아이에게 어머니를 위해서 살아 달라고 간청을 해도 아이는 아이를 위해서 살뿐이다.

이러한 아이를 소유하고 평생을 곁에 두고 살면서 아이의 삶을 어머니가 즐기려 하는 것은 무리한 일이다. 문제가 있는 일이다. 그럼에도 불구하고 많은 어머니들이 아이를 곁에 두고 살려고 한다. 떠나 보내려 하지 않는다는 것이다.

　이러한 어머니를 둔 아이는 불행하다. 구속감에 불행하고 의존해야 하는 의존감 때문에 불행하고 자율성을 상실한 결과 때문에 불행하다.

　아이를 기르는 모든 어머니는 아이가 이러한 느낌을 가지고 산다는 것을 모른다. 그래서 아이와 함께 살면서 아이의 나이를 생각해 보지도 않고 무조건 어머니의 뜻대로 살아주기를 바라는 조금은 염치없는 요구를 하는 분이 우리들의 어머니다.

　어머니를 위해서 사는 인생은 불행하다. 불행한 인생을 사는 아이를 기르는 어머니 또한 행복할 수 없다. 이러한 어머니 역시 아이가 느끼는 불행과 같은 불행을 느끼며 살아야 하는 것이다. 이는 곧 아이의 행복이 어머니의 행복이 된다는 것을 의미하기 때문이다.

　아이의 인생을 살도록 도와주는 것이 어머니가 해야 할 일이다. 아이는 아이 자신의 인생을 살아야 한다. 아이는 자신의 인생을 살 권리가 있다. 원하는 목적을 달성하고 자기실현의 꿈을 이룩할 수 있는 기회를 가져야 한다.

　아이가 아이의 인생을 위해서 살 때 그 삶이 진정한 의미에서 어머니를 위해 사는 인생이고 사회를 위해서 사는 인생이고 국가를 위해서 사는 인생이 된다. 아이의 자기실현을 방해하는 어머니는 진정한 어머니가 아니다.

　아이가 진정한 의미의 자기 삶을 살 수 있도록 최선의 배려를 아끼지 않는 것이 어머니의 올바른 역할을 하는 것이다. 아이는 아이의 인생을 살기 위해서 태어난 귀중한 존재이다. 어머니에게 귀중한 존재이고 사회와 국가에게 귀중한 존재이고 아이 자신을 위해서 귀중한 존재이다. 아이의 존엄성을 인정하고 양육을 위해 최선을 다할 때 아이는 바르고 유능하게 자란다는 것을 믿어야 할 것이다.

 ## 어머니를 좋아하는 자식이 있을까?

 어머니는 아이들이 어머니를 좋아 할 것이라고 생각한다. 그 보다는 차라리 어머니는 아이들이 어머니를 좋아하고 있다고 믿는다.

 과연 어머니를 좋아하는 아이가 있을까? 아마도 이러한 생각을 해 본 어머니는 별로 없을 것이다. 아이들이 어머니를 좋아하는가 아니면 어머니를 싫어하는가는 아이들에게 물어보면 안다.

 어머니를 좋아하는지 좋아하지 않는지를 아이들에게 물어보지도 않고 나는 그 아이들의 어머니요, 그 아이들은 나의 자식들이니까 어머니인 나를 좋아할 것이라고 생각하는 것은 잘못된 생각이다. 그래서 모든 어머니는 아이들에게 어머니인 나를 좋아하는가를 물어보아야 한다.

 아니다. 차라리 아이들에게 어머니를 좋아하는가를 물어보기 전에 어머니인 나를 내 아이들이 좋아하고 있는가를 나 자신에게 먼저 물어보아야 할 것이다. 만일 나에게 어머니인 나를 아이들이 좋아할 것이라는 생각과 믿음이 있다면 무엇 때문에 아이들이 나를 좋아할 것인가를 나에게 물어보아야 할 것이다. 그리고 아이들에게 나를 좋아하는가를 물어보기 전에 나 자신에게 내가 아이들의 사랑을 받을 수 있는 어머니로서의 역할을 잘하고 있는 어머니인가를 먼저 물어보는 것이 순서 상 옳다는 것이다.

내가 자식들에게 어머니로서 좋은 역할을 해 주지 못하고 따뜻한 마음을 가지고 아이들을 대하고 있지 않으면서 좋은 어머니라고 생각한다거나 자식들이 나를 좋아할 것이라고 생각한다면 그것은 아마도 현실성이 없는 착각일 수도 있다.

자식들이 어머니인 나를 좋아할 것이라고 생각하는 어머니에게 자식들이 좋아할 만한 어머니의 역할을 했는가? 혹은 따뜻하고 부드럽고 여유 있는 마음으로 자식들의 고민을 듣고 이해하고 수용하는 아량을 베풀었는가를 물으면 이에 대해서 "예 그렇습니다. 나는 항상 아이들을 그렇게 대해 왔습니다"라고 자신 있게 대답할 수 있는 어머니는 아마도 그리 많지 않을 것으로 생각한다.

만일 자식의 고충을 이해하고 수용하지 못하면서 자식들로부터 좋은 어머니라는 말을 들으려고 한다거나 적어도 그러한 말을 듣지 못하더라도 자식들이 마음속으로 그래도 그만하면 괜찮은 어머니라고 생각할 것이라고 믿는 어머니가 있다면 그 어머니는 반성해야 할 것이다

어머니가 자식의 입장을 이해하고 수용하지 못하는데 어머니가 어머니이기 때문에 어머니라는 조건을 가지고 이해해 주기를 바라거나 좋아해 주기를 바란다면 이것이야말로 아전인수격이다.

어머니가 자기만 알고 자식의 입장을 모른다면 어찌 그러한 어머니를 어머니라고 할 수 있겠는가? 그리고 감히 그러한 어머니가 어떻게 자식들의 사랑과 존경을 받을 수 있을 것이라고 기대할 수 있겠는가? 이러한 기대를 하는 어머니가 있다면 그 어머니는 병이 걸렸어도 큰 병에 걸린 어머니다. 과대망상이라는 자기도취 질환에 걸린 어머니라는 것이다.

한국의 어머니들은 필요 없이 허용적이고 쓸데없이 간섭을 하는 이율

배반적이고 비논리적인 사고와 행동을 하는 이상야릇한 성격을 가지고 자식들을 기르고 있다. 어제는 해서는 안 되는 일이 오늘은 해도 되고 오늘은 해도 되는 일이 내일은 해서는 안 되는 그러한 태도를 가지고 자식들을 대한다. 자식을 기르는 어머니로서 취해야 할 태도가 아니다.

왜 이렇게 어머니가 되어 가지고 어머니답지 못하게 일관성 없는 생각을 하며 감정에 치우친 지시를 하고 비이성적인 행동을 하는 것일까? 아무리 너그러운 마음으로 이해하려고 해도 이해할 방도가 없다. 이러한 불일치성 혹은 비일관적인 어머니의 행동 때문에 우리 자식들은 야단을 맞아야 하고 벌을 서야 하고 때로는 잔인할 정도로 매를 맞아야 하는 불행하고, 불행하고, 또 불행한 성장기간을 보낸다.

"야단을 치고 벌을 주고 매를 때리는 어머니를 좋아할 자식이 있으면 한번 나와 봐라" 하고 큰소리를 치고 싶다. 어떠한 이유에서 어떠한 마음을 가지고 야단을 치고 벌을 주고 매를 때렸든 간에 야단을 치고 벌을 주고 매를 때리는 어머니를 좋아하는 자식은 없다. 이 세상 어디를 가 보아도 자식을 학대하는 어머니를 좋아하는 자식은 없다.

만일 자식을 기르면서 자식을 때렸다면 때린 만큼 자식들로부터 미움을 받을 것이고 야단치고 벌을 주었다면 야단치고 벌을 준 만큼 자식들로부터 벌을 받게 될 것이다.

매를 맞고 꾸중을 듣고 벌을 선 자식들은 아무리 어머니를 좋아하려고 해도 좋아할 수가 없다. 말을 안 듣고, 빤질거리고, 고집이 세고, 거짓말을 떡 먹듯 하고, 하는 일마다 어머니의 마음에 들지 않는 일만을 골라서 하며 제멋대로 돌아다니는 버릇 모두가 어머니에게 매를 맞은 탓이다. 이러한 버릇을 길러 준 어머니를 어떻게 좋아하겠으며 그러한 어머니를 좋아한다면 도대체 얼마나 좋아하겠는가?

자식들이 어머니를 좋아하고 싫어하는 것은 자식들의 생각이나 의지대로 되는 일이 아니다. 만일 자식들이 자식들의 생각이나 느낌을 마음대로 조절할 수 있다면 아마도 모든 자식들은 어머니를 좋아할 것이다. 어머니가 얼마나 야단을 쳤든지 얼마나 무서운 벌을 주었든지 얼마나 잔인하게 매를 때렸든지에 상관없이 어머니를 좋아할 것이다. 모든 자식들은 어떠한 형태로든 어머니를 좋아해야 하니까 그렇다.

어머니를 좋아하는 생각과 어머니를 싫어하는 느낌은 서로 상충되는 병리적 심리현상이다. 이러한 아이의 마음은 아이가 어머니를 싫어하는 병에 걸릴 수밖에 없도록 아이를 대해 온 어머니의 몸가짐과 마음가짐에서 비롯된 것이다. 정신분석학에서는 이러한 현상을 어머니의 병원적 실체에서 비롯된 것이라고 한다.

이러한 심리적 상호관계를 모르는 아이들은 모두 자기가 나쁜 아이이기 때문에 그렇게 나쁜 마음을 가지고 있다고 생각한다. 그렇게 생각하지 않으면 그 아이의 삶이 어려워지고 무서워지기 때문이다.

이는 어머니가 나쁜 것보다는 자기가 나빠야 사는 것이 편해지기 때문이다. 이러한 비유는 좀 이상한 비유가 되겠지만 아이의 천진무구한 마음속에 "악마의 세상에서 천사가 사는 것보다는 천사의 세상에서 악마가 사는 것이 편하다(Fairbairn, 1962)"는 느낌을 가지고 있다는 것을 증명하는 것이라 할 수 있다.

생각은 마음대로 조정할 수 있지만 느낌은 마음대로 조정할 수 없는 것이 인간이 가지고 있는 취약성이다. 그렇기 때문에 어머니를 좋아하고 싶은 자식들이 어머니가 좋아할 수 있는 행동을 하지 못하는 것이다. 자신의 생각과 느낌을 마음대로 조정할 수 있는 자식이 있다면 그 자식은 아마도 어머니가 좋아하는 행동만을 할 수 있을 것이다.

자식들이 자식들의 마음을 마음대로 조절하지 못하는 것은 어머니들이 그 자식들을 기를 때 자식들로 하여금 자신의 마음을 마음대로 조절할 수 있는 능력을 심어주지 않았기 때문이다.

　만일 어머니가 자식들을 기를 때 자식들로 하여금 그들의 마음을 마음대로 조절할 수 있는 심리적 경제성을 부여했다면 그 자식들은 정말 어머니가 원하는 어머니를 좋아하는 자식으로서 자랑스러운 자식이 되었을 것이고 되어가고 있을 것이다.

　불행하게도 어머니를 잘못 만나 불행한 인생을 살고 있는 자식들은 참으로 억울하다. 매사에 자신이 없고 그래서 우울한 아이들 그러면서도 자식들은 어머니를 원망하지 않는다. 다만 자신들의 잘못된 행동을 보면서 잘못된 행동을 그만 두지 못하는 자신들을 미워하고 원망할 따름이다.

　이러한 자식을 보면서 자식을 원망하지 않는 어머니가 있을까? 아니면 내가 잘못 길렀기 때문에 자식들의 운명이 저렇게 불행하게 되었다고 생각하면서 자식들에게 미안하게 생각하는 어머니가 있을까? 아마도 그러한 어머니는 없을 것이다. "나는 저 아이를 잘 길렀는데, 저 아이가 친구를 잘못 만나서 그만…" 하며 자식을 원망하는 어머니가 있을 뿐일 것이다.

　어머니가 자식을 기르는 것은 학대를 하는 것이 아니다. 다만 양육을 하는 것뿐이다. 양육하는 어머니를 어머니라고 한다.

　양육하는 어머니는 자식을 야단치는 대신에 이해하는 어머니다. 양육하는 어머니는 자식에게 벌을 주는 대신에 수용하는 어머니다. 그리고 양육하는 어머니는 자식을 때리는 대신에 자식을 믿고 인정하고 사랑하는 어머니다. 이렇게 하는 어머니만이 진정한 어머니라고 할 수 있다. 그리고 진정한 어머니의 역할을 하려고 노력하는 어머니라고 할 수 있다.

환상의 공유영역

: 불협화음 속의 이중주
: 절대자의 변(辯)
: 산고(産苦)와 현실
: 태교의 의미
: 잠재적인 공간

어머니와 아이는 환상 속에 산다. 비현실적인 생각과 느낌 속에 살고 있다. 어머니가 웃으면 아이도 웃는다. 왜 웃는지도 모르면서 그냥 따라 웃는다. 어머니가 울면 아이도 울고 어머니가 화를 내면 아이도 화를 낸다.

어머니도 마찬가지다. 아이가 어머니의 행동을 흉내내는 것처럼 어머니도 아이의 행동과 감정을 모방해서 자기 것처럼 생각하고 느낀다. 이렇듯 어머니와 아이는 감정을 공유하고 생각을 공유하고 행동을 공유한다.

어머니가 느끼는 감정이 아이에게 그대로 즉시 전달되고 아이가 느끼는 감정이 마치 어머니가 느끼는 감정처럼 즉시에 전달되기 때문에 어머니와 아이는 감정 상 경계선이 없는 공유영역에 살고 있다고 하는 것이 아닌가?

 **불협화음 속의 이중주**

 자녀의 양육은 어머니가 맡는다. 이미 앞에서 언급한 바와 같이 어머니가 꼭 맡아야 한다는 원칙은 없지만 그래도 자녀의 양육은 일반적으로 어머니가 맡는다. 아이가 커서 학교라는 곳을 다니게 될 때까지 대충 7년이라는 길고 긴 세월을 어머니와 지내면서 성장하는 것이 일반적이다. 밤낮으로 앉으나 서나 아이는 어머니와 함께 지내면서 자란다.
 배가 고프면 칭얼대면서 어머니의 젖가슴을 파고들고, 외롭고 허전할 때면 손을 치켜들고 안아달라고 보챈다. 마음이 편해지면 어머니에게 안겨 잠을 자기도 하고 안겨 있는 것이 지겨우면 이제는 또 내려가겠다고 보챈다. 그래서 내려놓으면 아이는 혼자서 논다.
 어머니와 아이는 이렇게 하루에 24시간, 일년의 365일을 함께 하며 칠 년이라는 긴 세월, 줄잡아서 2,555일을 살고 난 후에야 공식적으로 바깥 세상을 만나게 된다. 아이 혼자서 어머니의 보호 없이 최초의 바깥 세상인 초등학교에 입학하게 된다.
 물론 이러한 일이 있기 전에도 이곳 저곳의 유아원, 유치원, 미술, 음악, 영어학원 등을 돌아다니며 어머니 밖의 세상을 만났겠지만 이러한 세상과의 만남은 모두가 비공식적인 만남이다.

아이의 능력은 가능한 한 빨리 초(second) 분(minute)을 다투어 길러 주어야 한다는 열망 때문에 어머니는 근거도 없는 천재교육, 영재교육이라는 휘황찬란한 상업성 유혹에 매료되어 이곳 저곳 분별 없이 아이를 끌고 다닌다. 될 수 있는 한 많은 곳을 끌고 돌아다니는 것이 어머니의 자랑거리가 되고 안심거리가 된다. 그러나 지금까지 우리 어머니의 자식들이 학원을 많이 다녀서 천재나 영재가 되었다는 소리를 들어 본 적이 없다. 개인적으로 그러한 사람을 만나 본 적도 없다. 차라리 그렇게 하는 것이 - 글쎄 꼭 그런 것은 아니겠지만 - 오히려 아이들에게 배우는 것에 대해서 신물이 나도록 해서 배우는 것을 지긋지긋하게 느끼게 하지나 않을까 항상 기우(杞憂)스럽다. 그러다가 혹시라도 아이들의 인생을 망치게 되면 이에 대한 책임은 누가 져야 하며 어떠한 보상을 해 주어야 하는 것인지 궁금할 때가 있다.

세상이 변해서 요즈음에는 아버지가 아이를 기르는 경우도 있다. 대개 맞벌이 부부가 아이를 낳았을 때 있을 수 있는 일이다.

이러한 일은 미국에 국한되는 일이 될지도 모르지만 어떻든 상당히 합리적인 면이 없지 않다. 부부가 직장을 다니다가 부인이 아이를 낳게 되면 누가 아이를 기를 것인가에 대해서 타협한다. 이런 때는 대개 남편보다 부인의 수입이 많을 경우가 일반적이다.

그러나 부인의 수입이 많다고 해서 꼭 남편이 아이를 기르지는 않는다. 부부의 성격과 아이에 대한 애착과 정성 이러한 것들이 변수가 된다. 미국에도 유아원(nursery school)이라는 곳이 있어 아이를 유아원에 맡길 수도 있고 옆집에 맡길 수도 있다. 그리고 간혹은 친할머니 혹은 외할머니가 아이 양육을 자원하는 경우도 있다. 그러나 미국 부모들은 가능한 한 자기 자식은 자기네들이 기르려 한다. 유아원이나 옆집에 맡기는 비용이 상상외로 많이 들어가는 데도 문제가 있지만 그보다 더한 것은 자기 자식은 자기가 기르는 것이 제일 좋다는 것을 믿기 때문이다.

누구의 손에 의해서 아이가 길러지든 아이는 사랑을 받고 간섭이 없는 환경에서 길러져야 한다. 아이를 기르는 사람은 그래서 무조건 아이를 사랑하며 기르는 사람이어야 한다.

일단 어머니가 아이를 기른다는 전제 하에 사랑과 양육에 대한 이야기를 계속하려 한다.

어머니는 아이를 사랑해야 한다. 어머니가 아이를 사랑하는 것은 자녀를 사랑하는 것이 아니다. 어머니 자신을 사랑하는 것이다. 그리고 나아가서는 세상을 사랑하는 것이다.

어머니가 자녀를 사랑하지 않는다면 그 누가 그 어머니의 자녀들을 사랑해 주겠는가? 엄격한 의미에서 어머니 이외의 사람들은 아이를 사랑한다고 해도 어머니가 자녀들을 사랑하는 것처럼 사랑해 주지 않는다. 혹시라도 그 어머니의 자녀들을 사랑해 주는 사람이 있다고 할지라도 그 사랑은 어머니의 사랑에 비할 것이 못된다. 어머니가 자녀를 사랑하는 것과 어머니 이외의 다른 사람이 자녀를 사랑하는 것은 질적으로 다를 뿐만 아니라 양적으로도 크게 다르다.

어머니의 사랑을 두고 사람들은 조건 없는 사랑이라고 말한다. 무조건 자녀를 사랑한다는 뜻이다.

그러나 무조건 자녀를 사랑하는 어머니를 본 적이 없다. 혹시 있을 수도 있다. 그러나 대부분의 경우 어머니의 사랑 역시 조건부 사랑의 울타리를 벗어나지 못한다. 어머니의 사랑이 이렇듯 조건부 사랑의 울타리를 벗어나지 못 할 진데 어머니 이외의 다른 사람의 사랑이야 오직 하겠는가?

어머니의 사랑이 조건 없는 사랑이어야 하는데도 불구하고 어머니들은 어머니 자신의 기분에 따라 자녀들을 관리한다. 그 기분은 어머니의 과거가 만들어 낸 기분이다. 현실과는 전혀 관계가 없는 기분이다. 어머니의 기분이 어디서 왔던 이에 상관하지 않고 어머니는 기분이 좋으면 좋은 만큼 자녀들을 부드럽게 대하고 기분이 나쁘면 기분이 나쁜 만큼 자녀를 거칠게 대한다.

그러므로 자녀를 양육하는 어머니는 언제나 좋은 기분을 가지고 있어야 한다. 만일 기분이 좋지 않을 때에는 좋지 않은 어머니 자신의 기분을 먼저 다스려 놓고 기분 나쁜 느낌이 없어진 다음에 자녀를 대하는 것이 바람직하다. 자녀를 위해서가 아니고 어머니 자신을 위해서 그렇게 해야 한다.

어머니가 기분이 나쁠 때 자녀를 대하게 되면 기분 나쁜 만큼 자녀들에게 불평을 하고 불평의 내용에 따라 소리를 지를 가능성이 많다. 경우에 따라서는 혹시라도 자녀를 때릴 우려가 있기 때문에 기분이 나쁠 때에는 자녀를 대하는 것을 피하는 것이 좋다.

어머니의 기분이 나쁠 때 자녀를 대하면 기분이 나쁜 어머니를 대하는 자녀들도 기분이 나빠질 수밖에 없다. 자녀들의 어머니에 대한 기분 나쁜 감정은 자녀들의 성장에 독이 된다. 어머니가 발산하는 독을 맞으며 커야 한다는 것이다.

이러한 아이는 언제나 기분 나쁜 느낌 속에 어머니를 원망하고 자신을 원망하고 세상을 원망하는 아이가 된다. 부정적인 자기 이미지를 가지게 된다는 것이다.

자신에 대한 부정적인 이미지를 가지게 된 자녀는 이 세상의 모든 것을 부정적으로 느끼고 판단하고 행동하는 경향이 있다.

자녀의 자기 자신에 대한 부정적인 느낌은 어머니의 기분 나쁜 태도에서 비롯된 것이지만 결과적으로는 어머니의 기분 나쁜 태도에 의해서 만들어진 자녀의 느낌이 그 자녀가 평생 가지고 살아야 하는 성격이 되기 때문에 어머니의 기분 나쁜 태도는 자녀에게 백해무익한 결과를 가져오는 것 이외의 어떠한 의미도 가지지 않는다. 어머니의 기분 나쁜 태도가 자녀의 기분 나쁜 태도를 만들어 낸다는 것을 알 수 있다. 어머니가 자녀의 성격을 만들어 준다는 것이다. 기분 나쁜 어머니는 기분 나쁜 자녀의 성격을 만들고 기분 좋은 어머니는 기분 좋은 자녀의 성격을 만든다는 것이다.

어머니도 인간인 만큼 기분이 좋을 때도 있고 기분이 나쁠 때도 있다. 사람은 모두가 다 경우에 따라서 기분이 나쁠 수도 있고 기분이 좋을 수도 있는 분위기에 예민한 마음을 갖고 있기 때문이다.

그러나 기분은 인간이 다스릴 수 있는 것이다. 정말 기분을 다스리고자 하는 마음을 가지고 있다면 그 기분은 얼마든지 다스려 질 수 있는 속성을 가지고 있기 때문이다.

기분은 애시당초 태어날 때부터 가지고 태어나는 것이 아니고 태어난 이후에 성장하면서 어머니와의 관계 속에서 배운 것들이기 때문에 배운 것을 잘못 배웠다면 고쳐야 하는 것이고 또 배운다는 자체는 새로운 것을 습득하여 자기의 것으로 만든다는 뜻을 가지고 있다. 그렇기 때문에 잘 못 배운 후에 잘못 배운 것과 관련된 새로운 것을 또 배운다면 잘못 배운 먼저 것을 버리고 새롭게 배운 지금의 것을 살리면 된다. 그렇게 되면 잘못된 옛날의 느낌들은 사라지고 새로운 느낌들이 잘못되어 사라지게 된 옛날의 잘못된 느낌의 자리에 쌓이게 된다. 그 때부터 그 사람은 만사에 좋은 느낌을 갖는 사람이 된다.

항상 기분 나쁜 표정을 짓고 기분 나쁜 행동을 예사로 하는 자녀를 좋아하는 부모가 없다. 기분 나쁜 표정과 행동을 예사로 하는 자녀들은 그 자녀들이 기분 나쁜 표정과 행동을 예사로 하는 것처럼 기분 나쁜 표정을 예사로 지어 보이고 기분 나쁜 행동을 예사로 하는 어머니와 함께 자라는 자녀들이다.

어머니의 표정이 부드럽고 행동이 상냥하다면 그러한 어머니 밑에 표정이 무섭고 행동이 거친 자녀가 자라지 않는다.

행동이 거친 자녀의 어머니를 보면 하나 같이 거친 행동을 하는 어머니들이다. 행동이 거친 아이가 있다면 그 아이의 어머니의 행동을 자세히 살펴 보라. 그리고 얼마나 많이 그 자녀가 그 어머니를 닮았는가를 찾아 보라. 아마도 거의 판에 박은 듯이 비슷한 행동을 발견할 수 있게 될 것이다.

표정이 무섭고 아니면 냉정하고 행동이 거친 자녀를 기르는 어머니는 행복하지 못하다. 만일 표정이 차갑고 행동이 거친 자녀를 기르는 어머니 중에 행복한 어머니가 있다면 나서 보라. 아마도 나설 어머니가 하나도 없을 것이다.

반면에 행복한 자녀를 기르는 어머니 중에 행복하지 않은 어머니가 없다. 사랑스러운 자녀를 기르는 어머니는 어머니 자신이 사랑스러운 어머니이다.

사랑도 배워서 가지게 되고 미움도 배워서 가지게 된다. 어머니가 자녀를 기르면서 자녀를 얼마나 많이 사랑했는가? 아니면 얼마나 많이 미워했는가의 정도에 따라 자녀의 인간 됨됨이가 결정되고 자녀의 인간 됨됨이는 그 자녀를 기른 어머니의 운명을 결정해 주는 어마어마한 위력을 가지고 있다. 그럼에도 불구하고 우리 어머니들은 어떻게 자녀를 길러야 부드럽고 순하고 자기가 해야 할 일을 스스로 찾아서 할 수 있는 아이가 된다는 것을 모르는 상태에서 자녀를 기르기 때문에 온갖 어려움을 겪게 된다. 이러한 결과가 무자식 상팔자라는 어이없는 속담을 만들어 내게 했고 많은 어머니들이 때때로 이러한 말을 읊조리며 자신의 운명을 한탄하는 것을 본다.

자녀를 기르는 것은 운명을 한탄하기 위해서 자녀를 기르는 것이 아니다. 자녀를 기르는 것은 어머니 자신을 위해서 자녀를 기르는 것이기 때문에 어머니가 기르는 그 자녀는 분명 귀엽고 사랑스럽고 자랑스러워야 한다. 귀엽고 사랑스럽고 자랑스러운 자녀를 기르고 싶다면 어머니 자신부터 먼저 귀엽고 사랑스럽고 자랑스러운 어머니가 되어야 할 것이다. 그리하여 어머니의 노여움과 어머니의 미움과 어머니의 저주를 받고 자라는 아이가 없게 하고 어머니의 귀여움과 어머니의 사랑 그리고 어머니의 존경을 받고 자라는 아이가 되게 하여 그 아이 자신의 인생이 귀엽고 사랑스럽고 존경을 받게 되었을 때 어머니는 어머니로서 그 아이를 기른 보람과 긍지를 느끼게 될 것이다.

 절대자의 변(辯)

지구촌의 포유동물 가운데 인간처럼 무력하게 태어나는 동물이 없고 양육과정이 길고 복잡한 것도 없다. 그렇기 때문에 어머니는 아이 기르기에 많은 에너지를 소모한다.

시간과 에너지를 많이 요하는 아이 양육과정이 답답할 것 같지만 전혀 그렇지 않다. 오히려 요구가 없고 해 주는 대로 가만히 있기 때문에 부담이 되지 않고 편안하다 못해 행복하기까지 하다.

아이가 어렸을 때 어머니가 아이를 돌보는 일은 어머니가 아이의 자아로서 기능을 하는 것이다. 자아(ego)는 인간심리가 가지고 있는 세 가지 심리기제의 하나로서 현실과의 거래를 결정하고 실행에 옮기는 굉장히 중요한 심리기제이다. 아이의 이러한 자아 역할을 양육자인 어머니가 대신한다. 어머니가 아이를 돌보는 것이 바로 아이의 자아 역할을 한다고 하는 것이다.

아이의 삶과 성장을 위해서 아이를 돌봐야 하는 어머니는 아이에게 있어서 가장 중요한 존재가 된다. 자아의 기능이 중요한 만큼 아이의 자아 역할을 하는 어머니가 중요할 수밖에 없다.

어머니는 어머니가 마치 아이의 자아(ego)인 것처럼 아이의 삶을 관리하고 성장을 돕고 편안함과 만족감을 제공한다. 그렇기 때문에 어머니처럼 아이를 위해서 귀중하고 막강한 힘을 행사하는 사람은 없다고 할 수 있다.

그럼에도 불구하고 많은 어머니들이 어머니의 존재가 아이에게 얼마나 중요한가를 알지 못하고 기분 내키는 대로 아이를 양육하기 때문에 아이가 성장하는 과정은 천태만상이다. 자아의 원형이 결정되는 시기에 어머니가 아이를 아무렇게나 다룬다면 그 아이의 자아는 어머니가 아이를 함부로 대한 것처럼 자신을 함부로 대하는 자아를 가지게 된다. 이러한 자아는 반사회적 자아 혹은 정신병적 자아가 되어 아이의 일생을 비참하게 할 수 있다.

아이는 언제나 부드러운 손길로 아이를 만져주는 어머니를 원하고 배가 고플 때에는 오래 기다리지 않게 하고 금방 젖을 주는 어머니를 원한다. 그뿐만이 아니라 편안한 상태에서 즐거움을 느낄 수 있게 해주는 어머니를 원한다. 아이는 다만 어머니가 무엇인가를 해 주기를 원할 뿐 그것을 어떻게 해주었으면 좋겠다는 의사표현을 하지 않는다. 할 수 없기 때문에 하지 않을 뿐 느낌마저 없는 것은 아니다.

사실상 어머니 자신이 아이가 아니기 때문에 아이가 무엇을 원하는지 원하는 것을 정확하게 이해하고 원하는 것을 원하는 시간 안에 원하는 만큼 줄 수 있다는 것은 불가능하다. 용전(容傳=containment)이 불가능하다는 뜻이다. 불행한 일이다.

어머니는 언제나 어머니의 느낌이 시키는 대로 혹은 짐작에 의해서 "아이가 이런 것을 원하겠지" 하는 막연한 추측을 가지고 아이가 필요한 것을 공급한다고 생각하고 공급한다. 그렇기 때문에 어머니가 공급해 주는 것에 대해서 아이는 만족할 수도 있고 만족하지 않을 수도 있다.

그러나 아이는 이러한 것을 제대로 표현할 수 없기 때문에 구체적으로 어머니에게 "이것은 이렇게" "저것은 저렇게" 해 달라는 요구를 할 수 없다. 다만 어머니의 처분에 맡길 뿐이다.

출생 초기의 아이는 하루 종일 잠만 자기 때문에 아무 것도 모르는 바보스러운 존재로 생각할 수도 있다. 그러나 아이는 바보가 아니다. 하루 종일 잠을 자는 것은 새로 태어난 세상에 적응하기 위한 준비를 하는 과정으로서 마음속에 온갖 느낌들을 정리하면서 어떻게 하면 이 세상을 바르게 살아갈 수 있을 것인가를 궁리하는 시기이다. 이 때의 아이는 정신 상황이 최소한으로 간단하기 때문에 외부에서 오는 자극과 내부에서 느껴지는 자극에 고도로 민감하다.

이 때처럼 좋고 나쁜 것을 분명하게 가려내어 좋은 것은 자기 것으로 만들고 나쁜 것은 밖으로 내쫓아 버리는 엄격한 통제 속에 사는 경우가 없다. 출생 초기에 아이가 느끼는 좋은 것은 평생을 두고 잊지 못할 좋은 것으로 마음속에 새겨지고 나쁜 것 또한 나쁜 것으로 그렇게 새겨진다.

출생 초기에 아이가 느끼는 좋고 나쁜 느낌들이 모여서 성격이라고 하는 거창한 정신내부의 재산을 쌓아 둘 아성을 구축하기 때문에 출생 초기에 느끼는 감정처럼 평생을 두고 그 아이의 삶에 지대한 영향을 미치는 것은 없다. 이러한 아이의 느낌이 어머니라고 하는 양육자에게 의존하고 있다고 생각할 때 어머니의 역할이 얼마나 중요한가를 짐작하게 한다.

이러한 사실이 아이의 마음속에서 끊임없이 진행되고 있다는 사실을 모르는 어머니들은 아이는 아이이니까 어머니가 마음대로 해도 된다는 생각으로 아이들을 함부로 대하는 경우가 있다.

어렸을 때 아이를 귀하게 여기지 않고 혹은 귀하게 여긴다고 하더라도 함부로 대하는 경우가 있다면 그 어머니는 그 아이를 평생 함부로 대하게 된다. 아이가 어렸을 때 그 아이를 함부로 대한 어머니는 그 버릇을 평생 버리지 못한다. 그리고 그 아이만은 언제나 함부로 대한다.

아이를 소중하게 대하는 어머니에 의해서 양육된 아이와 아이를 함부로 대하는 어머니에 의해서 양육된 아이의 성격차이는 상상을 초월할 정도로 크게 다르다. 어머니에 의해서 귀하게 자란 아이는 평생을 귀한 존재로서 살게 될 것이고 아이를 함부로 대하는 어머니에 의해서 양육된 아이는 평생을 통해서 그의 인생을 함부로 살게 된다. 만일 귀하게 자란 아이가 성공을 보장받는다면 천박하게 자란 아이는 실패를 보장받는다.

아이가 자라서 성공하고 실패한 것은 출생 초기의 어린 시절을 어머니와 함께 어떻게 보냈느냐와 직결된다. 그러나 아이의 마음대로 아이의 인생을 살 수 없는 출생 초기의 어린이는 성공하는 인생을 살기 위해 필요한 모든 것을 가지고자 하지만 아이가 가지고자 한다고 해서 갖게 되는 것은 아니다. 아이는 다만 어머니가 주는 것을 받을 뿐이다.

싫든 좋든 아이는 어머니가 주는 것을 받지 않으면 아니 된다는 것이다. 아이는 어떤 것은 받고 어떤 것은 받지 아니하고의 선택이 없다. 아이가 할 수 있는 일이라면 받아서 간직하는 것과 받아서 버리는 정도 일뿐이다. 그 이외의 다른 일은 전혀 할 수 없는 것이다.

아이는 손발이 있되 손발을 마음대로 사용하지 못한다. 아이가 아이의 손발을 스스로 사용할 수 있게 될 때까지 어머니는 아이의 손발이 되어 아이를 돕는다. 아이의 자아의 역할을 한다는 것이다.

아이가 성장하면서 점차적으로 스스로의 손발을 사용할 수 있게 되었을 때 아이는 자기가 할 수 있는 만큼의 일을 스스로 하기를 원한다. 손발이 있다는 것을 증명하고 싶고 그리고 그것을 유효 적절하게 사용하고 싶다.

이 때 양육자인 어머니가 해야 할 일은 전처럼 모든 일을 어머니가 해 주는 대신에 아이가 할 수 있는 만큼의 일은 아이가 하도록 허용하고 어머니는 아이가 할 수 없는 일만을 해주는 것으로서 아이의 성장을 도우면 된다.

그리하여 결과적으로 아이 스스로 자기의 일을 자기가 할 수 있게 되었을 때는 어머니는 모든 것을 아이에게 양도하고 아이 스스로 하고 싶은 일과 해야 할 일을 할 수 있도록 허용해 주는 아량을 베풀어야 한다. 아이가 할 수 있는 일을 할 수 있도록 허용하는 아량을 베풀어야 한다는 말은 아이가 할 수 있는 일인데도 불구하고 어머니가 대신해서 아이의 일을 해주려고 하는 일을 삼가 해야 한다는 뜻이다. 만일 아이가 해야 할 일과 할 수 있는 일을 아이 스스로에게 알아서 하도록 허용하지 않고 어머니가 예전처럼 아이의 손발이 되어 아이를 위해서 모든 일을 다 해준다면 아이의 손발이 할 수 있는 능력을 죽이는 결과를 가져온다. 그렇기 때문에 가능한 한 어머니는 아이가 할 수 있는 일을 대신해서 해주면 안된다.

오랫동안 아이의 손발이 되어 아이를 도와주던 어머니는 어느 날 갑자기 아이의 능력이 개발되어 자기의 손발을 가지고 자기에게 필요한 일을 할 수 있게 되었다는 것을 발견하고 깜짝 놀란다. 그리고 많은 어머니들이 그에 대해서 알 수 없는 이상한 위협 같은 것을 느낀다. 이는 곧 어머니의 도움이 아이에게 필요 없게 되었다는 것을 발견하고 더 이상 아이를 도울 수 없다는 것에 대한 심한 좌절감에 실망한다고 한다. 아이가 커서 아이 자신의 일을 혼자 알아서 할 수 있게 되면 반갑고 좋아야 하는데 어머니들은 이에 대해 실망을 한다고 하니 알다가도 모를 일이다.

아이의 능력이 개발된 것을 알게 된 어머니는 아이를 위해서 해 줄 수 있는 일이 별로 없게 되었다는 것을 느끼면서도 이를 인정하지 않으려 하는 강한 저항을 보인다. 그리고 아이가 알아서 하려는 것을 하지 못하도록 저지하고 어머니가 지금까지 해 온 것처럼 아이의 수발을 계속해서 들려고 하는 강한 욕구를 보인다.

이러한 어머니의 태도는 아이에게 하나의 스트레스로 받아들여진다. 그리하여 아이 또한 어머니에게 저항하는 행동을 보이는 것으로서 자립심을 확보하려는 강한 욕구를 나타낸다. 이러한 결과는 어머니와 아이 사이에 갈등이라고 하는 불미스러운 심리현상을 만들어낸다.

어머니의 요구에 대한 순응은 대개 두 가지 형태로 나타난다. 그 하나는 자기의 주장을 완전히 없애고 무조건 어머니의 요구에 복종함으로서 어머니와의 갈등을 없애는 것이고, 다른 또 하나는 사사건건 어머니의 요구에 저항함으로서 갈등의 일정한 수준을 유지하는 것이다. 순응의 원리가 복종 아니면 저항을 필요로 하기 때문이다. 그러니까 복종하는 것도 순응하는 것이고 저항하는 것도 순응하는 것이라는 뜻이다.

어머니의 요구에 대해 복종하는 것으로서 순응하는 것은 어머니의 의식이 요구하는 것에 대한 순응이고 저항하는 것으로서 순응하는 것은 어머니의 무의식에 순응하는 것이다.

그렇기 때문에 어머니가 쏜 요구라는 화살은 두 마리 중의 한 마리 토끼를 잡게 되어 있다. 복종하는 토끼가 아니면 저항하는 토끼 중의 한 마리를 잡게 되어 있다.

어떠한 이유에서 잡힌 토끼는 억울하다. 복종을 하는 아이도 억울하고 저항을 하는 아이도 억울하다.

이 말은 어머니가 요구를 안 했다면 그러니까 화살을 쏘지 않았다면 복종이라는 태도로든 아니면 저항이라는 태도로든 순응이라는 이름으로 잡혀야 할 필요가 없었을 텐데 어머니가 요구라는 이름의 화살을 쐈기 때문에 아이는 어머니가 쏜 화살에 맞아 쓰러져야 한다. 잡혀야 한다는 것이다.

이는 곧 복종하는 것도 병이고 저항하는 것도 병이라는 것이다. 복종하는 병은 도덕방어라는 병을 갖게 하고 저항하는 병은 분열방어라는 병을 갖게 한다. 도덕방어와 분열방어 모두는 현실을 착각하게 하고 하나의 대상을 둘로 나누어 느끼게 하는 일종의 정신병이다. 그렇기 때문에 어머니의 요구는 그 요구가 어떠한 요구이든 부당하다고 할 수밖에 없다.

어머니의 부당한 요구에 의한 갈등은 아이의 창조력을 죽이고 어머니가 원하는 대로 어머니의 명령에 순응하는 아이가 된다. 이는 곧 복종과 저항 둘 중의 어느 하나를 택해서 행동하는 아이가 된다는 것이다.

이러한 현실은 설명할 필요가 없을 정도로 아이를 불행하게 만들고 결과적으로 어머니까지 불행하게 만드는 것이 일반적이다. 그렇기 때문에 아이가 성장하여 자율적으로 무엇인가를 할 수 있을 때는 반드시 아이의 자율성을 인정하고 아이가 원하는 것을 할 수 있도록 그냥 놓아두는 것이 아이를 위해서나 어머니를 위해서 좋은 일을 하는 것이라고 생각하면 틀림없다.

 ## 산고(産苦)와 현실

어머니는 왜 아이를 낳는가? 어머니는 가문을 위해서 아이를 낳는다. 어머니는 시어머니와 남편을 위해서 아이를 낳는다. 그리고 궁극적으로는 아이를 위해서 아이를 낳는다. 대부분의 어머니들이 아이를 낳는 이유가 있다면 그것은 앞에서 언급한 바와 같이 가문을 잇고 시어머니의 원을 풀어주고 부모의 비위를 맞추려고 하는 남편의 바람을 들어주기 위해서 아이를 낳는다. 뿐만 아니라 아이를 위해서 아이를 낳아 기른다고 생각하는 것이 어머니들의 일반적인 견해이다.

어머니가 아이를 낳아 기르는 이유 중에는 어머니 자신을 위해서 아이를 낳아 기른다는 것이 빠져있다. 이는 곧 우리 어머니들이 아이를 낳아 기를 때 자신을 위해서 아이를 낳아 기른다는 생각을 하지 않기 때문이다. 정말 어머니들은 어머니 자신을 위해서 아이를 낳아 기르는 것이 아니고 다른 사람들을 위해서 아이를 낳아 기르는 것일까?

어머니가 아이를 낳지 못한다면 대가 끊어지고 시어머니의 원을 들어주지 못하고 부모의 비위를 맞추려고 하는 남편의 바람을 져버리는 결과가 두렵고 무서워서 어머니들은 아이를 낳는 것일까? 만일 어머니들이 이러한 이유 때문에 아이를 낳는다면 아이를 낳는 어머니의 기분은 어떠할까? 행복할까? 보람을 느낄까? 아니면 남을 위해서 치러야 하는 고생이기 때문에 불행하고 억울할까?

어머니들이 어머니 자신이 아닌 다른 사람들을 위해서 아이를 낳아 기른다고 생각한다면 남을 위해서 아이를 낳아 기르는 마음이 과연 어떠할까? 혹시라도 어머니들이 아이를 낳아 기르면서 분하고 억울하지 않는 이유가 있다면 그것은 과연 무엇 때문일까? 시집을 온 남편 가정의 대를 잇는 것이 그렇게 중요한 것인가? 시어머니의 원을 풀어주고 부모의 눈치를 보는 남편의 바램을 들어준다는 것이 그렇게 소중한 것일까? 아니면 세상이 무엇인지도 모르고 태어난다는 것에 대한 생각도 없고 느낌도 없는 아이를 꼭 낳아야 하는 이유는 무엇일까?

아이를 낳아 기르는 어머니들은 이러한 명제에 대해서 한번쯤 생각해 볼만하다. 이러한 것을 한번도 생각해 보지 아니한 어머니가 있다면 차제에 한번쯤 생각해 볼만한 일이 아닐까 한다.

어머니가 아이를 낳는 이유가 많을 수도 있다. 그러나 어머니들이 생각하는 그 많은 이유들은 한낱 지엽적인 것에 불과하다. 어머니가 아이를 낳는 진정한 의미는 어머니 자신을 위해서 아이를 낳는 것이기 때문이다.

어머니 자신을 위해서 아이를 낳는다는 것은 어머니가 아이를 낳지 못하는 경우를 생각해 보면 알 수 있다. 아이를 못 낳는 여자 그 여자는 여자일 수는 있지만 결코 어머니일 수는 없다. 여자가 꼭 어머니가 되어야 한다는 이유는 없겠지만 대개 어머니가 되지 못하는 여자들의 생각은 어머니가 될 수 없다는 사실에 대해서 불행하게 생각한다.

경우에 따라서는 불행의 정도를 넘어서 비참한 생각과 느낌을 가지게 할 수도 있으며 세상을 살아가는 것에 대한 의미를 상실할 수도 있다.

어머니가 되지 못한다는 사실이 시가의 대를 잇지 못한다는 것과 직결되고 시어머니와 남편의 소망을 들어줄 수 없다는 것에 대한 좌절감이 어머니가 되지 못하는 여자의 마음을 비참하게 할 수도 있다. 그러나 이러한 것들은 별로 중요한 사안이 되지 못한다. 어머니가 되지 못하는 그 여자 자신의 신세와 관련된 문제가 더 중요하기 때문이다.

어머니가 되지 못하는 여자들은 주변의 많은 사람들로부터 수없이 많은 질문을 받는다. "아이는 왜 안 낳아요? 언제쯤 어머니가 될려고 그래요?" 이러한 질문이 감당할 수 없는 스트레스가 되어 그 여자를 정말 당혹하게 만들고 삶에 대해서 다시 한 번 생각하게 하는 동기를 가지게 한다.

아이를 낳는 여자들은 아이를 못 낳는다는 사실이 얼마나 당혹하고 비참하고 좌절스러운가를 모른다. 아이를 낳을 수 없는 여자의 입장에서만 이 사실을 통감할 수 있을 뿐이다.

아이를 낳는다는 일이 아이를 낳는 여자에게는 대수롭지 않는 일이 될 수 있다. 그러나 아이를 낳지 못하는 여자에게 있어서 아이를 낳는다는 사실은 세상을 주고 바꾸어도 괜찮을 만한 위대한 작업으로 인식될 수도 있는 일이다.

아이를 낳는다는 일이 그래서 위대한 과업이 되고 그 과업은 결과적으로 아이를 낳는 어머니 자신을 위한 일이 되는 것이다. 아이를 낳는 어머니들은 아이를 낳을 수 있다는 사실에 대한 감사를 스스로에게 표현할 필요가 있다. 그리고 나아가서는 어머니가 낳은 자녀들에게 또한 감사하게 생각해야 할 여지가 있다.

이러한 맥락에서 아이를 관조해 보았을 때 아이는 여러 측면에서 어머니를 보살피고 어머니를 위하는 존재가 된다.

어머니의 일생을 어머니로서 보낼 수 있도록 해 주는 것이 아이들이다. 어머니로서의 일생이 행복하든 불행하든 어머니가 되었다는 사실이 그 어머니에게 얼마나 다행스러운 일인가를 알아야 한다. 그리하여 아이들의 존재를 귀히 여기고 내가 아이들을 통해서 얻은 만큼 아이들에게 아이들이 원하는 사랑을 줄 수 있어야 한다.

먼 날 아주 먼 옛날에 그러니까 20년도 훨씬 더 넘은 옛날에 필자가 디트로이트(Detroit)에 있는 인터네셔날 인스티튜션에서 임상사회사업가로 일하고 있을 때 어머니가 되고 싶어하는 간절한 소망을 가진 미국 부인을 만난 일이 있다. 그 미국 부인은 23살에 결혼하여 34살이 될 때까지 자기의 아이를 낳아 보려고 갖은 방법을 다 동원해 보았지만 끝내 아이를 낳을 수 없다는 의사의 최종 선고가 내려지고 결국 그 미국 여자는 아이를 낳으려는 욕심을 포기하게 되었다.

그래도 아이가 갖고 싶었던 미국 여자는 생각에 생각을 거듭하다가 예쁘고 잘 생긴 아이를 입양을 한다면 아이를 낳아 기르는 것만 못하겠지만 그래도 아이를 기르는 재미를 볼 수 있을 것이라는 생각에 입양을 결심했다.

입양을 결심한 후 그 여자는 주(洲) 정부의 사회복지국에 입양신청을 하고 필요한 수속을 밟았다. 남편과 본인이 입양한 아이를 기를 수 있는 건강한 정신을 가지고 있는가를 알아보기 위한 복잡한 심리검사를 받게 되었고 재정조사를 받았으며 직장의 확실성에 대한 조사를 받았다. 그리고 그 미국 여자가 살고 있는 동네의 이웃환경에 대해서도 조사를 받았다. 조사를 받은 모든 것이 좋다는 적격판단이 내려진 후 입양에 대한 상담을 했다. 그때 이 미국 부인은 아연실색하지 않을 수 없었다. 그도 그럴 것이 그 미국 여자가 입양하기를 원했던 아이는 미국 아이로서 파란 눈에 노란 머리카락을 가진 갓난 아이였다. 그런데 그러한 아이를 입양하려면 입양을 신청한 날로부터 17년을 기다려야 한다고 했다. 17년을 기다려야 하는 이유는 파란 눈에 노란 머리칼을 가진 갓난아이를 입양하려고 입양신청을 해 놓은 사람들이 17년이 지나야 겨우 아이를 안아 볼 정도로 많았기 때문이었다.

생각다 못한 이 미국 부인은 한국에서 입양을 하면 어떨까 생각하고 수소문을 했다. 그리고 그 미국 여자는 한국 아이를 입양할 계획으로 필자를 찾아오게 되었다.

필자를 찾아온 이 미국 부인은 왜 그렇게도 입양을 하는 일이 다급했든지 당장 입양을 해야 한다고 하면서 그 절차에 대한 내용을 말해 달라고 했다. 한국에서 아이를 입양하더라도 역시 미국 아이를 입양하는 것과 같이 주(洲) 정부의 사회복지국에 가서 외국 아이 입양신청을 해야한다고 말하자 그 여자는 또 한번 아연실색했다.

한국 아이를 입양하는데도 미국 아이를 입양하는 것처럼 17년이나 되는 긴 세월을 기다려야 한다면 아이를 입양하기도 전에 아이를 기르고 싶은 간절한 소망 때문에 말라죽겠다는 말을 하면서 눈물을 머금었다.

그러나 규칙이 규칙이었던 만큼 아이를 입양하는 일이 아무리 다급하다고 할지라도 주 정부에서 제정해 놓은 입양아 법칙에 따라서 입양을 해야 하기 때문에 주(洲) 사회복지국으로 가지 않을 수 없다는 사실을 간곡하게 얘기했을 때 그 미국 부인은 아무리 오랜 세월이 걸린다고 할지라도 한국 아이를 입양해 보겠다는 결심을 하고 주정부 사회복지국으로 한국 아이 입양 가능성을 타진하러 갔다.

그 미국 부인이 주 정부 사회복지국에 갔을 때 담당자는 다음과 같은 말을 했다고 했다.

"여자가 자기 아이를 낳는데도 임신을 해야 하고 임신 후 280일 동안을 뱃속에서 길러야 하고 기른 후에는 상상을 초월하는 진통을 겪으면서 그 아이를 분만해야 하는데 남이 낳은 아이를 입양하는데 당장 아이를 가져다가 기를 수 있겠느냐? 그러니까 입양을 하려거든 외국 아이 입양신청을 다시 내고 결재가 난 후에 어떤 아이가 입양이 될 것이라고 정해진 날로 부터 만 1년간을 기다려야 정해진 그 아이를 안아볼 수 있게 될 것이라는 말을 했다"고 했다.

이러한 말을 들은 미국 부인은 입양 신청 후에 최소한 1년 이상을 기다려야 한다는 말을 듣고 실망을 했지만 어떠한 일이 있더라도 아이를 입양해서 길러야 한다는 생각 때문에 한국 아이 입양을 신청하기에 이르렀다. 입양 신청 후 다시 심리검사와 재산검사, 이웃환경조사, 직장의 확실성 조사를 마치고 입양할 자격이 있다는 판정이 내려졌다.

그리고 한 달쯤 후에 그 미국 부인은 한국에서 보내온 아이 사진을 한 장 건네 받았다. 그 사진을 보고 그 미국 부인은 이 아이가 내가 입양할 아이 로구나 나도 이제 1년만 더 기다리면 어머니가 되는구나 하는 생각을 하면서 가슴 밑바닥에서 넘쳐 흐르는 눈물을 흘렸다고 했다. 그리고 그 후 1년, 참으로 긴 세월을 기다렸다. 인고의 세월이었다.

한국에서 앞으로 3개월 후에 아이가 미국에 도착할 것이라는 소식을 전해 받고 그 부인과 남편은 매일 같이 밤잠을 설치며 한국에서 올 아이를 기다렸다. 3개월이라는 세월은 너무 길고 너무 답답하고 그래서 미칠 것 같은 느낌을 안겨준 세월이었다. 그 동안에 이들 부부는 필자에게 수없이 전화를 했고 그리고 찾아와서 한국 아이에 대한 이야기를 했다.

이 사람들의 입양할 날이 가까워 오면서 이들은 정말 한국 사람이 되어갔다. 한국 역사를 공부하고 한국 문화를 공부하고 한국말을 배웠다. 옆에서 지켜본 이들의 노력은 참으로 눈물이 날 정도로 감격스러웠다. 급기야 아이가 도착하는 날이 되었다. 이들 부부의 간곡한 청을 뿌리칠 수 없었던 필자는 이들이 원하는 대로 아이가 온다는 시각에 공항으로 아이를 마중 나갔다.

공항에서 만난 이들은 정말 초췌해 보였다. 얼마나 긴장이 되었든지 그들은 말도 제대로 하지 못했다. 필자를 쳐다볼 때마다 그들의 눈에는 눈물이 고였다. 스피커에서 한국에서 출발한 비행기가 도착했다는 안내방송이 들려왔다. 이 때 그들은 반가움에 눈물을 흘리며 몸을 부들부들 떨었다. 아이를 입양한다는 사실이 이토록 대단하다는 것을 실감나게 했다. 복도에 하나 둘 한국에서 온 여행객이 보이기 시작했다. 이들 부부는 숨을 쉬기에도 어려울것 같은 긴장 속에 아이가 나타나기를 기다리고 있었다. 결국 한국에서 입양을 온 아이들이 나타났다. 아이들의 이름이 호명되고 그 양부모들의 이름이 불려졌을 때 그들은 정말 소나기 같은 눈물을 흘리며 호명된 이름의 짝을 찾아 발을 옮겼다. 그 아이 앞에 선 이 미국 부부는 그냥 아이를 안으려고 했다. 반가워서 그냥 아이를 안으려고 했다.

그러나 얼굴이 다르고 말씨가 다르고 머리 색깔이 다른 미국 양부모에게 한국에서 입양을 온 아이가 선뜻 안길 까닭이 있겠는가? 결국 그 입양아를 에스코트(데리고 온 사람)해 온 한국 학생으로부터 필자가 그 아이를 인수받아 달래고 또 달래고 했지만 그 아이는 막무가내로 울기만 했다. 그리고 겁에 질린 목소리로 "나 아저씨 따라 갈래요. 저 미국 사람 싫어요"라는 말을 하며 계속 울어댔다. 어쩔 수 없었던 필자는 그 아이를 안고 입양부모의 집에까지 가게 되었다.

집에 도착했을 때 그 양부모들은 아이가 오면 먹일 것이라고 식탁 위에 하나 가득히 음식을 차려 놓았다. 긴 여행에 시달린 4살밖에 되지 않은 아이가 그 많은 음식을 어떻게 먹겠으며 먹을 수 있었겠는가? 이러한 사실마저 생각할 수 없었던 양부모는 어쩌면 그 때 이성을 잃은 사람들이었을지도 모른다는 생각을 하게 했다. 아이가 집에 도착한 이후 피곤해서 잠이 들 때까지 그 곳에 있다가 겨우 그 집을 빠져 나온 필자는 그 후 며칠이 지난 후에 그들 양부모로부터 전화 연락을 받았다.

전화 속에 그들의 목소리는 행복에 떨렸고 필자에게 고맙다는 말을 수없이 했다.

그리고 세월이 지났다. 한국에서 입양되어 온 아이는 잘도 자랐다. 씩씩하고 착한 아이로 자랐다. 옆에서 보기에도 고마울 정도로 잘 자랐다. 그 후 일년 반이 지나갈 무렵에 그 양부모로부터 전화를 받게 되었다. 그들이 필자에게 전화를 하게 된 것은 목매 간에도 그리워하던 그들 자신의 아이를 임신하게 되었다는 것이었다.

한국에서 아이를 입양한 게 그들은 또 다른 하나의 아이 그러니까 자신들의 아이를 임신하게 되었고 그 후 건강한 여아를 출산하게 되었다.

남매를 기르면서 행복해 하는 이들 부부를 볼 때마다 여자가 어머니가 되고 남자가 아버지가 된다는 사실이 얼마나 소중하고 귀하고 위대한가를 느꼈다.

이 세상에 사는 모든 여자는 어머니가 되어야 한다. 어머니가 되어야 그 여자는 행복한 여자로서 일생을 살 수 있다. 양육하는 아이가 선하든 선하지 못하든 공부를 잘하든 잘하지 못하든 아이의 어머니가 된다는 사실은 참으로 위대하고 보람된 일이다.

아이를 낳아 기르는 한국의 어머니들에게 말하고 싶다. 아이를 낳을 수 있었다는 스스로의 능력에 감사하고 내 아이가 된 자녀들에게 감사하는 마음으로 아이를 길렀으면 좋겠다는 말을 하고 싶은 것이다.

 ## 태교의 의미

옛날부터 태교는 이렇게 하는 것이 좋다느니 저렇게 하는 것이 좋다느니 말이 많다. 그런가 하면 태교에 대해서 전혀 가치를 부여하지 않는 사람들이 있다.

필자 또한 오랜 세월동안 태교의 의미가 있는가? 아니면 전혀 의미가 없는 무용지념(無用之念)인가에 대해서 생각해 왔다. 태교 그 자체가 어머니의 자궁 속에 들어있는 아이에게 직접적인 영향을 미치는가? 아니면 미치지 않는가에 대한 것을 생각해 보았다기 보다는 태교를 하는 어머니의 마음가짐에 대해서 많은 것을 생각해 보았다는 것이다.

태교가 아이에게 직접적인 영향을 미치는가, 미치지 않는가? 이에 대해 구체적으로 아는 사람이 없다. 왜냐하면 태교의 영향력에 대해서 물어볼만한 대상이 없기 때문이다.

태교를 하는 어머니에게 태교의 효과에 대해서 물어본다고 할지라도 그에 대한 답을 할 수 없다. 어머니 자신도 그 효과를 모르니까 물어보나 마나다.

혹시라도 태교를 받은 아이에게 태교의 효과에 대해 물어 볼 수 있다.

아이 자신이 이에 대한 답을 한다면 정확한 답을 얻어낼 수 있다. 그러나 말을 할 수 없는 뱃속의 아이에게 무엇을 물어 보겠다는 것인가?

그래서 태교는 수 백년 아니 수 천년 동안 신비의 베일 속에 쌓여 있었다고 할 수 있다. 그래서 지금까지 태교와 관련된 효과에 대한 추론만이 무성할 뿐 정말 그 태교와 관련된 효과를 과학적으로 분석하여 증거를 제시한 연구가 전혀 없다.

그럼에도 불구하고 필자는 태교를 중요시하는 사람 중에 하나이다. 필자가 태교를 중요시하는 이유는 태교 그 자체가 직접 아이에게 미치는 어떤 영향이 있을 것이라는 가정에서가 아니다. 아이를 잉태한 어머니가 아이의 건강과 아이의 명석함과 아이의 장래를 생각하는 간절한 마음이 태교 속에 들어있다는 것 때문에 태교를 중시한다.

태교의 중요성은 아이의 됨됨이를 어머니가 원하는 대로 만들어 주는 어떤 마술적인 힘을 가지고 있기 때문이 아니다. 태교 속에는 어머니가 아이를 귀중하게 생각하는 마음과 귀중하게 생각하는 그 마음을 가지고 아이가 태어난 다음에 아이를 귀중하게 대할 수 있다는 것에서 태교의 의미가 지대하다고 생각한다.

그러니까 태교는 아이를 잉태한 어머니가 아이를 출산한 후에도 태교를 할 때처럼 정성스럽게 아이를 기를 수 있는 준비를 하는 과정이라는 점에서 그 중요성이 인정된다는 것이다. 그래서 태교를 열심히 하고 아이를 낳아 기르는 어머니와 태교를 전혀 하지 않고 아이를 낳아 기르는 어머니 사이에는 아이를 기르는 방법과 아이를 생각하는 느낌에서 많은 차이가 있을 것이라는 것이다.

이러한 필자의 가설이 맞든 맞지 아니하든 크게 상관할 필요가 없다. 다만 어머니가 아이를 양육하는데 있어서 필요한 것은 정성을 다해서 성심성의껏 아이의 성장을 보살펴 줄 수 있는 어머니의 마음만 있다면 그것으로서 모든 문제가 해결될 수 있다고 생각하는 것이 필자의 견해이기 때문이다.

모든 어머니들이 태교를 하는 것은 아니다. 어머니들 중에는 태교를 하는 어머니와 태교를 하지 않는 어머니 그리고 태교를 하지 못하는 어머니가 있다. 태교를 하는 어머니는 태교를 할 수 있을 만큼 마음의 여유가 있는 어머니이고 태교를 하지 않는 어머니는 태교를 할 마음의 여유가 없을 정도로 인생을 각박하게 사는 어머니이거나 아니면 태교가 무엇을 의미하는 지도 모르는 어머니일 수도 있다. 그리고 태교를 하지 못하는 어머니는 태교 그 자체에 대해 별다른 가치를 부여하지 않는 어머니일 수도 있다.

태교를 할 마음의 여유를 가진 어머니는 어머니로서 아이를 길러야 할 장래에 대해 부푼 기대를 가지고 있는 어머니일 수도 있고 즐거운 마음으로 아이가 출생하기를 기대하는 어머니일 가능성이 높다. 태교를 할 마음이 없는 어머니는 임신에 대해 그렇게 중요한 의미를 부여하지 않을 수도 있고 출산에 대한 기대가 없을 수도 있다. 태교를 하지 못하는 어머니는 원하지 않았던 임신을 했기 때문에 아이의 출생이 불안하고 걱정스러울 수도 있다.

자기가 임신을 했다는 사실에 대해 자랑스럽게 생각하고 임신 그 자체를 즐거워하는 어머니는 자연스럽게 태교를 할 수 있다. 태교를 하는 어머니는 임신에 대한 불편함이나 불행함이 없는 어머니이다. 이러한 어머니는 임신 중에 일반적으로 갖게 되는 입덧이라고 하는 불편한 신체증상을 갖지 않는다. 임신과 관련된 행복한 느낌이 입덧이라고 하는 견디기 어려운 증상을 갖지 않아도 되게 하기 때문이다.

임신에 대해서 관심이 없는 어머니나 임신 그 자체를 불행하게 생각하는 어머니는 상상을 초월할 정도로 심한 입덧을 한다. 입덧을 많이 하는 어머니는 아이가 출산할 때까지의 삶이 고통스럽다. 밥을 먹지 못하고 계속 구역질을 하고 밥 냄새만 맡아도 창자 밑바닥의 물까지 다 토해내야 하는 고통을 겪어야 한다. 이러한 고통을 겪어야 하는 어머니가 임신에 대해서 긍정적인 생각을 갖는다는 것은 있을 수 없는 일이다. 어떤 일로든 의식적으로 고통받기를 좋아하는 사람은 없기 때문이다. 혹시 무의식의 세계에서라면 모르겠지만….

임신의 고통이 결과적으로 뱃속에 들어있는 아이를 원망하게 하고 경우에 따라서는 증오하게 한다. 임신에 대한 부정적인 느낌이 아이를 밴 어머니와 뱃속에 든 아이와의 관계를 비정상적으로 형성하게 할 수 있다는 것이다. 이러한 어머니는 태어나지도 않은 아이를 원망하고 경우에 따라서는 저주하는 경우도 있다.

입덧을 하고 하지 아니하고는 임신을 한 어머니의 심리적인 건강과 밀접한 관계가 있다. 심리적으로 건강한 어머니가 잉태했을 때에는 잉태 자체를 중요하게 생각하고 자녀를 생산할 수 있다는 사실이 여성으로서 최대의 기능을 하고 있다는 사실을 인식하기 때문에 임신을 자랑스럽게 생각한다.

정신적으로 건강하지 않은 어머니가 임신했을 때 임신은 원망스럽고 저주스러운 것이다. 이러한 어머니는 일반적으로 자신이 이 세상에 태어나게 된 것까지를 원망하고 저주하는 어머니이다.

남편과의 관계가 좋지 않으면 시어머니와의 관계도 좋지 않다. 뿐만 아니라 그러한 부인 혹은 며느리는 어린 시절 성장 과정에서 겪었던 친정어머니와의 관계가 원만하지 못했던 것이 원인이 될 수 있다.

입덧은 하나의 심리적인 유전이기도 하지만 입덧을 갖게 한 임신 당시의 정신적인 분위기가 대부분의 원인이 된다. 성장하면서 친정어머니로부터 입덧에 대한 불평을 많이 들은 딸은 결혼한 후에 임신이 되었을 때 입덧을 심하게 하는 경우가 있다. 그것은 임신 자체를 부정적으로 생각했던 어머니의 임신에 대한 생각을 그대로 이어받은 것에 있다. 임신에 대한 부정적인 개념이 친정어머니에 의해서 학습된 경험이지만 그 경험은 임신을 한 딸의 현실에 지대한 영향을 미쳐 친정어머니가 겪었던 입덧을 하게 하거나 아니면 더 심한 입덧을 하게 하는 경향이 있다.

임신을 어떻게 생각하는가에 따라서 임신을 한 어머니의 태도가 결정이 되고 그 결정에 따라서 신체적인 반응 또한 결정이 된다. 그러므로 임신을 긍정적으로 받아들일 수 있는 마음의 준비가 되지 않는 여자는 임신을 해서는 아니 된다. 마음의 준비가 되지 않은 상태에서 임신을 하게 되면 임신을 한 당사자는 물론 그러한 어머니를 어머니로 하고 태어날 자녀의 운명 또한 기구할 수밖에 없기 때문이다.

이러한 맥락에서 태교를 할 수 있는 어머니와 없는 어머니를 분류해 보았을 때 태교가 갖는 의미는 참으로 의미심장하다.

태교의 효과가 있든 없든 아이를 잉태한 어머니는 태교를 해야 한다.

모든 어머니는 태교를 해야 한다. 아이가 태어난 이후에 아이의 인격을 존중하고 생명의 존엄성을 부여하기 위해서 어머니는 필히 태교를 해야 한다. 태교의 중요성이 아이가 출생한 이후의 삶, 그러니까 어머니가 아이를 낳은 다음에 그 아이를 어떻게 생각하고 느끼면서 기르느냐의 질적인 면을 결정하는 요인으로 작용하는데 있다면 임신한 어머니는 반드시 태교를 해야 한다. 그러니 이 보다 더 중요한 것은 어머니의 뱃속에서 아이가 자라고 있다는 사실을 즐겁게 생각할 수 있는 어머니 자신의 마음을 위해서는 더욱 중요하고 필요한 일이 아닐까 생각한다.

행복한 임신은 행복한 아이를 낳게 하고 행복하게 태어난 아이는 자라서 행복한 세상을 산다고 믿는다. 그래서 어머니를 행복하게 만들어 주는 태교는 대단한 의미를 갖는 일이 된다고 할 수 있다.

 **잠재적인 공간**

아이를 낳아 기르는 어머니들은 모두 아이를 좋아한다고 생각한다. 그리고 아이를 좋아한다는 말을 예사로 한다. 이러한 어머니에게 정말 아이를 좋아하느냐고 다시 물으면 "글쎄요"하며 얼버무린다. 그 얼버무림은 결국 아이들을 별로 좋아하지 않는다는 의미가 섞인 얼버무림으로 받아들여진다. 아이를 좋아하지 않는다는 뜻의 난처한 표정을 읽기 때문이다.

어머니들이 아무런 생각도 없이 아이를 좋아한다고 말하는 것처럼 정말 아이들을 좋아하는가? 어머니들이 아이를 좋아한다는 내용을 구체적으로 살펴보면 꼭 그렇지만은 않다.

아이를 좋아한다는 어머니에게 언제 아이를 좋아하느냐고 물으면 거의 대부분의 어머니들은 아이가 잠을 잘 때 아이가 좋아 보인다고 한다. 아이가 잠을 잘 때 어머니의 마음의 눈에 아이가 좋아 보인다는 말은 결국 아이가 말썽을 부리지 않고 잠을 자고 있을 때 아이가 좋아 보이는 것에는 분명 문제가 있지 않을까?

어머니가 아이를 좋아한다면 분명 어머니가 아이를 좋아한다는 표현을 아이가 인식할 수 있을 때 해야 하지 않을까? 그러니까 어머니가 아이를 좋아한다는 메시지를 전하려면 아이가 깨어 있을 때 그 메시지를 전해야 한다. 그렇게 해야 아이는 어머니가 자기를 좋아한다는 메시지를 전달받을 수 있게 된다. 그래야 그 아이가 "아, 우리 어머니가 나를 좋아하는구나" 하는 것을 알 수 있다.

그런데 어머니는 아이가 잘 때만 그 아이를 좋아한다면 아이는 어머니가 좋아한다는 것을 알 수 없다. 그래서 이러한 경우의 어머니가 아이를 좋아하는 마음은 아이에게 어떠한 의미도 주지 않는다. 그 이유는 어머니가 아이를 좋아한다는 어머니의 마음이 아이에게 전달되지 않기 때문이다.

아이가 잠을 잘 때만 아이를 좋아한다는 어머니의 마음에는 문제가 있다. 아이가 잠을 잔다는 말은 아이가 비활동적이라는 말이다. 그러니까 아이가 활동을 할 때에는 아이에 대한 느낌이 좋지 않고 활동을 정지하고 잠이 들었을 때만 아이를 좋아한다면 그게 무슨 소용이 있겠느냐는 것이다.

아이가 잠을 잘 때 아이를 좋아한다는 어머니의 생각에는 아이가 활동하는 것을 좋아하지 않는다는 마음을 나타내는 것이다. 이러한 어머니와 함께 사는 아이가 어머니로부터 좋아한다는 마음을 전해 받으려면 아이는 잠을 자야 한다. 비활동적이어야 한다는 것이다. 잠을 자는 것까지는 좋다. 그리고 어머니가 좋아한다는 것을 표현하는 것은 더욱 좋다. 그러나 문제는 어머니의 표현을 아이가 전혀 받아들일 수 없다는 데 있다.

아이의 성장은 활동과정을 통해서 이루어진다. 이러한 아이가 어머니로부터 너를 좋아한다는 느낌을 전달받기 위해서 활동을 정지하고 잠을 자거나 잠을 자지 않더라도 잠을 자고 있는 것처럼 비활동적이어야 한다면 아이에게 성장을 도모하는 활동을 포기하라고 하는 말과 같다.

비활동적인 아이를 좋아하는 어머니는 아이의 활동을 거부하는 어머니라고 할 수 있다. 활동하는 아이가 싫다는 생각을 가지고 있기 때문이다.

앞에서도 말한 바와 같이 아이가 활동을 정지한다면 이는 곧 성장을 포기하는 것과 같은 의미를 갖기 때문에 활동을 하지 않는 아이의 생활을 좋아한다는 어머니의 생각 속에는 상당한 모순이 있다.

이러한 어머니가 어떻게 아이를 좋아한다고 할 수 있겠는가? 아이를 좋아하는 어머니는 아이가 활동을 할 때 아이의 활동 자체를 좋아하는 어머니이다. 왜냐하면 아이는 살아있는 생명체이기 때문에 활동을 하지 않고는 성장을 할 수도 없고 삶을 유지할 수도 없기 때문이다. 아이의 성장과정이 활동에 의해서 이루어지는 데도 불구하고 활동하는 아이의 삶의 모습을 어머니가 싫어한다면 결국 그 아이가 살기 위해서 활동하는 그 자체를 싫어하는 것이고 그러한 활동을 하는 아이 자체를 싫어하는 것이라고 할 수 있다.

어머니가 싫어하는 아이가 있다면 그 아이의 성장은 정상적일 수 없다. 그러한 아이의 성장은 미완성에 그칠 뿐만 아니라 성장 자체가 괴로운 만큼 그 아이는 평생을 통해서 성장을 거부하는 괴로운 인생을 사는 아이가 될 것이다.

아이가 씩씩하게 활동을 하면서 생존을 도모하는 것을 싫어하는 어머니 때문에 어머니의 요구에 순응하는 아이가 된다면 그 아이는 비활동적인 아이가 될 것이다.

환경적(어머니)인 제약 때문에 활발하게 자라지 못한 아이는 끝내는 어떠한 종류의 병이든 병을 앓게 된다. 성장기의 부족한 활동 때문에 앓게 되는 병은 육체적인 병일 수도 있고 정신적인 병일 수도 있다.

사실상 아이가 앓게 되는 병이 육체적인 병이든 정신적인 병이든 아이의 모든 병은 불행한 정신에 의해서 만들어진 것이다.

아이가 느끼는 불행은 아이 스스로 불행한 느낌을 좋아하기 때문에 불행한 느낌을 만들어서 갖는 것이 아니고 아이의 활동을 싫어하는 어머니의 태도는 활동을 싫어했던 어머니의 어머니(외할머니)에 의해서 만들어진 것이다.

이러한 심리적 상호작용(역동관계)을 모르는 어머니는 아이의 불행이 마치 아이 자신에 의해서 만들어진 것처럼 생각하고 병을 앓는 아이를 불만스럽게 생각하는 경우가 많다. 이러한 사실을 두고 우리는 적반하장(賊反荷杖)이라고 한다.

어머니의 잘못이 아이를 병약하게 만든다는 사실을 알고 그것을 순수한 마음으로 받아들이는 어머니는 별로 없다. 어머니는 언제나 옳고 아이는 언제나 옳지 않다고 생각하는 것이 우리 어머니들의 마음이기 때문이다.

그러나 사실은 옳지 않게 생각하고 옳지 않게 행동하는 어머니가 있을 뿐 옳지 않게 생각하고 옳지 않게 행동하는 아이는 없다. 이러한 아이가 옳지 않은 생각을 하게 되고 옳지 않은 행동을 하게 된다면 그것은 옳지 않은 생각과 행동을 하는 어머니에 의해서 조장된 것이다. 옳지 않은 생각과 행동을 강요하는 어머니 때문에 아이는 어쩔 수 없이 울며 겨자 먹는 식으로 옳지 않는 생각과 행동을 하게 되는 것이다.

필자가 주장한 대로 어머니의 과다한 간섭 때문에 아이의 활동이 위축된다면 위축된 만큼 아이는 정신적인 질병을 앓게 된다. 간섭을 받은 직후에 당장 정신적인 질병을 갖게 되는 것은 아니겠지만 그 결과는 불을 보듯 뻔하다.

아이가 정신적으로 혹은 육체적으로 병을 앓았을 때 어머니는 과연 행복한 느낌을 가질 수 있을까? 귀찮다고 생각하거나 괴롭다고 생각할 것이다. 그러나 무의식의 세계에서는 아이가 병을 앓은 것이 귀찮고 괴로운 것이 아니다. 귀찮고 괴롭다기 보다는 차라리 반갑고 즐거운 일이 될 수도 있다. 말을 잘 듣지 않는 아이가 아프니까 "그것 참 잘 되었다"는 고소한 느낌이 들 수도 있고 "이제는 내 도움이 필요하게 됐지" 하는 시원한 느낌이 바람처럼 가슴을 스쳐갈 수도 있다. 만일 아이가 병에 걸렸을 때 이러한 느낌이 전혀 일지 않고 걱정이 되어 미칠 것 같다면 아마도 어머니는 아이를 미워해서 그 미움 때문에 병을 갖게 하는 불행한 마음을 가지지 않아도 될 정도로 아이를 사랑하며 길렀을 것이다.

어머니의 미움이 아이의 병이 된다는 사실을 몰랐다면 애시당초 그 어머니는 어머니가 될 자격이 없는 어머니였다. 스트레스가 고통이 되고 고통이 정신병을 불러일으키고 육체적인 질병을 가지게 하는 원인이 된다는 것을 알았다면 차마 아이를 미워하는 온갖 부당한 행동을 하는 어머니가 되지 말았어야 했을 것이다.

오늘의 정신세계를 지배하는 정신분석이론과 필자에 의해 소개된 대상 중심 이론에 의하면 어머니의 판단이 아이의 판단이고 어머니의 기대가 아이의 기대가 되기 때문에 어머니가 하는 한 마디의 말 움직이는 어머니의 손가락 하나의 방향이 아이들의 건강과 관련되고 학업 성취도와 관련되고 운명과 관련된다는 것을 알아야 하지 않을까?

사람은 몸으로 살지 않고 마음으로 사는 존재라는 것을 모르는 사람이 없다. 비단 마음이 몸 속에 살고 있다고 할지라도 몸을 지배하는 것은 마음이기 때문에 인간이라는 존재는 몸에 의해서가 아닌 마음에 의해서 살고 죽는 존재가 되는 것이다.

마음을 잘 다스리는 것은 육체를 잘 다스리는 것과 동일하며 마음을 잘 다스리는 것은 마음을 잘 다스리는 개인은 물론이고 그 개인이 살고 있는 주변을 잘 다스리는 것이다.

어머니가 아이를 잘 다스리고 아이의 행동을 잘 다스리는 것이 아이를 위해서 그렇게 해야하는 것이 아니다. 오직 어머니 자신의 보람과 행복을 위해서 그렇게 해야 하는 것이다.

한 여자가 어머니가 된 다음에는 그 어머니의 아이가 잘 자라야 어머니의 마음이 편하고 자랑스럽고 보람된 행복을 느낄 수 있다.

아이가 잘 커주지 않는 어머니가 행복하다면 그 행복은 억지 행복이다. 불행을 행복으로 생각하는 가짜 행복이라는 것이다.

아이가 잘 커주지 않는데 행복할 어머니가 어디 있겠는가? 그래서 어머니는 아이가 행복하게 자랄 수 있도록 세심한 주의를 기울여야 한다. 아이의 행복이 어머니의 행복이 되기 때문이다.

이제 어머니는 아이를 위해서 아이를 좋아한다는 잘못된 생각을 버려야 할 때가 되었다. 왜냐하면 아이를 위해서 아이에게 잘해 주는 어머니가 없기 때문이다.

어머니는 자신을 위해서 아이를 낳았고 어머니 자신을 위해서 아이를 기르고 있다는 사실을 인정하고 어머니 자신을 위해서 아이에게 잘해 주는 어머니가 되어야겠다.

정신과 질병

: 모든 아이는 자폐아로 태어난다.
: 순응하는 어머니
: 대상으로서의 어머니
: 아이에게 반항하는 어머니

정신에 흠이 생기거나 금이 가면 그것이 질병으로 발전한다. 흠과 금이 얼마나 크냐에 따라 질병의 정도가 결정된다. 아이가 무서운 것, 아픈 것을 얼마나 경험했느냐에 따라 크고 작은 병에 걸린다.

질병은 정신이 먼저 앓는다. 정신이 앓고 난 다음에 몸이 앓는다. 몸이 병을 앓다가 그 이상 더 지탱할 수 없게 되면 그 병을 다시 정신에게 양도한다. 그러면 다시 정신이 병을 앓게 된다.

정신과 몸은 서로 번갈아 가면서 상대방을 돕기 위해 질병을 앓는다. 그러나 만일 정신이 몸을 위해서 병을 대신 앓기를 거부하면 어쩔 수 없이 몸 혼자서 병을 앓게 된다.

이 때 몸이 앓게 되는 병은 치명적이다. 간을 고장내거나 암에 걸리거나 그 밖의 다른 불치병을 앓게 된다.

불안과 긴장이 없는 사람은 어떠한 병도 앓지 않는다. 병의 본질은 질서가 정연해서 정신이 병을 앓으면 몸이 건강하고 몸이 병을 앓으면 정신이 멀쩡하다. 이렇듯 정신은 몸의 건강을 돕기 위해 병을 앓고 몸은 정신의 건강을 돕기 위해 병을 앓는다.

모든 병이 불안과 긴장, 열과 아픔을 느끼게 하는 것은 그러한 느낌을 빨리 없애 달라는 구원을 요청하는 것이다. 모든 병은 불안과 긴장이 만들어 낸다. 편안한 마음가짐이 얼마나 중요한가를 알 수 있게 한다.

 ## 모든 아이는 자폐아로 태어난다

모든 아이는 자폐아로 태어난다. 태어날 때 자폐의 두꺼운 각질 속에 쌓여 태어난다. 이는 곧 외부세계를 전혀 알지 못하고 태어나며 태어난 다음에도 상당한 기간 동안 외부 세계를 전혀 알지 못한다는 뜻이다.

아이가 그의 세상을 가지고 어머니가 살고 있는 세상에 태어날 때 그 아이는 어느 나라에 태어났는지도 모르고 어느 가정의 자식으로 태어났는지도 모를 뿐만 아니라 그를 낳은 부모가 어떠한 사람인지도 모르고 태어난다. 아무 것도 모르고 태어난다는 것이다.

새로 태어난 아이는 어느 나라의 어느 가정에서 태어났는지 어떠한 부모의 자식으로 태어났는지 알아야 할 필요가 없고 그리고 알 수 있는 능력이 없으며 방법도 없다. 다만 하루 이틀 세월이 흘러가면서 매일 매일 접촉하는 어머니의 젖가슴과 어머니의 냄새 그리고 어머니의 손길을 인지하고 기억하는 과정을 통해서 하나씩 둘씩 세상사는 방법을 익혀 갈 뿐이다.

배가 고플 때 고프다는 느낌이 하나의 작은 고통에서 큰 고통으로 번져 가는 과정에서 우연히 만나게 되는 어머니의 젖가슴을 통해 젖이 공급되었을 때 아이는 어머니의 젖을 빨며 다음과 같은 생각을 할 수 있다.

"나는 마술적인 힘을 가지고 있다. 배가 고프다는 느낌이 생겨나고 고픈 배 때문에 배가 아파 견딜 수 없다. 빨리 이 이상한 배고픔의 고통이 사라졌으면 좋겠다"라고 생각하면 젖이 가득 찬 젖가슴이 나타나 아이의 고통을 없애 준다는 생각을 한다. 그래서 아이는 아이 자신이 마술적인 힘을 가지고 있다고 생각한다. 모든 것이 아이가 느낀대도 이루어지기 때문이다.

기저귀가 젖어 있을 때 젖은 기저귀가 마른 기저귀로 바뀌어 졌으면 하는 생각을 하면 어느새 마른 기저귀로 기저귀가 바뀌어지고 춥다고 느끼며 따뜻해졌으면 좋겠다고 생각하면 금방 따뜻한 옷이 입혀지거나 따뜻한 이불이 덮여진다. 이때 아이는 또한 아이 자신의 마술적인 힘이 기저귀를 갈아주고 두꺼운 옷을 입혀주거나 따뜻한 이불을 덮어 준다고 믿는다. 자기의 마술적인 힘이 그렇게 하는 것이라고 믿는다. 그래서 아이는 마술적인 힘을 가지고 있다고 생각한다.

이러한 아이의 느낌을 전능감이라고 한다. 전능감은 무엇이든지 생각만 하면 생각한대로 다 이루어진다든지 무엇인가를 하려고 생각만 하면 생각한대로 무엇이든지 다 할 수 있다고 생각하는 느낌을 말한다.

아이가 느끼는 이러한 전능감은 아이 자신이 자신의 정신내부의 세계만 알고 정신외부에 존재하는 세계를 전혀 알지 못하기 때문에 갖게 되는 느낌이다.

아이가 세상에 태어날 때에는 오직 하나의 인간으로 성장할 수 있는 능력만을 가지고 태어날 뿐이다. 이 능력은 자율성이라고 하는 심리적인 능력으로서 무엇인가를 인지하고 인지한 무엇인가를 기억할 수 있는 잠재력을 뜻한다.

인간이 성장하면서 개나 고양이나 돼지같이 성장하지 못하고 인간으로만 성장하는 이유가 아이가 태어날 때 가지고 태어난 인간으로 성장할 수 있는 잠재력이라고 하는 것이 있기 때문이다.

아이는 태어날 때 잠재력을 가지고 태어날 뿐 그 밖의 어떠한 것도 가지고 태어나지 않는다. 다시 말하면 아이는 태어날 때 백지 한 장과 그 백지 위에 글을 쓸 수 있는 연필 하나를 가지고 태어난 것과 같다고 할 수 있다.

아이는 태어날 때 유전적으로 성격이라고 하는 것을 가지고 태어나는 것도 아니고 부모의 성격과 같은 부모를 닮은 성격을 가지고 태어나는 것도 아니다. 게으름을 피우고 말썽을 부리고 말을 안 듣고 어머니가 싫어하는 일만 하는 성격을 가지고 태어나는 것도 아니고 과격하고 난폭하고 그리고 냉정하고 자기만을 위한 이기주의적인 성격을 가지고 태어나는 것도 아니다. 그뿐만이 아니다. 부지런하고 말을 잘 듣고 착하고 영리하고 그리고 무엇이든지 알아서 잘하는 성격도 또한 가지고 태어나는 것이 아니다.

이러한 모든 것은 하루 이틀 아이가 성장하면서 아이가 알지 못하는 외부의 세계 즉 어머니와의 접촉을 통해서 활성화되는 자율성이라는 심리기제의 기능에 의해서 하나씩 둘씩 쌓여진 경험을 통해서 갖게 된 것이다. 그러니까 어린 시절의 경험을 성격의 모태라고 할 수 있다. 출생 초기에 아이가 경험하는 경험 그것이 바로 아이의 성격을 만들어 내는 근본이 된다는 뜻이다.

자기가 살고 있는 세상에 대해서 아무 것도 알지 못하는 아이는 배가 고플 때 젖을 먹여주고 기저귀가 젖었을 때 기저귀를 갈아주고 추워할 때 이불을 덮어주고 더워할 때 이불을 거둬주는 어머니가 외부에 존재하고 있다는 사실을 전혀 알지 못한다. 그렇기 때문에 아이에게 일어나는 모든 사건들 즉 젖을 먹여준다든지 기저귀를 갈아준다든지 이불을 덮어준다든지 하는 일들을 아이자신의 마술적인 힘에 의해서 이루어지고 있다고 생각할 정도로 전능감에 사로잡혀 있을 뿐 외부의 세계와는 전혀 알지 못하는 상태에 있기 때문에 아이는 자폐로 태어나서 자폐 상태에 오랜 기간동안 머물러 있게 된다고 하는 것이다.

옛날부터 우리 나라에는 아이의 백일을 크게 축하해 주는 잔치를 했다. 백일 잔치를 해 주는 것은 사람이 되었다는 것을 축하하는 의미에서였다. 아이에게 백일처럼 중요한 날이 없다. 왜냐하면 백일은 사람이 정신적으로 태어나는 날이기 때문이다. 자폐의 각질을 벗고 하나의 인간으로서 정상적인 삶을 살 수 있게 하는 정신이 기능을 하기 시작하는 새로운 시기를 맞이하게 되었다는 것을 기념하는 것이다.

백일이 되면 아이들은 귀로 듣고 눈으로 보며 입으로 옹아리를 하는 기능이 시작된다. 사람으로서 갖추고 있는 오관이 일을 시작한다는 것이다. 이때의 아이는 어머니의 존재를 인식하고 아이와 어머니를 구별할 수 있는 정신적인 능력이 생긴다. 처음 시작하는 어머니와의 관계이기 때문에 그 관계를 어머니마저도 잘 알아볼 수 없을 정도로 미세하지만 어떻든 아이의 입장에서는 어머니와의 관계가 새롭게 시작되는 날이 백일이라고 할 수 있다.

현대 심리학에서 백일의 중요성을 인식하게 된 것이 사실상 몇 십 년 전에 불과하다. 인간의 심리를 연구하는 학문인 심리학에서조차 백일의 중요성을 깨닫게 된 지가 불과 몇 십 년에 지나지 않음에도 불구하고 우리 나라에서는 오랜 옛날부터 백일의 중요성을 깨닫고 아이가 백일이 되었을 때는 백일잔치를 해 주었다. 이는 곧 우리의 조상 가운데 프로이드(Sigmund Freud)보다 더 훌륭한 심리학의 선각자가 있었다는 것을 의미한다.

백일은 모두에게 중요한 날이다. 아이에게도 중요한 날이고 어머니에게도 중요한 날이고 아버지와 그 밖의 가족을 위해서도 중요한 날이다. 그리고 사회와 국가를 위해서도 중요한 날이다. 왜냐하면 백일이 되었을 때의 아이가 건강하다면 그 아이는 건강하게 자랄 수 있는 준비가 이미 끝난 것이기 때문이다. 물론 백일 때 건강하던 아이가 백일 후에 건강하지 않은 아이가 될 수도 있다. 여기에는 아이가 건강하지 못하게 될 수밖에 없는 특별한 이유가 있다. 아이를 병들게 하는 특별한 이유가 없다면 아이는 절대로 백일 때의 건강을 잃지 않는다.

만일 백일이 되었는데도 아이가 어머니의 존재를 알아보지 못한다면 그 아이에게는 문제가 있다. 어머니를 어머니라는 개념을 가지고 어머니로써 알아보느냐 알아보지 못하느냐를 말하는 것이 아니다. 아이가 어머니를 알아본다는 뜻은 아이 자신 외에 다른 사람이 세상에 존재하고 있다는 것을 안다는 것을 뜻하는 것이기 때문에 어머니의 존재에 대한 인식이 중요하다는 것이다.

아이가 밖에 존재하는 어머니를 알아보지 못한다면 그 아이는 아직 자폐의 각질을 벗지 못하고 자폐 상태에 머물러 있다는 것을 뜻한다. 자폐란 아이의 마음이 외부의 세계를 차단하고 혼자서 생각하고 혼자서 느끼면서 자기 이외의 어떠한 사람도 이 세상에 존재하지 않는 것처럼 혼자서 살고 있는 그러면서도 전혀 불편을 모르는 정신적인 상태를 가리키는 말이다.

만일 아이가 백일이 되었는데도 불구하고 자폐의 각질 속에 쌓여 있는 정신 때문에 외부세계에 대한 인식이 전혀 없다면 이 아이는 자폐를 정신 질환으로 가지고 있을 가능성이 많다.

자폐의 각질을 벗어나지 못한 아이들을 자폐아라고 한다. 자폐아들은 세월의 흐름에 따라서 나이에 걸맞게 몸은 크지만 정신은 몸과 함께 크지 못하고 백일 이전의 어린 상태에 그대로 머물러 있는 것을 말한다.

자폐는 외부 세상이 냉정할 때 그리고 외부 세상이 인색할 때 가지게 되는 일종의 자기 방어 현상이다. 이때의 외부 세상은 일반적으로 아이를 맡아 길러주는 사람이다. 아이를 맡아 기르는 사람이 어머니이면 어머니가 아이의 외부 세상이다. 그리고 만일 외할머니가 아이를 맡아 기른다면 외할머니가 아이의 외부 세상이 된다. 혹시라도 친할머니가 아이를 맡아 기른다면 그 친할머니가 아이의 외부 세상이 되는 것이다. 뿐만 아니라 고모가 아이를 맡아 기르면 고모가 아이의 외부 세상이 되고 이모가 아이를 맡아 기르면 이모가 아이의 외부 세상이 될 뿐만 아니라 가정부가 아이를 기르면 아이를 기르는 그 가정부가 아이의 외부 세상이 된다.

아이의 입장에서 보았을 때 누가 아이를 길러주는가는 전혀 중요하지 않다. 다만 어떠한 사람이 아이를 길러 주느냐가 중요할 뿐이다. 이 말은 곧 아이를 기르는 사람과 아이와의 혈연관계나 법연관계가 중요한 것이 아니고 아이를 기르는 사람의 마음이 인간적으로 따뜻한가 아니면 차가운가 그리고 정이 넘쳐흐르는가 아니면 정이 메말라 있는가가 중요하다.

만일 백일이 지난 후에도 아이가 자폐의 각질 속에 묻혀 외부 세계를 제대로 인지하지 못한다면 그 아이는 차갑고 냉정한 사람에 의해서 양육된 아이이고 그렇지 않다면 따뜻하고 정이 넘치는 사람에 의해서 양육된 아이라고 할 수 있다.

아이가 자폐의 각질을 벗고 정신적으로 성장을 하느냐 못하느냐는 참으로 중요하다. 왜냐하면 각질을 벗고 성장한 아이는 정신적으로 건강한 아이로 자라게 되고 자폐의 각질을 벗지 못하고 자란 아이는 자폐아라는 정신적으로 심각한 문제를 가진 아이로 자랄 수밖에 없기 때문이다.

자폐아는 자폐아가 되고 싶어서 자폐아가 되는 것이 아니다. 자폐아는 자폐아가 되는 것 이외에 다른 어떤 삶의 방법을 선택할 여지가 없었기 때문에 어쩔 수 없이 자폐증을 가지게 된 것이다.

문제는 아이가 태어날 때 스스로 도울 수 있는 그 어떠한 능력도 가지고 태어나지 않는다는 것이다. 무능력한 존재로 태어난 아이는 다만 세월과 더불어 건강하게 성장하게 되었을 때 그때에 가서야 비로소 인간으로서 주어진 일을 할 수 있을 뿐 그 전의 아이는 어떠한 일도 할 수 없는 존재이다. 이것은 이미 우리가 잘 알고 있는 바와 같다.

아이가 자폐아로 성장하기 이전에 자폐아가 되는 것보다 더 어려운 생활 경험을 출생 초기의 양육자와 함께 겪게 된다면 그 아이는 자폐증상보다 더 심한 모정결핍증(anaclitic nervousa)에 의한 조사증(早死症)에 걸려 출생 초기에 세상을 버리고 마는 고통의 희생자가 된다.

아이가 겪는 이러한 고통은 아이 스스로에 의해서 만들어진 고통이 아니다. 누가 아이를 기르든 그 아이를 기르는 사람의 양육 태도에 의해서 결정된 고통이다.

이 세상의 모든 어머니들 그리고 예비 어머니들은 이러한 사실이 아이에게 있을 수 있다는 것을 필히 알아두어야 한다. 그리고 아이를 부드럽고 따뜻하게 길러야 한다. 그렇지 않으면 아이를 기르는 어머니나 아이가 모두 엄청난 어려움을 겪게 될 미래가 기다리고 있다는 사실을 명심해야 할 것이다.

 # 순응하는 어머니

어머니는 어머니가 어머니의 자식에게 주는 사랑을 조건 없는 사랑으로 생각한다. 하지만 어머니가 아이를 대하는 태도를 보면 전혀 그렇지 않다. 아이가 귀엽게 놀고 말썽 없이 자라면 어머니는 그 아이를 좋아한다. 그러나 아이가 많이 울고 보채면 어머니는 그 아이를 싫어한다.

나를 좋아해 주는 사람은 좋아하고 나를 괴롭히는 사람은 싫어하는 것처럼 어머니가 아이를 대하는 태도도 마찬가지이다.

어떤 아이가 귀엽게 자라고 어떤 아이가 귀엽게 자라지 않는다면 그것은 그 아이가 자라는 환경 때문이다. 아이가 많이 보채면 그 아이는 불편한 환경 속에 자라고 있을 것이고 아이가 귀엽게 잘 놀면 편안한 환경 속에서 자라고 있을 것이다.

아이의 환경은 어른들이 생각하는 환경과는 전혀 다른 환경이다. 아이들은 그들의 부모가 돈이 많고 교육을 많이 받고 사회적 지위가 높고 그래서 권력을 휘두르며 모자랄 것이 없는 생활을 하는 그러한 환경을 좋은 환경이라고 생각하지 않는다. 아이들에게는 그러한 환경이 필요 없다. 그리고 어떠한 의미도 가지지 않는다. 아이들은 오직 부드럽게 말하고 따뜻하게 안아주는 부모를 좋은 부모로 생각한다. 좋은 환경으로 생각한다는 것이다.

부모가 가난하고 교육을 받지 못하고 사회적인 지위가 낮고 어떠한 권력도 가지고 있지 않다 할지라도 아이를 사랑하고 믿고 인정하고 그리고 따뜻하고 부드럽게 대하는 부모라면 그 부모가 좋은 부모이다. 아이들은 그러한 부모를 원한다. 아이들은 그러한 부모를 좋은 부모라고 생각하고 부모를 믿고 의지하고 따르며 살고 싶어한다. 그러한 부모가 있고 그래서 그러한 부모가 있다면 그러한 부모와 함께 그렇게 사는 아이들은 행복하다. 행복한 환경에서 자라고 있기 때문이다.

모든 부모는 아이를 사랑하고 믿고 인정하며 그리고 부드럽고 따뜻하게 대해 주고 싶다. 그리고 그러한 방법으로 자신들의 아이를 양육하고 있다고 생각한다. 부모들의 이러한 생각은 막연한 이들의 생각일 뿐 실제로 아이를 양육하는 태도를 보면 전혀 그렇지 않다.

그 실례로서 아이들이 자라는 과정을 통해서 그리고 자란 다음에 보여주는 바람직하지 않은 행동에서 그러한 것들을 볼 수 있다. 아이들이 가지고 있는 모든 문제는 부모한테서 배운 것이다. 부모의 잘못된 양육방법에 의해서 학습된 문제이니까 부모한테서 배운 것이라고 하는 것이다.

아이들의 문제 행동은 오직 그 아이들의 성장발달 과정과 관련되어 있을 뿐이다. 문제를 가지게 하는 성장상의 어려움은 그 문제가 성장의 어느 시기에 경험했느냐와 관련하여 그 중요성의 정도가 달라진다. 아이가 태어나서 성장해 가는 과정의 어느 시기에 아이의 환경으로써 역할을 수행한 양육자와의 관계가 어려웠느냐에 따라서 아이들이 가지게 되는 문제 행동의 모양이 달라지기 속성을 가지고 있기 때문이다.

아이들의 성격이 출생한 날로부터 그 후 36개월이라는 세월에 걸쳐 완성된다는 것이 정론이다. 성격 형성과 관련된 세월 가운데서 가장 중요한 날이 있다면 아이가 태어나는 날이 바로 그 날이라고 생각한다.

아이가 태어나는 첫날의 분위기가 좋았다면 그 아이는 좋은 인생을 살 수 있게 된다. 좋은 여건이 주어지기 때문이다. 아이가 태어난 첫날 사람들이 그 아이의 탄생을 진심으로 기뻐하고 축하해 주었다면 그 사람들의 마음이 그 아이와 함께 살아갈 마음이 되기 때문에 그 아이는 스스로의 인생을 믿고 의지하고 즐거워하며 살 수 있다.

출생 초기의 주변 사람들의 분위기가 그 아이가 살아가야 할 분위기로서 작용한다. 아이가 살아가야 할 분위기가 냉담하고 거칠다면 그 아이가 성장해야 할 분위기가 냉담하고 거칠 것이다.

거친 환경 속에서 자라는 아이들은 그 아이가 태어날 때 가지고 태어난 자폐의 각질을 벗지 못한다. 자폐의 각질 속에 쌓인 채로 성장한다면 그 아이는 결국 자폐아 이상의 성장을 하지 못한다. 자폐아는 생후 100일이 되면 그 증상이 나타난다고 했다.

아이의 심리 성장 단계를 크게 분류하면 4단계로 나누어진다. 그 첫 단계가 자폐기로서 0개월에서 3개월이고 자폐기 이후의 성장단계를 공생기라고 칭한다. 공생기는 4개월에서 18개월까지이다. 공생기에 아이가 필요로 하는 것은 아이를 양육하는 사람과 완벽하게 밀착된 관계를 갖는 것이다. 밀착된 관계 속에서 아이는 양육하는 사람으로부터 필요한 사랑과 보호를 받고 있다고 생각한다. 필요한 사랑과 보호를 충분히 받음으로서 아이는 양육하는 사람을 믿고 의지하게 된다. 이 때의 믿음과 의지가 아이로 하여금 양육자로부터 떨어져 나가 독립해도 되겠다는 생각을 하게 된다. 이 때부터 아이는 양육자로부터의 독립을 본격적으로 시도한다. 아이가 양육자로부터 독립하고자 하는 노력은 19개월에서 36개월이 될 때까지 계속된다. 아이가 36개월이 되었을 때 양육자로부터 완벽한 독립을 성취하게 되면 그때부터 아이는 에디퍼스 갈등기라고 하는 마지막 발달단계에 접어든다. 에디퍼스 갈등기는 37개월에서 60개월에 이르는 시기까지 계속된다. 에디퍼스 갈등기는 이성 부모를 연인으로 생각하고 사랑하는 시기이다. 아이는 이 때 아이가 원하는 만큼 이성 부모를 사랑할 수 있어야 하고 이성 부모로부터 충분한 사랑을 받아야 한다. 이성 부모로부터 충분한 사랑을 받았을 때 아이는 다시 동성 부모와 동일시하게 되고 이때 비로소 아이는 동성 부모가 행하는 역할을 모방하고 동성 부모와 같이 행동하게 된다.

공생기에 양육자가 충분한 밀착감을 아이에게 느끼게 해 주지 못한다면 아이는 불행한 느낌 속에 이 시기를 보내게 된다. 공생기를 불행하게 지낸 아이는 공생기 이후에 경험하게 될 격리개별화기를 제대로 경험하지 못하게 되고 그리고 에디퍼스 갈등기 또한 의미 있게 보내지 못하게 된다. 공생기를 원만하게 보내지 못한 아이가 청소년이 되었을 때 외부로부터 심한 스트레스를 받으면 감정장애라고 하는 우울증을 갖게 되며 나아가서는 정신분열증을 일으킬 수 있다.

우울증과 정신분열증은 청소년기에 갑자기 갖게 되는 정신질환이 아니고 공생기(4개월에서 18개월까지)를 외롭게 보낸 결과에 의해서 생기게 된 질환이다. 외롭게 지냈다는 말은 양육자와 정신적으로 밀착된 관계를 가지지 못하고 거리를 두고 지냈다는 것이다.

공생기 이후의 발달단계인 격리개별화기는 아이가 어머니로부터 독립되어 나오기를 시도하는 시기로서 어머니로부터 정신적인 독립이 완벽하게 이루어져야 한다. 이러한 독립이 완벽하게 이루어지지 못했을 때 아이는 이 시기를 불행하게 보내는 사람들이 가지게 되는 경계선 증후군, 다시 말해서 반사회적인 성격, 인격장애, 다면성 정신장애 등과 같은 정신질환을 일으킬 잠재성을 가지게 된다. 도둑질을 하고, 거짓말을 하고, 가출을 하고, 무자비하게 싸우고, 공부를 안 하고, 전자오락, 만화, TV 등에 정신을 빼앗기는 아이가 된다는 것이다.

이러한 정신질환의 잠재성 역시 아이가 12세 이후 사춘기가 진행되는 동안의 어느 시기에 노출된다.

격리개별화가 되는 시기까지 행복하게 성장했다고 하더라도 만일 에디퍼스 갈등기를 잘못 보낸 경험이 있다면 그 아이는 에디퍼스 갈등기에 가지게 되는 에디퍼스 갈등기 특유의 정신병을 일으킬 수 있는 잠재적 요인을 가지게 된다. 이 질환 역시 청소년기가 되었을 때 겉으로 나타나게 된다. 이 때에 나타나는 질환은 일반적으로 자기도취증이나 신경증 같은 것들이다.

어떤 아이가 출생부터 60개월까지 5년이라는 세월을 별다른 문제없이 잘 지냈다면 그 아이는 정신적으로 건강할 것이며 육체적으로도 병을 앓지 않는 건강한 아이가 될 것이다.

60개월이라는 마술적인 숫자의 세월이 인간에게 주는 의미는 참으로 지대하다. 사춘기에 접어드는 12살 이후 그가 이 세상을 다 살고 조용하고 화려한 최후의 여행을 떠날 때까지 정신적으로나 육체적으로 건강하고 만족스럽게 살 수 있게 하기도 하고 혹은 살 수 없게 하기도 하는 삶의 내용을 결정해 주기 때문이다.

그렇기 때문에 인간은 세상에 태어나서 만 다섯 살이 될 때까지 60개월이라는 세월만 어려운 문제없이 잘 살게 되면 그 후의 인생이 그렇게 편하고 만족스럽고 행복할 수 없는데도 불구하고 60개월이라는 마의 숫자에 걸려 인생을 고통스럽게 사는 사람들이 많다. 인생의 삶이 결정되는 시기가 60개월이라고 하지만 엄격하게 따져 말한다면 36개월만 잘 성장하면 삶의 고통으로부터 거의 완벽하게 자유스러운 인생을 살 수 있게 된다. 36개월은 정신질환 중에서 다루기 어려운 증상을 가지게 하는 시기이기 때문이다. 36개월 이후에 가지게 되는 신경증적 정신질환은 질환이라고는 하지만 사실상 그렇게 심각한 질환이 아니기 때문에 요즘 정신건강분야에서는 정신질환으로 취급하지 않는 질환이다. 그렇기 때문에 자폐증과 유아성 정신분열증, 애착장애, 우울증, 정신분열증 그리고 경계선 증후군과 같은 증상의 잠재적인 요인을 만들어 내는 마(魔)의 36개월을 잘 넘길 수 있도록 도움을 주고, 주는 도움을 주저함이 없이 받을 수 있는 좋은 인간관계를 유지해야 한다.

 # 대상으로서의 어머니

정신분석학에서는 어머니를 대상이라고 부른다. 대상이라는 말은 일반적으로 내가 만나는 사람 혹은 거래하는 사람을 말하지만 정신분석학에서 대상(어머니)은 세상이라는 의미를 갖는다. 대상이 세상이라는 말은 아이가 상대하는 사람이 대상밖에 없다는 것에서 유래된 것이다. 대상은 그래서 아이의 세상을 가리키는 말이며 이는 곧 어머니라는 뜻으로 해석된다.

앞에서 이미 여러 차례에 걸쳐 언급한 바와 같이 어머니가 아이의 대상인 것은 어머니가 없이는 아이가 살 수 없기 때문이다. 그리고 아이들은 어머니 이외의 다른 세상이 있다는 것을 모른다. 출생 후 4, 5개월이 될 때까지 아이들은 어머니가 세상의 모든 것인 줄 안다. 어머니의 보살핌만을 받으며 살고 있기 때문이다.

아이가 어머니에게 절대적으로 의존하며 살아가는 동안에 아이가 이룩해야 할 일들이 있다. 아이가 이룩해야 할 일은 자기 자신을 인식하고 자기 내부의 세계를 통합시키고 몸과 정신이 다르다는 것을 알고 그것을 통일시키는 것이다. 그리고 몸과 정신이 다르지마는 몸도 내 몸이요 정신도 내 정신이라는 것을 알 수 있는 능력을 발달시키는 것이다.

이러한 발달을 도모하기 위해서 아이는 대상인 어머니와의 관계를 건전하게 발전시켜야 한다. 아이가 성장하는 동안에 무엇보다도 먼저 성취해야 할 일이 있다면 그것은 절대적으로 의존해야 하는 대상인 어머니와의 관계를 정립하는 일이다.

대상인 어머니와의 관계를 원만하게 유지하는 것이 아이에게는 절대로 필요하지만 어머니와 원만한 관계를 유지하고 아니하고는 전적으로 어머니의 성품에 달려 있다. 아이는 어머니의 처분만 바랄 뿐 자신의 능력으로는 어찌할 수 없는 것이 대상관계이다.

좋은 어머니를 만나면 좋은 대상 이미지를 가꾸면서 아이가 잘 자라고 좋지 않은 어머니를 만나면 좋지 않은 어머니의 이미지를 가꾸면서 잘못 자란다.

아이는 선천적으로 성장할 수 있는 타고난 능력이 있다. 그리고 몸과 짝을 이루는 정신을 발달시켜 나가는 능력을 가지고 있다. 이러한 능력을 자율성이라고 한다.

자율성은 인간으로서 성장할 수 있는 잠재력을 뜻하는 것이다. 이 잠재력 속에는 새로운 것을 보고 느끼는 인지능력과 한 번 보고 느낀 것이면 무엇이든지 기억하는 기억능력이 포함되어 있다.

아이가 하루를 사는 동안에 일어나는 모든 일은 어머니와의 관계에서 일어난다. 아이의 삶이 오직 어머니와의 관계 속에서만 일어난다는 것을 부인할 사람은 없을 것이다. 왜냐하면 하루종일 아이를 돌보는 사람이 어머니이기 때문이다.

경우에 따라서는 어머니가 아닌 다른 사람이 아이를 돌보는 경우도 있다. 이러한 경우에는 아이를 돌보는 그 사람이 바로 아이와 함께 하루를 보내는 사람이다. 아이가 하루를 보내는 사람이 어머니이든 아니든 하루를 함께 보낸 사람과의 경험이 중요하다. 왜냐하면 그 경험이 아이의 기억 속에 삶의 한 모습으로 각인되어 남기 때문이다.

혹시 아이가 경험한 어떤 일을 기억해 낼 수 없다고 할지라도 한번 경험한 일은 다만 기억해 낼 수 없을 뿐 무의식이라고 하는 기억 창고에 저장되어 영원히 사라지지 않는 속성을 가지고 있다. 다만 잠재의식의 깊은 곳으로 가라앉아 버렸기 때문에 아이의 기억 속에 떠오르지 않을 뿐이다.

아이가 성장을 시작하는 시기에는 자기 이외의 어떤 사람도 생각할 수 있는 마음의 여유를 가지지 않는다. 이러한 마음이 어머니와 함께 세상을 살아가면서 차츰 어머니가 아이 자기의 육체밖에 존재한다는 것을 인식한다. 어머니의 존재를 인식하면서부터 아이는 바깥 세상에 대한 것을 탐색하고 탐색한 것들을 익히기 시작한다. 그러나 아이가 완전히 성숙되기 이전의 마음속에는 애매모호한 마술적인 생각을 가지고 밖의 세상을 마음대로 이해하고 상대하는 비현실적인 신비한 면을 가지고 있을 뿐이다.

새로운 인간으로서 삶을 시작하는 아이는 그가 경험한 모든 것을 마음속에 모으고 마음속에 모아진 것들을 중심으로 그의 정신 세계를 확장하고 발달시켜 나간다. 아이가 스스로 세상을 가꾸어 가는 것을 보면 신비하고 경이롭지만 아이가 가꾸어 가는 세상은 아이 혼자서 가꾸어 가는 것이 아니다.

아이가 하나의 인간으로서 이루어 가는 모든 것에는 아이의 생활 대상인 어머니의 수고와 노력이 함께 한다. 어머니의 수고와 노력이 없이는 그 어떠한 것도 아이 홀로 이룰 수 있는 것이 없다.

아이는 자신의 생존을 위해서 어머니를 필요로 한다. 그러나 때에 따라서는 혼자 있기를 원한다. 혼자 있을 때 아이는 홀로 있다는 사실을 즐기며 자신의 삶에 대한 개인적인 의미를 부여하고 앞으로 사용할 정신적인 에너지를 비축한다. 이러한 경험이 아이에게 순수한 삶의 의미를 가지게 하고 후에 자기의 일은 자기가 할 수 있는 힘을 가지게 한다.

　사실상 어머니는 아이에게 절대 필요한 존재이지만 경우에 따라서는 아이를 괴롭히고 힘들게 하는 존재가 되기도 한다. 어머니가 아이를 사랑한다는 뜻으로 아이를 과도하게 보호한다든지 아이가 어머니의 마음에 들지 않는 일을 한다고 해서 과도한 간섭을 할 때 그 어머니는 아이의 성장을 방해하는 어머니가 된다.

　아이를 지나치게 괴롭히는 어머니의 태도는 아이로 하여금 아이를 괴롭히는 어머니를 방어하도록 한다. 방어는 마음속의 갈등이 있을 때 그 갈등을 해소하기 위한 방법으로 마음속에 울타리를 치는 것과 같기 때문에 방어를 많이 하게 하는 어머니의 간섭은 아이의 정상적인 발달을 위해 해로운 것이 된다.

　아이는 누군가 곁에 있는 것을 좋아한다. 그냥 조용히 앉아 있는 사람을 좋아한다. 요구와 간섭이 없이 조용히 앉아 있는 사람을 좋아한다. 그리고 아이가 무엇인가를 필요로 할 때 필요한 그 무엇인가를 지체없이 잘 공급해 주는 사람을 좋아한다. 아이가 대상을 요구할 때는 요구하는 대상이 그 자리에 있어야 하고 아이가 젖을 먹고 싶을 때는 젖을 먹여주고 기저귀를 갈아야 할 필요가 있을 때는 기저귀를 즉시 갈아주는 어머니를 좋아한다는 것이다.

　이러한 일들이 순수하게 진행될 때 아이는 나와 내가 아닌 다른 사람에 대한 느낌을 갖기 시작한다. 요구가 없이 조용히 앉아 있는 어머니에 대한 느낌은 좋은 느낌이 되고 곁에 있되 간섭을 하고 아이의 생각을 방해하는 어머니는 좋지 않은 느낌을 갖게 한다. 그러므로 아이가 어머니에 대한 느낌을 좋게 받아주기를 원한다면 어머니는 조용히 옆에 앉아 있으면서 아이가 보챌 때나 울 때 혹은 아이가 무엇인가에 놀라 두려워 할 때 아이의 마음을 가라앉힐 수 있는 무엇인가를 해줌으로써 아이에게 어머니 자신의 좋은 이미지를 심어 줄 수 있다.

어머니가 이러한 일을 순수하게 잘해 주었을 때 아이는 "나는 나다" 그러므로 "나는 내가 좋다"는 느낌을 만들어 가지게 되고 이러한 느낌을 바탕으로 대상을 좋게 생각하는 느낌을 갖는다.

아이의 이러한 정신 현상은 몸과 마음이 하나로 통일되었을 때 가능한 일이다. 몸과 마음이 하나의 생활권 안에 밀접하게 묶여져 있을 때 가능하다. 몸과 마음은 함께 있는 것 같으면서도 사실은 그렇지 않다. 어린아이가 자기의 몸으로 돌아오는 것은 그리 쉽지 않은 일이다. 그러니까 정신이 육체 안으로 돌아오는 일이 쉽지 않다는 것이다.

예를 들면 아이를 깊은 잠에서 깨울 때 아이를 조용히 깨운 다음에 아이의 몸에 정신이 미쳐 돌아오기 전에 아이의 몸 위치를 바꾸어 놓게 되면 이것 때문에 생기는 변화 때문에 상상외의 공포를 경험하게 될 수 있다.

아이의 몸에 정신이 아직 돌아오지 않았기 때문에 임상적으로 이상 현상이 나타난다. 이 때 아이의 몸에 나타나는 이상 현상으로는 아이가 땀을 흘리거나 몸이 싸늘히 식어가거나 얼굴이 새하얗게 변해가거나 혹은 먹은 것을 토하거나 숨을 멈추거나 할 수 있다.

이 때 어머니는 아이가 죽어가고 있다고 생각한다. 그리고 공포에 떨면서 아이를 병원으로 데려 간다. 그런데 이게 웬 일일까? 아이가 병원에 도착하기도 전에 정상적인 상태로 돌아와 있으니… 귀신이 곡할 노릇이다.

그래도 어머니는 혹시나 해서 아이를 의사에게 보인다. 이 때 의사가 아이를 진찰하면서 "모든 것이 정상인데요"라고 말하며 엄마에게 물어본다. "무엇 때문에 아이를 데려왔습니까?" 그러면 어머니는 자초지종을 설명한다. 어머니의 설명을 듣고 난 의사가 "그런 일은 간혹 있는 일입니다" 하며 어머니를 안심시킨다.

몸과 정신이 분리되어 있다는 것을 알려 주는 좋은 예이다. 아이가 아무리 잘 커도 정신이 기능을 잘 못하면 그 아이는 컸으면서도 큰 아이로서의 기능을 잘 못하는 아이가 된다.

몸과 마음이 통합되는 것은 몸 안의 정신이 기능을 잘 할 수 있다는 것을 의미하고 이러한 통합력은 대상의 보살핌에 의해서 성취된다. 아이의 본능적 충족과 만족 그리고 좌절은 어머니와의 관계인 대상관계를 인식하면서 아이가 어머니를 주도하려는 초기의 발달 단계에서 시작되고 발달 후기에 이르러서는 어머니의 도움이 없이도 기능을 잘 할 수 있는 아이가 되는 것으로서 통합된 심리현상을 가지게 된다. 통합된 심리현상은 건강한 심리 현상이다.

 # 아이에게 반항하는 어머니

아이에게 반항하는 어머니가 있다는 착상은 가히 혁명적인 생각이다. 어머니가 아이에게 반항한다. 와. 정말 상상을 불허하는 일이다. 아마도 대부분의 어머니들이 "아이에게 반항하는 어머니라니…" 의아해 할 수도 있고 경우에 따라서는 분개할 수도 있다.

그러나 대부분의 어머니들은 아이에게 반항하면서 아이를 미워하고 원망하며 양육하는 것이 일반적이다. 물론 어머니가 항상 아이를 미워한다고 생각하지는 않는다. 아이가 즐겁게 놀고 편안하게 있을 때 혹은 잠을 잘 때 어머니는 아이를 사랑한다.

어머니의 사랑이라는 것이 전혀 필요하지 않을 때 아이에게 사랑을 보여 주는 어머니가 있다니… 사실 이때 보여주는 어머니의 사랑은 있으나 마나 필요 없는 사랑이다. 이러한 사랑을 원하는 아이는 없다.

어머니의 사랑은 아이가 불편해서 칭얼거릴 때 괴로움을 참다 못해 소리를 내어 울 때 어머니의 사랑이 필요한 것이다. 그러나 우리의 어머니들은 아이가 즐겁게 놀거나 조용히 잠을 잘 때는 사랑스럽고, 보채고 울 때는 밉다고 한다. 정작 어머니가 어느 때 어떠한 일을 하는 것이 어머니의 역할을 잘하는 것이냐고 물으면 어머니들은 묵묵 부답이다.

아이가 잘 놀 때는 어머니의 도움이 필요 없을 때다. 아이가 잘 놀 때는 앞에서 말한바와 같이 그냥 조용히 아이 옆에 앉아 있는 것만으로도 충분히 아이를 돕고 있는 것이다.

어머니가 손발을 움직여서 아이를 도와야 할 때는 아이가 어머니를 필요로 할 때이다. 아이가 보채며 울 때 어머니의 도움이 필요한 것이다.

아이가 잘 놀 때는 아이가 사랑스러워 가만히 있지 못하고 아이를 건드린다. 이 때 아이의 반응은 달갑지 않다. 어머니가 건드리는 것이 싫다는 것이다.

어머니가 건드리는 것을 싫어하면 아이가 원하는 대로 아이를 건드리지 말아야 한다. 그리고 곁에 조용히 앉아 있으면 된다. 그런데 어머니는 아이의 말을 듣지 않고 싫다는 아이를 더 건드린다. 아이가 화를 내거나 짜증을 부리면 이러한 아이의 반응이 재미있다는 듯 아이를 더 심하게 건드린다. 아이가 울화를 터트리며 울 때까지 고통을 주는 어머니. 이러한 어머니가 아이를 사랑한다고 한다. 이 때의 어머니는 적반하장이다. 아이가 화를 낸 만큼 아니면 더욱 심하게 어머니가 화를 낸다. 그러면서 자식을 사랑하노라, 호언 장담이다.

어머니의 사랑이 아무리 진하고 끈질기더라도 아이가 싫어하는 일을 하며 사랑한다고 말하는 것은 옳지 않다. 사랑이 아니기 때문이다. 그러한 사랑은 엉터리 사랑이다.

어머니가 아이를 사랑한다면 사랑한다는 표현을 해야 한다. 어머니가 표현하는 사랑을 보고 아이가 행복해 한다면 그것이 바로 사랑이다. 그렇지 않은 어머니의 표현은 사랑이 아니다.

아이들은 해야 할 일과 하고 싶은 일을 구분해서 해야 할 필요가 없다. 그렇기 때문에 아이가 하는 일은 모두가 정당한 일이고 옳은 일이다.

아이가 하는 일이 어떠한 일이든 아이가 좋아서 하는 일을 어머니가 방해한다면 그 어머니는 좋지 않은 어머니이고 아이의 일을 방해한다는 것은 아이가 하고자 하는 일을 못하게 하는 것이기 때문에 아이의 말을 듣지 않는 어머니다.

어머니들은 아이의 말을 듣지 않는다. 아이의 말을 보통으로 듣지 않는 것이 아니고 (좀 미안한 말이지만)지독스럽게 듣지 않는다.

어머니가 필요해서 필요한 어머니를 찾으며 아이가 울면 왜 우느냐고 야단을 친다. 아이가 좋아서 뛰어 놀면 왜 조용히 앉아 있지 못하고 뛰어 노느냐고 소리를 지른다. 아이가 TV를 켰다 껐다 하면 TV가 켜졌다 꺼졌다 하는 것이 흥미스러워서 TV를 켰다 껐다 하면 왜 TV를 가지고 장난을 하느냐고 야단을 친다. 아이가 하는 일마다 어머니는 일일이 간섭을 하고 하지 못하게 저지한다. 그렇기 때문에 어머니가 있는 곳에서는 아이가 할 일이 없다. 정말 할 일이 없어서가 아니라 사실은 어머니가 못하게 하기 때문에 할 일이 없는 것이다.

간섭이 심한 어머니와 함께 사는 아이는 어떤 일이든 해서는 안 된다. 왜냐하면 아이가 움직이기만 하면 어머니가 야단을 치기 때문이다.

이러한 어머니를 두고 누가 아이가 원하는 대로 아이의 말을 잘 들어 주는 어머니라고 할 수 있겠는가? 어머니는 (역시 미안한 표현이기는 하지만) 지독스럽게 아이의 말을 듣지 않는다. 아이의 말을 듣지 않는 것을 다른 말로 표현하면 아이에게 반항하는 것이다. 그래서 어머니가 아이에게 반항한다는 표현을 하게 된 것이다.

어머니가 아이에게 반항하는 환경 속에서 아이가 자라면 그 아이는 반항하는 어머니로부터 반항하는 것을 배우게 된다. 그리하여 아이도 어머니처럼 반항하는 아이가 된다. 그래서 결국은 아이도 어머니의 말을 듣지 않게 된다. 죽어라 하고 어머니의 말을 듣지 않는 아이가 되어버린다.

아이들이 얼마나 심하게 어머니의 말을 듣지 않았으면 "하던 지랄도 멍석을 깔아 놓으면 하지 않는다"는 속담이 생겨났겠는가? 우리 아이들의 고집이 얼마나 대단한가를 가히 짐작하고도 남음이 있게 하는 속담이다.

어머니가 아이의 말을 잘 들어주었더라면 아이들도 어머니의 말을 잘 들어주었을 것이다. 그러나 어머니가 먼저 아이들의 말을 잘 들어주지 않은 것이 화근이 되어 결국 아이들도 어머니의 말을 듣지 않게 된 것이다.

어머니가 하는 대로 따라 하는 것이 아이들의 속성이다. 이러한 속성 때문에 어머니가 아이의 말을 들어주지 않아서 아이들도 어머니의 말을 듣지 않는다면 이러한 아이를 두고 누가 감히 나쁘다는 말을 할 수 있겠는가?

대부분의 아이들은 어머니의 말을 듣지 않는다. 당신네 아이, 우리네 아이 할 것 없이 아이들은 어머니의 말을 듣지 않는다. 먹으라고 하면 먹지 않고 먹지 말라하면 먹으려 하고 하지 말라하면 하려들고 하라하면 하지 않는 것이 우리 아이들이다.

어머니들은 아이들이 말을 잘 듣지 않기 때문에 괴로워서 못살겠다고 한다. 아이들이 말을 들어주지 않는 것 때문에 못살겠다고 한탄하는 어머니들에게 "과연 어머니는 지금 아이들의 말을 얼마나 잘 들어주고 있습니까?"하고 물으면 어머니들은 "그런 건 생각해 본 일이 없는데요. 그렇지만 잘 들어주었다고 생각해요."라고 대답한다. 같은 질문을 아이들에게 하면 "어머니가 말을 들어주지 않아 괴롭고 힘들어서 못살겠어요."라고 대답한다. 누구의 대답이 옳은가? 생각해 보면 알만 한 일이다.

아이들은 어머니가 말을 들어주지 않는 만큼 어머니의 말을 듣지 않는다. 적게 듣지 않는 것도 아니고 많이 듣지 않는 것도 아니다. 꼭 어머니가 말을 들어주지 않는 만큼 꼭 그만큼 아이들도 어머니의 말을 들어주지 않는다.

이러한 사실을 두고 사필귀정이라고 하지 않을까 싶다.

만일 어머니가 아이들로 하여금 말을 잘 들어주기를 원한다면 어머니부터 먼저 아이들의 말을 잘 들어주면 된다. 어머니가 아이들의 말을 잘 들어주면 어머니가 아이들의 말을 잘 들어준 만큼 아이들도 어머니의 말을 잘 들어준다.

혹시라도 이러한 관계적 속성을 믿지 못하는 어머니가 있다면 당장 아이들에게 실험해 보면 알 수 있는 일이다. 어머니가 아이를 생각한 만큼 아이도 어머니를 생각한다. 어머니가 아이를 믿어준 만큼 아이도 어머니를 믿어준다. 어머니가 아이의 능력을 인정한 만큼 아이도 어머니의 능력을 인정해 준다.

어디 그 뿐이랴? 어머니가 아이를 사랑하고 존경한다면 그 어머니의 아이 또한 어머니가 아이에게 사랑과 존경을 보여준 만큼 어머니를 사랑하고 존경할 것이다.

어머니가 말 잘 듣는 아이로 기르기를 원한다면 지금부터라도 아이의 말을 잘 들어주면 된다. 아이는 말을 잘 들어주는 어머니를 좋아한다. 어머니가 어머니 말을 잘 듣는 아이를 좋아하는 것처럼 아이도 어머니와 같은 마음을 가지고 말 잘 듣는 어머니를 좋아할 것이다.

어머니가 아이에게 반항을 한다는 것은 언어도단이다. 아이들이 어머니에게 반항을 할 수는 있겠지만 어머니가 어떻게 아이에게 반항을 할 수 있겠는가?

어머니와 아이의 관계적 이치가 어떻든 간에 어머니가 아이에게 반항을 한다는 것은 말이 되지 않는다. 아이에 대한 어머니의 반항이라는 말이 말도 되지 않는 소리라면 어머니는 아이의 욕구에 대해 순응하는 어머니가 되어야 할 것이다. 아이가 원하면 해 주고 원치 않으면 아무리 해 주고 싶어도 해 주지 않는 것이 아이의 입장을 이해하고 아이의 입장에 순응하는 어머니의 태도인 것이다.
 아이의 입장에 순응하는 어머니야말로 참된 어머니요, 성실한 어머니요, 위대한 어머니이다. 그러한 어머니만이 아이를 사랑하는 어머니라고 할 수 있다.

자율성의 허용과 능력의 울타리

: 모정, 자긍심 그리고 성공
: 아이의 잠재력
: 어머니와 아이의 공생관계
: 아이의 즐거움, 신(神)의 괴로움
: 삶과 환경의 의미
: 암탉과 대상
: 아이의 팔과 어머니의 목
: 웃는 아이와 우는 아이
: 울타리는 왜 쳐요?
: 혹한에 시달리는 떡잎

자율성이 허용되지 않으면 비자율성에 얽매인다. 마음대로 알아서 최선을 선택할 수 있는 기회를 주지 않으면 노예처럼 얽매어 살게 된다.
 얽매어 사는 아이는 반항하고 일탈행위를 하는 것으로써 불만족을 표출한다. 반항과 일탈 행위는 좁혀진 능력의 울타리를 넓혀 달라는 강한 항변이며 시위이다. 자율성의 박탈로 인해 넓혀 가져야 할 능력의 울타리를 넓히지 못하고 옹졸하게 사는 것에 대한 답답함의 하소연이다.
 반항하는데 필요한 에너지와 일탈행위를 잘해 내기 위해 궁리하고 이를 실천하는데 소모되는 에너지의 양은 상상을 초월할 정도로 많다. 에너지의 낭비는 정신적인 성장을 저해하고 인간적인 기능을 포기하게 하는 무서운 결과를 가져온다.

 ## 모정, 자긍심 그리고 성공

어머니의 자식 사랑은 자식만을 사랑하는 사랑이 아니다. 어머니의 자식 사랑은 나라를 사랑하는 사랑이요, 인류를 사랑하는 사랑이요, 우주를 사랑하는 사랑이다. 그리고 끝내는 어머니 자신을 사랑하는 사랑이다.

이러한 사랑을 위해서인지 아니면 그 어떤 다른 목적을 위한 사랑때문인지 알 수 없는 일이었지만 필립의 어머니는 있는 힘을 다하여 고래고래 소리를 질렀다. 사랑의 아픔을 아니 어머니 자신의 소원을 토해 내는 절규였다.

"선생이라는 것들이 얼마나 엉터리면 우리 천재 필립이 수학에 빵점을 받도록 가르칠 수 있어, 응. 그런 것들이 선생이라면 그럼 나는 그 선생들의 선생이 되겠다. 두고 보라고, 응. 두고 봐. 이 담에 우리 천재 필립이 커서 훌륭한 사람이 되면 그 때 우리 필립한테 와서 '네가 초등학교 3학년 때 너를 가르친 선생이란다. 그 때 너는 수학에 빵점을 받았었지. 그런데 이렇게 훌륭한 인물이 되었구나.' 라는 소리를 했다 봐라. 그 때는 호호 백발이 되어 있을 그 할머니 선생 입에서 의치를 끄집어내어 박살을 내버릴 거다." 하며 화를 있는 대로 다 내었다.

그리고 나서 어머니는 필립의 머리를 쓰다듬으며 이렇게 말씀하셨다.

"필립아 걱정하지 마라. 네가 운이 나빠서 선생을 잘못 만난 것밖에 없어. 너는 아무 잘못이 없다. 엄마가 소리를 질러 놀랐지? 미안해. 그렇지만 그 선생에게 화가 치미는 걸 어떻게 하니." 하시며 아들 필립의 눈을 보며 방긋 웃으셨다.

그 때 필립의 눈에는 눈물이 고였다. 어머니를 화나게 한 것이 슬펐고 선생님을 욕되게 한 것이 슬펐다. 그리고 공부를 하지 않고 게으름을 피운 자신이 원망스러웠다. 마음 속으로 하염없이 눈물을 흘리며 나 때문에 어머니로부터 모함을 당한 선생님에게 미안하였다.

필립은 그 때를 계기로 공부를 하기 시작하여 생각만 해도 가슴 설레는 영국의 명문 옥스퍼드대학에 입학하게 되었다. 자식을 사랑했기 때문에 사랑하는 자식의 흠집을 꼬집어 야단치지 못하고 애꿎은 선생만을 야단쳤던 어머니의 사랑이 결국 필립으로 하여금 옥스퍼드맨이 되게 한 것이다.

필립이 옥스퍼드에서 정치외교관의 꿈을 키우며 공부에 열중하고 있을 무렵 그의 조국 대영제국은 세계 제2차 대전의 주전국이 되어 독일군을 상대로 치열한 전쟁을 치르고 있었다.

1943년 필립이 옥스퍼드대학 3학년에 재학 중이었을 때 세계 제 2차 대전의 주전국이었던 대영제국의 군대는 수세에 몰리게 되어 필립의 조국이 위기에 처하게 되었다.

그 때 제영제국은 그들이 자랑하는 영국의 장래를 짊어질 젊은 천재들이 모인 옥스퍼드대학의 학생들을 최전방으로 배치하기 위해 징병하지 않으면 아니 되게 되었다. 필립도 친구들과 함께 조국의 부름을 받고 대영제국의 육군장교로 입대하게 되었다.

필립이 독일군을 상대로 치열한 전쟁을 하기 시작한 지 6개월 쯤이 되었을 무렵에 그의 옆집 아주머니로부터 한 통의 편지를 받았다.

옆집 아주머니가 무슨 일로 편지를 보냈을까? 의아하게 생각하며 편지 봉투를 뜯었다. 편지 속에는 어머니가 위독하여 병원에 입원해 있으며 어머니는 오래 살지 못할 것 같다는 내용이 쓰여 있었다.

편지를 읽고 난 필립의 눈에는 항상 다정하게 웃어 주셨던 어머니의 얼굴이 떠올랐다. 그리고 하염없는 눈물이 두 뺨 위를 흘러내렸다.

"어떻게 해야 하나? 어머니를 찾아가 뵈어야 하는데 이 전쟁통에 어떻게 가서 어머니를 뵙는단 말인가?"

필립은 며칠을 두고 고심한 끝에 결과야 어떻게 되든 사령관을 찾아가 이야기라도 한번 해보는 것이 병상에서 죽음과 싸우고 계시는 어머니를 위한 마지막 예의를 지키는 것이라고 생각했다. 그리고 그는 감히 생각도 할 수 없는 사령관을 찾아가게 되었다.

필립이 꺼내 보여준 편지를 읽고 난 사령관은 "그러니 어떻게 하란 말이냐?" 하며 고래고래 고함을 치다가 갑자기 고함지르는 것을 멈추고 한참을 깊은 생각에 잠겼다. 그리고 그 사령관은 "좋아, 전쟁 중에 있을 수 없는 일이지만 내 특권으로 너에게 일주일의 휴가를 준다. 가서 어머니를 만나 뵙고 위로해 드리고 오도록 하라."는 기상천외의 호의를 베푸는 것이었다.

필립의 사령관이 그러한 용단을 내릴 수 있었던 것은 장차 대영제국의 운명을 짊어지고 위대한 업적을 남길 지도 모르는 명문 옥스퍼드대학의 천재학생이 병상에 누워 계시는 어머니를 생각하면서 전의를 잃고 고민하다가 전사를 당한다면 그것은 더할 나위 없는 대영제국의 손실이라는 생각이 그의 생각에 영향을 미쳤기 때문이었다.

그 길로 병원에 찾아가 필립은 어머니를 만났다. 어머니는 사색이 되어 병석에 누워 계셨다. 이러한 어머니가 아들 필립을 보자마자 병상에서 벌떡 일어나 놀란 얼굴을 하시며 역시 어머니답게 또 소리를 지르셨다.

"대영제국의 군인답지 못하게 이 치열한 전쟁 중에 하찮은 어미를 보기 위해 그 먼 길을 찾아오다니 네가 도대체 영국의 운명을 짊어지고 조국의 운명을 위해서 싸우는 대영제국의 육군 장교란 말이냐? 나는 건강해. 아무렇지도 않아. 이 병원에 돌팔이 의사들이 나를 병자 취급을 해서 내가 이 병원에 입원해 있는 것 뿐이야. 너는 대영제국의 육군장교가 아니냐? 이 병원의 돌팔이 의사들을 불러 호통을 좀 쳐라. 그리고 나를 당장 이 병원에서 퇴원시켜라." 하시는 것이었다.

일주일간의 휴가를 어머니와 함께 보내고 떨어지지 않는 아쉬운 발길로 필립은 다시 전선으로 복귀했다.

그 후 일 년 6개월. 세계 제 2차 대전은 UN군의 승리로 막을 내렸다.

전쟁이 끝나고 고향으로 돌아가는 군인들 틈에 끼어 필립도 고향을 향해 달려갔다. 몽매간에도 잊지 못해 하던 어머니를 만나기 위해서였다. 집에 도착한 그는 깜짝 놀랐다. "이게 웬일인가? 어떻게 우리 집 현관문이 저렇게 폐쇄되어 있고 정원에는 또 무슨 잡초가 저렇게 무성하단 말인가?" 집이 비어있는 것을 발견하고 그는 미칠 것 같은 느낌으로 그 때 그 편지를 보낸 옆집 아주머니 집으로 단숨에 달려갔다.

아주머니를 만나 어떻게 된 일이냐고 물었을 때 그 아주머니는 필립을 붙들고 하염없이 눈물을 흘리면서 이렇게 말했다.

"어머니는 그 때 필립 네가 떠나고 한 달여 만에 세상을 떠나셨어. 세상을 떠나실 때 수없이 너의 이름을 부르셨단다. 아들을 보지 못하고 떠나셨던 어머니는 차마 눈을 제대로 감지 못하셨지."

"그럼. 제가 매달 어머니로부터 받았던 그 편지는 어떻게 된 것입니까? 아주머니."

그 때 아주머니는 안으로 들어가 우표가 붙어 있는 편지를 한 묶음 들고 나오셨다. 그러면서 이렇게 말씀하셨다.

"이 편지들이 앞으로 너에게 매달 보내야 할 편지란다. 어머니께서 돌아가시기 전에 이렇게 편지를 써서 봉해 놓으셨어. 돌아가시기 전에 어머니는 밤낮으로 이렇게 많은 편지를 쓰셨어. 그리고 어머니는 나를 불러 놓고 이렇게 말씀하셨지. '매월 13일에 이 편지를 한 통씩 필립에게 보내 주세요. 그래야 우리 아들 필립은 내가 아직도 살아 있는 것으로 생각하고 조국을 위해 열심히 싸울 겁니다. 내가 죽은 후에도 어떤 형태로든 필립에게 내가 죽었다는 말을 하지 마시오. 내가 죽었다는 소식을 전선에서 내 아들이 듣는다면 내 아들의 생명이 위험할 수도 있으니까요. 하셨단다. 어머니는 너를 그토록 사랑하셨어."

그 후 필립은 옥스퍼드대학을 졸업하고 대영제국의 외교관으로서 평생을 보냈다. 외교관으로서의 그의 업적은 영국역사에 길이 남을 많은 공헌을 세웠고 그것 때문에 그는 영국여왕으로부터 작위를 받는 명사가 되었다.

어머니의 사랑. 우리는 여기에서 참으로 위대한 어머니의 사랑을 느낀다. 자식을 이렇게 사랑하는 어머니에 의해서 양육된 자식이라면 그 어떤 자식이 필립처럼 위대한 인물이 되지 않을 수 있겠는가?

자식들 양육 때문에 불철주야 고민하고 고생하는 한국의 어머니들에게 말하고 싶다. 간절하게 말해 주고 싶다.

"자식을 사랑하십시오. 자식을 사랑하는 것만이 당신의 삶을 위해서 최선을 다하는 것입니다."라고.

필자가 만난 한국의 어머니들. 그 어머니들처럼 자식 걱정에 허덕이는 어머니들을 본 적이 없다. 그 어머니들을 볼 때마다 필자는 대영제국의 위대한 외교관 필립 체스트넛 공을 생각한다. 한국 어머니들의 자식 사랑이 필립과 같은 세계적인 인물을 만들어 내는데 얼마나 큰 공헌을 할까를 생각하면서...

　어떻든 이제 우리는 알고 있다. 진정한 자식 사랑이 자식을 성공시킨다는 사실과 그 사랑은 걱정이 아니고 믿음이라는 것을...

 ## 아이의 잠재력

아이는 태어나기 전부터 완벽한 인간으로 자랄 수 있는 잠재 능력을 가지고 있었다. 그렇기 때문에 누가 아니 어머니가 아니면 어떠한 사람이 어떠한 방법으로 그 아이를 기르든 그 아이는 아이를 기르는 사람의 성격과 관련된 성격을 가진 아이로 자란다. 아이가 인간으로 태어난 이상 아이는 태어나면서부터 인간에 의해서 양육되어야 하고 양육하는 인간의 모습을 닮고 싶지 않아도 닮아야 하기 때문에 그 아이는 그를 길러주는 인간 이외의 그 어떤 다른 것을 닮을 수 없다.

이처럼 아이는 그를 길러 준 인간처럼 인간으로 자랄 수밖에 없는 가능성을 가지고 태어난다. 그래서 인간 영아는 인간으로 자란다. 혹시라도 여기에 문제가 개입될 수 있다면 그것은 오직 어떠한 성격을 가진 인간이 그 아이를 기르느냐는 것이다.

아이가 하나의 인간으로 자랄 수밖에 없는 것에 대해서 특별한 흥미를 가지고 연구에 연구를 거듭했던 프로이드는 결국 아이가 가지고 태어난 자율성의 힘이 아이를 인간으로 자라도록 한다는 것을 찾아내게 되었다. 프로이드가 찾아낸 아이의 자율성은 아이 자신이 가지고 태어난 정신적인 능력이다.

　어머니가 아이를 교육시킨다고 간섭하고 야단을 치지 않아도 아이는 아이 혼자서 잘 자랄 수 있다. 혼자서 잘 자랄 수 있도록 아이가 아이 자신을 돕는 자율성이라는 위대한 힘을 가지고 있기 때문이다.

　아이가 가지고 태어난 자율성은 하나의 프로그램이다. 그 프로그램은 세월 따라 세월과 함께 자란다고 말하는 변화의 과정이 순서에 따라 정리되어 있는 아이의 잠재력이다. 그 프로그램 안에는 아이가 올바르게 자랄 수 있는 온갖 방법과 구도가 청사진이 되어 상세하게 삶의 안내자로서 주어진 역할을 잘 할 수 있는 모든 것이 준비되어 있다.

　자율성 속에는 인지능력과 기억능력의 두 영역이 있다. 이 영역들 때문에 인간은 인간으로서 필요한 정신적인 기능을 갖추기 위해서 인지를 통해 배우고 배운 것을 정신 안에 기억으로서 저장시켜 둘 수 있는 것이다.

　인지능력은 정신 안에서 일어나는 긴장과 정신 밖에서 밀려오는 자극을 받아들이고 그것을 느낄 수 있는 심리적인 기능을 말한다. 최초로 인간이 접촉하는 외부세계를 느낄 수 있게 하고 그 느낌을 통해서 인간이 인간으로써 살아갈 수 있는 느낌을 만들어 주는 능력이 바로 인지라고 할 수 있다.

　만일 인간이 정신 내부의 자극과 외부의 자극을 구분해서 인지하지 못하고 이를 이해하지 못한다면 그 아이는 인간으로서 인간다운 성장을 할 수 없게 될 것이다. 그 예로서 자폐증을 들 수 있다. 자폐증은 정신 내부의 자극과 정신 외부의 자극에 의해서 생기는 긴장과 갈등을 이해하지 못하고 해소하지 못하는 취약한 정신력을 가지고 있는 상태를 말한다. 이러한 아이는 성장을 거부하는 아이라고 앞에서 이미 언급한 내용과 같다.

　정신 내부나 외부의 자극을 부정하고 거부하는 자폐 현상도 자율성에 의한 것이다. 자율성은 성장을 허용할 수도 있고 성장을 거부할 수도 있는 또 다른 형태의 자율성을 가질 수도 있다. 그래서 아이가 아이의 자율성을 어떻게 관리할 수 있게 하느냐가 대단히 중요한 일이 된다.

아이가 자율성을 잘 관리할 수 있도록 만들어 주면 아이는 자기의 자율성을 십분 발휘하게 된다. 그렇기 때문에 아이의 주변 환경을 편안하게 만들어 주면 된다. 그러나 주변 환경을 잘못 관리해 주면 아이는 자율성을 남용하고 잘못된 환경만큼 자기를 망치는 일에 탐닉한다.

인지영역과 기억영역은 무한대하다. 이는 곧 아이가 구사할 수 있는 능력이 무한대하다는 것을 의미하는 것이다.

인지영역은 아이 자신의 느낌이나 생각을 인지하는 능력이 들어있는 정신 내부의 세계이다. 인지능력은 아이가 느끼는 것이나 생각하는 것의 내용이 어떠한 것인가를 알아내는 것이다. 만일 아이에게 인지 능력이 없다면 아이 자신의 느낌에 대해서 아는 바가 없을 것이고 생각하는 것 또한 그 내용이 어떠한 것인지를 모를 것이다. 인지능력이 없다면 아이는 정신 내부의 자극이나 정신 외부의 자극을 느낄 수 없기 때문에 인간으로서의 성장이 불가능하다. 인간으로서의 성장이 불가능하다는 말은 육체는 인간의 형체를 가지고 성장하겠지만 그 인간의 형체를 다스릴 수 있는 정신이 육체적인 성장과 병행해서 성장하지 못하기 때문에 결국 인간으로서 구실을 할 수 없게 된다는 것이다.

인지능력이 없으면 기억능력 또한 상실된다. 왜냐하면 느끼고 생각하는 것이 없으면 기억할 수 있는 것도 없기 때문이다.

이러한 맥락에서 인지능력을 보았을 때 인지능력처럼 중요한 것이 없다. 인지능력이 기억능력과 관련되고 나아가서는 인간을 인간으로서 기능할 수 있게 하는 자율성을 있게 하기도 하고 없게 하기도 하는 막강한 힘을 가지고 있기 때문이다.

아이의 인지능력은 어머니의 양육태도에 의해 결정된다. 그렇기 때문에 어머니를 아이의 정신발달과 관련하여 생각해 볼 때 신보다 더 위대한 존재라는 말을 하게 되는 것이다.

　어머니가 아이를 기를 때 아이의 자율성을 인정하지 아니하고 어머니의 마음대로 아이의 행동을 관리하거나 아이의 행동을 관리하는 것이 귀찮아서 아이의 행동을 무시해 버린다면 아이는 인지된 어머니의 태도를 기억해 두고 싶은 마음을 잃게 된다. 기억해 두고 싶은 마음을 잃어버리게 되면 아이의 기억 영역에는 아무 것도 들어 있는 것이 없게 된다. 기억하고 있는 것이 아무 것도 없다는 것이다. 아이의 기억 영역 속에 기억되어 있는 것이 하나도 없다면 그 아이의 정신적 성장은 멈추게 된다.

　어머니가 아이의 자율성을 인정하고 인정하지 않고 하는 것이 결과적으로 자율성을 죽이고 살리고 하는 결정적인 역할을 한다. 그렇기 때문에 아이를 양육하는 어머니가 아이의 행동을 간섭해서는 아니 된다. 물론 모든 것을 간섭하지 말라는 것은 아니다. 어머니가 아이를 간섭할 수 있는 것은 잘못하면 아이가 죽을 수도 있는 생명에 위험한 일을 했을 때이다. 그 이상의 간섭은 그 간섭이 어떠한 간섭이든 허용할 수 없는 간섭이다.

　아이는 아이 마음대로 놀아야 한다. 아이가 가지고 놀고 싶은 것을 가지고 놀아야 한다. 그것이 무엇이든 아이가 가지고 놀기를 원한다면 그것을 가지고 놀 수 있도록 허락해야 한다. 만일 아이가 가지고 놀기를 원하는 것이 위험하기 때문에 혹은 귀중한 것이기 때문에 아이가 가지고 놀아서는 아니 될 물건이라면 아이의 손이 닿는 곳에 그 물건을 놓아두어서는 아니 되고 그리고 아이의 눈길이 닿는 곳에 놓아두어서도 아니 된다. 그러한 물건은 아이의 손길이 닿지 않고 눈길이 닿지 않는 곳으로 완벽하게 치워놓아야 한다. 왜냐하면 아이가 가지고 놀아서는 아니 된다고 생각하는 물건에 아이들은 더 많은 흥미와 호기심을 가지고 있기 때문이다.

　아이들은 흥미와 호기심의 덩어리이다. 아이들의 흥미와 호기심은 아이들의 성장에 없어서는 아니 될 귀중한 것들이다. 그렇기 때문에 아이들은 될 수 있는 대로 많은 흥미를 가지게 하고 호기심을 느끼게 하는 것이 좋다. 흥미와 호기심이 아이를 아이답게 느끼게 하고 그리고 아이다운 성장과정을 겪게 하기 때문이다.

　흥미와 호기심을 충분히 맛보고 자란 아이는 창의력이 뛰어나고 창의력이 출중한 아이는 어머니가 원하는 대로 훌륭한 아이로 자랄 수 있다. 자율성의 허용과 능력의 한계는 이렇듯 양육자인 어머니에 의해서 결정되는 것이기 때문에 어머니는 일관성 있게 언제나 변함없이 아이의 자율성을 허용하고 자율성의 허용을 통해 능력의 울타리를 넓게 그리고 더 넓게 칠 수 있는 편안한 성장 환경을 만들어 주는 것이 바람직하다.

　어떤 어머니는 혹시라도 아이를 기르는 일이 이렇게 쉽지만은 않다고 생각할 수도 있다. 아이를 기르는 일은 이 밖에도 많은 일들이 복잡하게 얽혀서 있기 때문에 어렵다고 생각할 수도 있다. 그러나 어머니들이여. 한번 조용히 생각해 보시기 바란다. 무엇이 그렇게 복잡한가를….

　따지고 보면 아이를 기르는 일이 그렇게 복잡할 것이 없다. 다만 어머니들의 마음이 복잡하기 때문에 아이를 기르는 일 또한 복잡할 뿐이다. 아이를 기르는 것은 참으로 간단하다. 자율성만 인정하면 되기 때문이다. 기어다니면 기어다니도록 놓아두면 되고 장난감을 가지고 놀면 놀도록 놓아두면 되고 창문을 만지면 창문을 만지도록 놓아두면 되고 걸레를 가지고 놀면 걸레를 가지고 놀도록 하면 된다.

　안아 달라고 하면 안아주고 업어 달라고 하면 업어주고 내려가겠다고 하면 내려놓으면 된다. 업어주어야 할 상황이 아니고 안아 주어야 할 형편이 아니고 내려놓아야 할 계기가 아니라고 생각해서는 아니 된다. 어떤 경우를 막론하고 아이가 하자는 대로 하면 된다.

　울면 달래주고 혼자서 조용히 놀면 어머니도 그 옆에 앉아서 어머니가 하고 싶은 일을 조용히 하면 된다. 그 이상의 것도 그 이하의 것도 할 필요가 없다. 이렇게 아이를 기르면 아이를 기르는 것이 재미있고 보람 된다.

　문제는 언제나 어머니 쪽에 있다. 아이 쪽에 문제가 있는 경우는 하나도 없다. 아이는 자라야 하기 때문에 움직여야 하고 어머니는 귀찮기 때문에 아이의 움직임을 막아야 한다는데 문제가 있다. 아이의 움직임을 막으려고만 하지 않는다면 아이는 한없이 잘 자랄 것이다.

　아이를 간섭하는 것을 좋아하는 어머니를 보면 아이가 성장하는 것을 싫어하는 것처럼 보인다. 어떤 어머니가 자기 자식이 멋있게 성장하는 것을 싫어하겠는가? 그러나 어머니의 간섭이 아이의 성장을 철저하게 막는 우매한 일이라는 것을 모르기 때문에 어머니는 아이를 간섭한다. 간섭은 자율성을 포기하게 하고 능력의 울타리를 좁게 쳐 주는 것이 된다.

　어머니의 간섭이 아이로 하여금 자율성을 포기하게 하는 것은 어머니가 지시하는 말대로 아이가 행동을 해야 하는 것 때문이다. 어머니가 지시를 했는데 아이가 어머니의 지시에 따르지 않는다면 어머니는 무조건 화를 내거나 소리를 지르거나 아니면 냉담하게 감정을 식혀 버리기 때문에 아이는 어머니의 이러한 태도가 두려워서 어머니의 말에 순응할 수밖에 없게 된다. 이러한 본의 아닌 순응이 버릇이 되어 어머니의 지시가 없으면 움직이지 못하는 로봇과 같은 아이가 되고 만다.

　어머니의 말에 아이가 순종하는 것은 그때는 좋지만 결과적으로 아이를 무기력하게 하고 나태한 게으름뱅이가 되게 한다는 무서운 사실을 모르기 때문에 어머니는 아이에게 무조건 순종하라는 명령을 예사로 한다.

　아이가 자율성을 상실하게 되면 그 아이의 인생이 얼마나 크게 망가지는가에 대해서는 아랑곳하지 않고 어머니의 성질대로 아이를 기르는 것에 문제가 있다.

　오늘날 우리 나라의 과학이 뒤떨어지고 학문이 황폐해지고 정치가 요지경 속 같고 경제가 하루아침에 무너지는 어려운 상황에 놓이게 된 것 모두가 아이에게 자율성을 허락하지 않은 어머니의 독선 때문이라는 것을 아는 사람이 몇이나 될까? 아마도 대부분의 어머니들은 이러한 사실을 극구 부인할 것이고 경우에 따라서는 비분강개하며 억울해 할지도 모른다. 그러나 사실을 사실대로 인정하고 잘못된 것을 하루속히 수정 보완하는 지혜로운 다스림이 있어야 할 것이다.

# 어머니와 아이의 공생관계

여름을 생각하면 더위와 푸른 숲이 연상되고 겨울하면 메마른 나무가지와 추위가 느껴지듯 어머니를 생각하면 어머니의 품에 안겨 있는 아이와 그 사이에 흐르고 있을 따뜻한 정이 그려진다. 계절과 풍경이 불가분의 관계에 있는 것처럼 어머니와 아이도 필연(必然) 속에 상존(常存)한다.

어머니 마음대로 아이와 함께 산다든지 아이가 어머니와 함께 살기를 원하기 때문에 싫지만 어쩔 수 없이 함께 사는 경우는 없다. 어머니와 아이는 어쩔 수 없이 함께 살아야 하는 관계적 운명을 가지고 있다.

여자가 부인이 되고 그 부인이 아이를 낳으면 좋든 싫든 어머니가 된다. 그리고 아이를 양육한다. 아이의 입장도 어머니와 마찬가지이다.

아이는 어떠한 일이 있어도 아이 마음대로 혼자서 세상에 태어나지 못한다. 여자가 아이를 가졌을 때 그 아이는 잉태한 그 여자의 자궁 속에서 그의 최초의 삶을 시작한다. 그 때부터 여자와 아이는 어쩔 수 없이 숙명적인 관계, 어머니가 되고 자식이 되는 관계를 맺게 된다.

아이의 삶이 시작되면서부터 어머니가 된 여자와 그 어머니의 자궁 속에서 삶을 시작한 아이는 세상에서 가장 가까운 인간관계를 맺고 서로를 위한 삶을 시작한다. 어머니와 아이가 함께 산다는 것은 누가 누구의 인생을 위해서 함께 사는 것이 아니다. 서로의 인생을 위해서 함께 사는 것이다.

어머니가 아이를 잉태한 다음에는 아이를 낳는 것이 원칙이다. 그러나 꼭 그래야 할 필요가 없는 것이 오늘의 실정이다.

여자는 여자 마음대로 아이를 낳고 어머니가 될 수도 있고 아이를 낳지 않고 어머니가 되는 것을 거부할 수도 있다. 어머니가 아이를 가졌다는 육체적인 상황이 중요한 것이 아니고 잉태한 그 아이를 낳을 것인가 낳지 않을 것인가를 결정하는 심리적인 분위기가 중요하다.

하나의 생명이 탄생하는데는 그 생명을 탄생시키는 어머니의 결정이 있어야 한다. 아이에게 삶의 기회를 제공하는 어머니의 결정이야말로 아이의 생명을 위해서 절대적이다.

어머니가 아이를 낳고 낳지 아니하고가 능동적이라면 출생과 관계된 아이의 입장은 수동적이다. 세상에 태어나고 태어나지 않고를 결정하는 선택의 여지가 아이에게는 전혀 주어지지 않기 때문이다.

아이가 잉태되어 어머니의 자궁 속에서 280일의 일차적 성장기를 마치고 그 곳을 떠나는 것이 출생이다. 공장에서 만들어진 배가 그 본연의 기능을 위해 바다에 띄워지듯 아이가 어머니의 자궁을 떠나는 것은 새로운 삶을 위한 탄생이다. 자신만의 세상을 살기 위한 출발이다.

탄생의 고통은 안락했던 자궁 속의 공생(共生)을 포기하고 발전된 삶을 위해서 생활 무대를 바꾸는 성장의 시련이다. 당연히 겪어야 할 시련이다. 그렇다고 해서 공생의 필연적 관계를 완전히 벗어난 것은 아니다.

아직도 공생의 배를 타고 항해해야 할 길이 멀다.

공생관계를 이야기 할 때 사람들은 일반적으로 "악어와 악어새"와의 관계를 예로 든다. 그 예의 내용은 다음과 같다.

악어와 악어새는 함께 산다. 함께 사는 이유는 서로 돕고 서로 덕을 보여 주기 때문이다. 악어가 음식을 먹고 난 다음에 이빨사이에 끼어 있는 음식 찌꺼기들을 악어새가 쪼아먹는다. 악어는 악어새 덕분에 이빨을 깨끗하게 청소할 수 있고 악어새는 악어 덕분에 음식을 배불리 먹을 수 있다. 상호보완적 관계가 잘 이루어지고 있는 관계이다.

그러나 필자가 생각하는 "악어와 악어새의 공생관계"는 그 보다는 좀 더 심각하다.

악어와 악어새는 이빨에 끼어 있는 음식을 쪼아먹고 이빨 청소를 받고 하는 관계라고 하기보다는 서로가 서로의 생명을 맡기고 있는 관계라고 하는 것이 옳다.

악어가 늪에서 쉬고 있거나 잠을 자고 있을 때 악어의 천적(天敵)으로부터 악어의 생명을 보호하기 위해서 악어새는 나무 위에서 망을 본다. 보초를 선다는 것이다. 만약 악어의 천적이 나타나면 악어새는 악어에게 천적이 나타났다는 것을 소리내어 알린다. 이 때 악어는 곧 물 속으로 잠입하여 생명을 보호한다. 반면에 악어새에게 천적이 나타나면 악어새는 악어 입 속으로 들어가 생명을 보호한다. 이렇게 서로가 서로의 생명을 보호해 준다. 이러한 관계를 공생관계라고 한다.

어머니와 아이가 공생관계인 것은 어머니와 아이가 생리심리적으로 서로 없어서는 안 될 관계이기 때문이다. 어머니와 아이 관계의 예를 들어본다.

여자는 아이를 필요로 한다. 여자의 육체적인 여건이 아이를 갖지 않으면 아니 되도록 구성되어 있기 때문이다. 아이를 낳아야 여자는 우선 하나의 인간으로서 완성된다.

그리고 많은 병마를 퇴치할 수 있는 면역체계가 강화되고 여왕으로 아니 모신으로 자식 위에 군림할 수 있는 기틀이 마련된다.

아이를 낳은 다음에는 아이에게 젖을 먹여야 한다. 젖을 먹여야만 어머니가 된 그 여자의 심신이 편하고 편안한 만큼 건강이 유지되기 때문이다.

아이의 입장에서의 어머니는 생명이다. 어머니가 필요한 것이 아니다. 어머니가 없으면 아이가 없다. 어머니 없이 살아갈 수 있는 아이가 없기 때문이다. 어머니는 아이에게 절대시되는 아이의 생명이다. 그렇기 때문에 어머니와 아이 관계를 공생적 관계로 보는 것이다.

어머니가 아이를 잉태하고 출생하는 가부를 결정하고 아이를 출생시킨 후에도 그 아이를 기를 것인가 기르지 않을 것인가의 선택을 하기 때문에 어머니가 아이를 낳은 다음에 아이를 관리하는 것까지도 절대적인 권한을 갖는다.

이와 마찬가지로 어머니가 아이를 관리하는 태도도 상대적이다. 그러나 아이의 입장은 전혀 그러하지 못하다. 아이에게는 선택의 권한이 없기 때문이다. 어머니와의 관계에서 아이는 다만 죽지 않으면 사는 것 이외의 어떠한 선택도 허용되지 않는다.

그래서 필자는 "어머니가 없으면 아이가 없고 아이가 없으면 어머니도 없다"는 말로서 어머니와 아이 관계를 묘사한다. 그럴 정도로 아이는 어머니에게 종속되어 성장기 전반을 보낸다.

어머니와 아이의 공생관계는 육체적 밀착도 중요하지만 이보다 더 중요한 것이 심리적인 밀착이다. 이를 위해서 어머니는 항상 아이를 자식으로 받아들이고 귀하게 여겨야 한다. 혹시라도 아이를 천하게 생각하고 마치 자기 자식이 아닌 것처럼 함부로 대한다거나 미워하는 경우가 있어서는 안 된다는 것이다.

아이가 어리기 때문에 세상을 잘 모를 것이라는 생각으로 아이를 함부로 대했다가는 정말 큰 코 다친다. 아이는 순수하기 때문에 순수한 만큼 예민하고 도덕적이고 솔직하다.

그래서 밖에서 들려오는 어머니의 목소리나 어머니가 만져주는 손길이나 젖을 먹을 때 들리는 어머니의 심장소리 그리고 젖꼭지와 젖의 맛 모두에 민감하다.

이것들 중 어느 것 하나라도 잘못된 것이 있다면 그만큼 아이는 상처를 받는다. 이 때 받은 아이의 상처는 정신장애를 일으킬 수 있는 요인이 되어 훗날에 심각한 정신질환을 가지게 할 수 있다.

아이와 어머니가 거쳐가는 공생기는 출생 후 어머니를 인식하게 되는 4개월에서 36개월까지에 걸쳐 있다. 특히 공생기가 절정에 이르는 시기가 있다. 그 시기는 생후 4개월에서 18개월까지이다.

공생기의 아이는 밀착된 관계를 원한다. 밀착된 관계를 필요로 한다는 것이다. 밀착된 관계를 통해서만 밀착된 사람으로부터 정서적 에너지를 얻을 수 있기 때문이다.

어머니와 아이의 밀착된 관계는 아이에게 자식과 어머니의 관계적 의미를 익힐 수 있는 좋은 기회를 제공하고 그 익힘을 통하여 하나의 인격체로서 성장할 수 있는 의욕을 갖게 한다.

공생기 동안의 밀착은 평생을 통해서 정신적인 안정감을 안겨 주는 좋은 경험이 된다. 그러므로 심각한 정신병으로부터 아이를 보호하기 위해서는 공생기 동안에 아이와 어머니 사이가 일 밀리미터(1mm)의 틈도 없이 가까워야 한다. 특히 정신적으로 아주 밀착된 가까운 느낌을 주는 좋은 관계를 경험하도록 해야 한다.

아이가 세상에 태어나서 가장 중요한 시기가 정상적 자폐기(0개월에서 3개월까지)이고 두 번째로 중요한 시기가 공생기(4개월에서 18개월까지)이다. 공생기는 자폐기 보다 덜 중요하다고 할 수 있겠지만 공생기는 공생기대로 무시할 수 없는 주요한 시기이다.

공생기를 지내면서 불행한 심리적 경험을 한다면 그 경험이 하나의 상처가 되어 후에 자폐증 다음으로 중증인 정신질환 즉, 정신분열증과 정동장애(조, 우울증)와 같은 문제를 가질 수 있다.

아이를 기르면서 어머니들이 아이를 많이 울리는데 아이를 울려서는 안 된다. 특히 공생기 동안에 아이를 울려서는 안 된다. 우는 아이는 불행한 아이다. 행복한 아이가 우는 경우는 없기 때문이다.

아이가 운다는 것은 무엇인가를 필요로 한다는 신호를 보내는 것이고 불편하다는 것을 알리는 것이다. 어머니가 필요하다는 것이다. 어머니의 도움을 받아야 편해지겠다는 것을 알리는 것이다.

아이가 어머니의 도움이 필요할 때 어머니의 도움을 청하는 의미에서 짧게 우는 것은 별 문제가 되지 않겠지만 아이가 예상했던 시간 안에 어머니가 도움을 주지 않기 때문에 더 많은 시간을 오래 동안 울어야 하는 경우는 없어야 한다. 아이를 많이 울려서는 안 된다는 말이다.

공생기를 보내는 동안에 많이 운 경험이 있는 아이는 가까운 장래에 분명 어머니가 감당할 수 없는 어려운 문제를 어머니에게 안겨 주게 될 것이다. 아이를 울린 만큼 어머니도 아이 때문에 울어야 하는 시기를 맞이하게 될 것이라는 것이다.

그러므로 어머니는 아이와 함께 아이의 두 번째 성장기인 공생기를 보내는 동안 아이를 믿고 아이를 자식으로 받아들이고 순수하게 어머니의 도리를 다해야 한다.

어머니들은 자신들이 아이들을 어떻게 길렀는가는 생각하지 않고 무조건 착한 아이, 공부 잘하는 아이가 되어 주기만을 바란다. 아이들이 커서 착한 아이, 공부 잘하는 아이가 되기를 원한다면 아이를 울리지 말아야 한다. 공생기에 많이 울었던 아이치고 착하고 공부 잘하는 아이가 없기 때문이다.

 # 아이의 즐거움, 신(神)의 괴로움

아이는 사는 것이 즐겁다. 새로운 사람을 만나는 것이 즐겁고 새로운 곳을 구경하는 것이 즐겁다. 새로운 놀이를 배우는 것이 즐겁고 새로운 장난감을 가지고 노는 것이 즐겁다. 아이에게는 어느 것 하나 즐겁지 않은 것이 없다. 모든 것이 마냥 즐겁기만 하다.

그러나 어머니의 삶은 그렇지 못하다. 어머니의 삶은 아이 때문에 괴롭다. 마치 괴로운 인생을 살기 위해서 아이를 낳은 것처럼 아이 때문에 어머니의 인생은 괴롭다.

아이의 이러한 즐거움은 아이 자신을 위한 삶의 공간을 마련하고 이를 확보하는 데 있다. 아이가 점유(占有)하고 넓혀 가는 삶의 공간은 어머니와의 관계에서 새롭게 형성되는 믿음에 의해서 만들어진다.

어머니와 좀 떨어진 장소에서 적당한 거리를 두고 아이가 하고 싶은 놀이를 해도 어머니가 아이를 버리고 떠나지 않을 것이라는 믿음이 있을 때 아이는 즐겁게 놀 수 있다. 이는 곧 어머니로부터 떨어져 놀아도 불안한 마음이 생기지 않는 확실한 믿음과 의존해도 좋은 어머니라는 언덕이 있다는 것을 의미한다.

그러니까 혼자 놀면서 어머니의 걱정과 간섭을 받지 않을 때 아이는 아이 자신의 생활 공간을 확보하고 이를 넓혀가게 된다는 것이다. 아이의 생활 공간은 물론 정신적인 공간을 의미한다. 여유있는 마음을 갖게 된다는 말과 같다.

아이와 더불어 사는 어머니의 인생이 괴로운 것은 자유를 추구하는 이러한 아이를 어머니 마음대로 하려는데 있다. 만일 어머니가 아이를 마음대로 하려는 것을 포기해 버린다면 포기한 그 순간부터 어머니의 인생도 아이의 인생처럼 편안하고 즐거울 것이다. 그러나 어머니는 아이를 소유하려는 욕구와 그 욕구를 위해서 아이를 마음대로 하지 않으면 직성이 풀리지 않는 이상한 버릇을 가지고 있다. 어머니 자신의 과거의 경험과 관련된 간섭에 대한 미련 때문에 괴로운 것이다. 혼자서 놀려고 하는 아이 때문에 괴로운 것이 아니라는 것이다.

그럼에도 불구하고 어머니는 아이 때문에 사는 것이 괴롭다고 한다. 어머니가 어머니의 괴로움을 어떻게 생각하든 그 어머니의 괴로움은 절대 아이의 것이 아니다. 그 괴로움은 아이가 만들어서 어머니에게 준 것이 아니라는 것이다.

아이 때문에 괴로워하는 어머니는 아이가 태어나기 전에도 괴로워하며 살아 온 어머니이다. 아이가 태어난 후에 경험하는 괴로움과 같은 괴로움을 아이가 태어나기 훨씬 전부터 이미 가지고 살았음에도 불구하고 어머니는 이를 인정하려 하지 않는다.

마치 아이가 태어나기 전의 어머니는 행복했고 아이가 태어난 후부터 괴로운 삶이 시작된 것처럼 생각하면서 아이를 원망하는 이상한 버릇들을 가지고 있다.

어머니가 아이에게 화를 낼 때는 언제나 어머니 자신의 마음속에 들어 있는 화 때문에 화가 나는 것이다. 그렇기 때문에 아이의 잘못이나 이상한 행동 때문에 어머니가 화가 난다고 생각하는 것은 옳지 않다.

어머니가 아이에게 화를 내면서 아이를 기르면 그 아이는 잘 자라지 않는다. 그리고 물론 온갖 병마에 시달리는 아이가 된다. 아이가 배탈이 난다든지 천식에 걸린다든지 경기를 자주 한다든지 감기에 자주 걸린다든지 그리고 심지어는 소아마비나 백혈병과 같은 불치의 병에 걸리는 것까지도 화를 잘 내는 어머니의 성격 때문이라는 것을 모르는 모양이다. 그러니까 우리 어머니들이 그렇게 막무가내로 화를 내는 것 같다. 마치 화를 내기 위해 사는 사람처럼 화내기를 좋아하는 것을 보면 그렇다는 것이다.

어머니의 화가 아이의 면역체계를 무너뜨리는 무서운 역할을 한다는 것을 아는 어머니는 거의 없다. 그렇기 때문에 어머니는 화를 많이 자주 낸다. 만일 어머니의 화가 아이의 성장에 더할 나위 없이 나쁜 영향을 미친다는 것을 안다면 아마도 화를 내는 어머니가 많이 줄어들거나 아니면 없어질 수도 있을 것이다.

그러나 지금까지 우리 어머니들은 어머니들이 내는 화의 원인을 잘 모르고 또 그 화가 아이에게 어떠한 영향을 미친다는 것을 전혀 생각해 본 적이 없기 때문에 함부로 화를 내는 것으로서 어머니 자신의 마음을 평정시키는 그릇된 일을 해 오고 있다고 해야 할 것이다.

즐겁게 살기 위해서 태어난 아이라고 할지라도 보고 듣고 느끼는 것이 불행하게 사는 것밖에 없다면 그 아이 또한 원래 가지고 태어난 쾌락 위주의 본능을 포기하고 괴로움으로 이어지는 삶을 받아들이고 마치 그렇게 불행하게 살기 위해서 태어난 것처럼 행동하는 어머니를 닮은 아이가 될 것이다. 그래서 아이 또한 즐거움이 아닌 괴로움 속에 자기 자신을 미워하고 믿지 못하고 인정하지 못하는 아이로서 삶을 살게 된다. 이는 곧 어머니의 불행이 아이의 불행이 된다는 것을 의미한다.

옳고 바르게 살려고 하는 아이의 타고난 자율성을 박탈한 어머니의 성격 때문에 괴로움을 참지 못한 아이가 나름대로 즐겁게 살아보려고 방법을 모색한 결과가 결국 아이로 하여금 온갖 못된 짓을 다하게 하는 성격파탄자가 되게 한다. 일탈행위자로 만들어 버리는 경우가 많다. 일탈행위를 하는 아이는 일탈행위를 하는 것이 즐겁다. 아이가 즐기는 일탈행위의 내용이 어떻든 아이는 일탈행위가 즐겁다. 그래서 결국 아이는 일탈행위를 하는 것이다. 선의의 즐거움을 포기하고 악의의 즐거움을 탐닉하는 생활을 한다는 것이다.

아이가 일탈행위를 즐기는 모습을 보고 어머니는 또 괴로워한다. 이때의 괴로움은 아이의 장래와 관련된 것이기 때문에 당위성이 있는 괴로움이다. 그러나 어머니가 원했기 때문에 아이가 일탈행위를 하고 그 일탈행위를 통해서 괴로워하는 그 어머니의 모습이 아이의 마음속에 또 다른 하나의 즐거움을 가지게 한다는 것을 어머니는 모른다.

아이가 괴로워하는 어머니의 모습을 즐기는 것처럼 어머니가 싫어하는 일만을 골라서 하는 실제적인 이유는 어머니가 아이로 하여금 그러한 생활을 하기를 원했기 때문에 아이는 그러한 생활을 하고 안하고의 선택이 없이 일탈행위를 하며 그것을 즐기는 것처럼 보이는 행동을 한다.

일탈행위를 하는 아이의 마음이 어찌 즐거울 수 있겠는가? 그러한 행위를 하는 아이 또한 그러한 행위를 하는 자신이 원망스럽다. 다시 말하면 그러한 행위를 하도록 유도한 어머니가 원망스럽다는 뜻이 된다.

어머니와 아이의 관계가 이렇게 되면 사실상 어머니도 불행하고 아이도 불행하다. 어머니와 아이가 불행하면 그 어머니와 아이가 사는 세상이 또한 불행하다.

이렇게 불행한 생활을 하고 있는 한국의 어머니들에게 물어보고 싶다. 무엇 때문에 쉽고 즐거운 생활을 외면하고 힘들고 괴로운 생활을 좋아하는가를….

아이는 즐거운 생활을 위해서 세상에 태어났고 그래서 즐거운 생활을 할 권리가 있다. 어머니 또한 즐거운 생활을 해야 할 권리가 있다. 어머니와 아이는 명실공히 세상에 태어난 목적에 알맞은 삶을 살 권리가 있다.

목적에 알맞은 삶을 사는 것처럼 쉬운 일은 없다. 즐겁게 사는 것이 너무나 쉽다는 뜻이다. 어머니와 아이가 함께 즐거운 생활을 하려고 한다면 어머니가 먼저 아이를 믿고 인정하고 사랑하는 마음을 가져야 한다. 만일 어머니가 아이를 믿고 인정하고 사랑한다면 아이도 어머니가 아이에게 하는 것과 같이 어머니를 믿고 인정하고 존경하고 그리고 사랑할 것이다.

세상에 어머니가 자식을 자식이 어머니를 믿고 인정하고 사랑하는 것처럼 쉬운 일이 없다. 자식이 어머니의 잘못된 양육태도 때문에 잘못 되었다고 할지라도 아이의 잘못된 모든 것을 수용하고 아이를 믿고 인정하고 사랑한다면 아이가 원하는 즐겁고 만족스러운 삶을 살 수 있는 아이가 될 것이다. 그리고 어머니 또한 그러한 아이와 함께 사는 것이 즐겁고 자랑스럽고 행복할 것이다.

아이를 믿고 인정하고 사랑하는 어머니가 되어 어머니와 아이가 함께 즐거운 삶을 살 수 있어야 한다. 어머니의 거울인 아이들의 모습 속에 비치는 어머니 자신의 모습이 아름다웠을 때 세상이 아름답게 보이는 법이다.

 삶과 환경의 의미

인간은 환경 속에 산다. 환경을 떠나서는 살 수 없는 것이 인간이다. 물고기가 물을 떠나서 살 수 없는 것처럼 인간은 사람이 없이는 살 수 없다. 물고기에게 물이 중요한 것처럼 사람에게는 사람이 중요하다. 다시 말해서 사람은 사람이 없이는 살 수 없다는 것이다. 사람이 사는데 꼭 필요한 것이 사람이라면 사람은 사람에게 절대적인 존재이다.

　사람은 사람들에게 둘러 쌓여 산다. 사람이라면 모두가 그렇게 사람들과 함께 산다. 사람들과 사는 것이 괴롭고 힘들어도 사람은 사람과 함께 산다. 사람이 사람과 함께 살지 않으면 사람답게 살지 못하기 때문이다. 그래서 사람들은 싸우면서도 함께 살고 서로 미워하고 때로는 서로 죽이고 죽임을 당하면서도 함께 산다. 그래서 필자는 사람에게 사람보다 더 중요한 환경은 없다고 생각한다.

　다른 사람들도 필자처럼 사람을 사람의 환경이라고 생각하고 있는가 궁금해서 사람들에게 어떠한 것을 '환경'이라고 하느냐고 물으면 사람들은 대체로 사람이 살고 있는 주변의 모든 것, 그러니까 집, 가구, 동네, 학교, 병원, 동사무소, 시청, 약국, 수퍼마켓, 길, 강, 산 등을 통틀어서

환경이라고 한다고 말한다. 이 때

"어떤 여자가 좋은 환경을 가진 남자를 만나 결혼을 했습니다. 이 여자가 결혼을 한 사람의 좋은 환경은 무엇을 말하는 것일까요?"라고 물으면

"그야 좋은 가정을 말하는 것이겠지요. 잘 사는 가정의 남자에게 시집을 갔다는 뜻이 아니겠습니까?"라고 대답하는 것이 일반적이다.

'좋은 가정'과 '잘 사는 가정'이 뜻하는 바는 돈이 많은 가정이라는 것이리라. 좋은 가정과 잘 사는 가정을 좋은 환경이라고 한다면 이러한 가정을 가진 남자에게 시집을 간 여자는 행복하게 잘 살아야 한다. 그러나 그러한 가정으로 시집을 간 여자들이 정말 행복하게 잘 살고 있을까? 이에 대해서 어떤 사람도 자신있게

"예, 그렇습니다."

라고 단언해서 대답할 수 있는 사람은 없을 것이다. 왜냐하면 경제적으로 잘 사는 가정이 행복을 약속하는 것은 아니기 때문이다. 경제적으로 잘 산다고 해서 행복한 삶이 보장된다는 법은 없기 때문이다. 경제적으로 잘 사는 가정으로 시집을 간 여자가 행복한가 아니면 불행한가에 대해서 논하는 것은 이 책이 시도하는 것과는 거리가 먼 문제이기 때문에 이에 대한 판단은 독자들의 생각에 맡기기로 하고 인간의 삶을 관리하고 행복을 좌우하는 것이 무엇인가에 대해서 논해야 할 것 같다.

인간의 환경은 인간이 살고 있는 주변의 물리적인 조건을 말하는 것이 아니다. 정치나 경제, 사회, 문화 등과 같은 추상적인 것들을 말하는 것도 아니다.

그렇다면 필자가 말하고자 하는 환경이란 도대체 무엇이란 말인가? 필자가 말하고자 하는 인간의 환경은 앞에서 말한 바와 같이 "사람이 거래하는 사람"이다. 주변에 있는 모든 사람 특히 내가 거래하는 사람들이 나의 절대적인 환경이라는 것이다.

환경으로서의 역할을 하는 사람은 서로의 마음을 교환하는 사람이다. 그러니까 구체적으로 말하자면 거래하는 사람의 마음이 곧 나의 환경이라는 것이다. 사람에게 행복하고 불행한 느낌을 가지게 하는 것이 곧 내가 거래하는 사람의 마음이기 때문이다.

어떤 사람이 나를 믿고 인정하고 좋아한다면 그 사람과의 관계에서 나는 행복한 느낌을 가질 것이고 그렇지 못하다면 나는 불행한 느낌을 가지게 될 것이다. 그러니까 모든 사람은 그 때 그 때 거래하는 사람의 마음이 어떠한가에 따라 즐거울 수도 있고 슬플 수도 있고 화가 날 수도 있고 괴로울 수도 있다. 이는 곧 내가 거래하는 사람과의 관계에서 어떠한 느낌을 갖느냐에 따라 내 마음의 정서가 결정된다는 것이다.

이러한 맥락에서 어머니와 아이의 관계를 고려해 볼 때 아이의 환경 역할을 하는 어머니의 영향은 이루 표현할 수 없을 정도로 막강하다. 왜냐하면 아이는 상당히 오랜 세월의 성장기간을 어머니와 단 둘이서 보내야 하기 때문이다. 아이는 어머니와의 관계 이외의 다른 사람에게는 별로 관심을 두지 않는다. 아이에게는 오직 어머니밖에 존재하지 않는다. 설사 조부모와 아버지가 있고 형제가 있다고 하더라도 조부모와 아버지 또는 형제의 존재는 별로 중요하게 느껴지지 않는다.

아이는 누가 뭐라고 해도 어머니만 곁에 있으면 된다. 이 세상 어디를 가도 어머니와 함께라면 두려울 것이 없다. 미국, 영국, 독일, 불란서 이 세상 어느 나라를 가도 아이는 두렵지 않다. 어머니만 곁에 있으면 마음이 놓인다.

아이에게는 어머니 이외의 어떤 사람도 필요한 사람이 없다. 그렇기 때문에 어머니는 아이의 모든 것이다. 아이에게 어머니는 비가 오는 날 우산과 같고 추운 겨울날의 두툼한 외투와 같다.

천둥번개가 치는 날 아이는 어머니의 품을 찾고 전쟁터에서 죽어 가는 군인이 부르는 "어머니" 소리는 처절하다 못해 곁에 있는 사람의 단장을 오려낸다.

 고난에 처한 사람이, 무서움에 떠는 사람이, 병마에 시달리는 사람이, 그리고 정신을 못 차릴 정도로 감격한 사람이 외치는 한 마디는 언제나 한결같이 "어머니" 이다.

 어머니가 아이를 낳고 길렀다는 사실이 어머니를 이렇게 막중한 존재로 느끼게 한다. 아이의 정신 세계를 감싸고 아이의 마음을 완전히 점령한 어머니. 그 어머니가 아이의 절대적인 환경이 아니라면 어머니 이외의 그 누가 어머니와 같은 힘으로 아이를 감싸고 보호하며 영향을 미치는 환경이 될 수 있겠는가?

 지독스럽게 매를 때리는 어머니와 함께 사는 아이가 있었다. 어찌나 심하게 아이를 때리던지 주변에 사는 모든 사람들이 아이를 때리는 그 어머니를 미워했고 아이를 동정했다. 그러던 어느 날 어머니와 아이가 남대문시장엘 갔다. 시장에서 이곳저곳을 정신없이 돌아다니던 어머니를 뒤따라 다니다가 어느 틈새에 그만 어머니를 놓치고 말았다. 혼비백산이 된 아이는 목이 터져라 하고 어머니를 부르며 실성한 아이처럼 정신없이 울면서 이리 뛰고 저리 뛰며 시장 바닥을 뒤졌다. 그러나 끝내 어머니를 찾을 수 없었다. 실망과 좌절과 두려움에 떨며 지친 몰골로 시장 구석의 한 가게 옆에 쭈그리고 앉아 있었다. 마침 그곳을 지나가던 옆집 아주머니가 그 아이를 보았다. "저 애가 웬 일로..." 하며 그 아이에게로 다가갔다. 옆집 아주머니를 본 그 아이의 눈에 반가움의 섬광이 튕겼다. 그리고 벌떡 일어났다. 옆집 아주머니에게 안긴 그 아이는 정신없이 울어댔다. 구원자를 만났다는 생각에서였을 것이다. 그 때 아주머니가 말했다. "영민아. 너 살기 힘들지? 네 엄마가 너를 웬만큼 잡아야지..." 영민이는 "......" 말없이 울어댔다. "야, 영민아. 너 말이지. 내가 잘 아는 아주 착한 아줌마가 한 분 계시는데 그 분은 자식이 없단다. 그런데 그 아줌마가 너 같은 아이를 찾고 있어. 그 아줌마는 돈도 많고 잘 생기고 정말 착한 분인데… 너 어떠니? 그 아줌마 집에 가서 살래? 어때? 응? 나하고 지금 그 아줌마한테 가 보자." 하며 영민이의 손목을 잡자마자 영민이는 손을 비틀어 빼냄과 동시에 "다리야, 나 살려라" 도망가 버렸다. 도망치는 영민이의 뒷모습을 보며 "그래도 어미라고… 때리는 어미라도 어미가 좋은 모양이지." 옆집 아주머니는 씁쓸한 웃음을 머금고 그 자리에 한참을 서 있었다. 그 후에도 옆집 아주머니는 이곳저곳에서 간혹 영민이를 만났다. 그 때마다 영민이는 아주머니의 눈치를 보며 슬슬 피했다.

아이는 좋은 집도 필요 없고 비싼 자동차도 필요 없고 많은 돈도 쓸 데 없다. 아이에게 이러한 것은 무용지물이다. 오직 어머니 한 사람, 그 한 사람만 있으면 되고 그 한 사람이 따뜻하고 부드러우면 세상 만사 태평이다. 좋은 어머니가 아니라도 상관없다. 때리는 어머니라도 어머니만 있으면 된다.

허허벌판에서 살아도 좋고 깊은 산중에서 살아도 좋다. 바닷가에서 살면 어떠하며 다리 밑에서 천막을 치고 살면 어떠하랴. 너그럽고 착한 어머니만 있으면 모든 곳이 낙원이다.

그래서 필자는 자식들이 사는 세상에는 어머니처럼 중요한 사람이 없다는 강한 고집을 부리고 있는 것이다.

 **암탉과 대상**

어머니가 아이를 기르는 일은 쉬우면서도 어렵다. 아이를 쉽게 기르는 어머니에게는 아이 기르는 일이 쉽고 아이를 어렵게 기르는 어머니에게는 아이 기르는 일이 어렵다.

아이를 쉽게 기르는 어머니와 아이를 어렵게 기르는 어머니의 차이는 어머니들이 성장하면서 겪은 과거의 경험과 관련된 성격의 차이에서 비롯된다. 어머니들의 성격 차이는 앞에서 여러 차례 언급한 바와 같이 어머니의 성장과정이 어떠했느냐? 어머니가 어렸을 때 어떠한 생활환경 속에서 어떠한 것을 경험하며 자랐느냐와 깊은 관련이 있다.

성장기를 유연한 환경(대상=어머니) 속에서 유연하게 보낸 어머니는 유연한 성격을 가지고 있고 성장기를 경직된 환경(대상=어머니) 속에서 경직되게 보낸 어머니는 경직된 성격을 가지고 있다.

유연한 성격을 가지고 있는 어머니나 경직된 성격을 가지고 있는 어머니들에게 자기의 성격에 대해서 조금은 구체적으로 생각해 본 적이 있는가, 그리고 자기의 성격이 어떠한 성격인가에 대해서 알고 있는가를 물어보면 대부분의 어머니들은 "그렇다"라고 대답한다.

그러나 어머니들이 알고 있다고 대답하는 성격에 대한 인식은 대체로 피상적이고 비과학적이다. 정확한 정보를 가지고 있지 않다는 것이다. 다만 아이를 기르는 과정에서, 다른 가족을 상대하는 과정에서, 혹은 가족 외의 다른 사람들과 거래하는 과정에서 나타나는 어머니 자신의 모습을 보고 "내 성격이 대충 그렇지 않겠느냐?"고 말하는 것이 어머니들이 알고 있는 어머니 자신의 성격에 대한 이해의 전부이다.

성격은 어떠한 모습으로든 밖으로 표출된다. 그것이 성격의 본질이기 때문이다. 말을 해야 하고 행동을 해야 하는 것이 바로 그것이다. 그렇기 때문에 우리는 어떤 사람이 말하는 것과 행동하는 것을 보고 그 사람의 성격 유형을 거의 정확하게 감별할 수 있는 것이다. 그러나 성격에 대한 전문 지식을 가지고 있지 않은 대부분의 어머니들은 "성격은 대충 엇비슷하게 그렇고 그런 것이 아니냐?"고 오히려 반문하는 것이 우리 어머니들의 성격에 대한 일반적인 상식이다. 이는 곧 어머니들 자신이 자기의 성격에 대해서 별다른 관심이 없다는 것을 의미하는 것이다.

그러나 사람의 성격은 모두가 엇비슷하게 그렇고 그런 것이 아니다. 사람의 성격은 하나같이 다르다. 한 사람도 같은 성격을 가지고 있는 사람이 없다. 그러면서도 우리 어머니들은 언제나 "나의 성격은 무난하다"고 생각하는 경향이 있다.

그러나 어머니들의 성격은 엇비슷하지도 않고 무난하지도 않다. 어머니의 성격을 먹고 자라는 아이들의 행동을 보면 금방 그것을 알 수 있다. 아이들의 성격이 천태만상으로 다르다는 것이 그것을 단적으로 입증하고 있다.

유연한 성격을 가진 어머니에 의해서 성장하는 아이는 유연한 성격을 가진 아이가 될 것이고 경직된 성격을 가진 어머니에 의해서 성장하는 아이는 경직된 성격특성을 가지게 된다는 것은 이미 언급한 바와 같다.

아이가 어머니로부터 독립을 성취하는 과정을 부화(孵化)과정이라고 한다. 어머니로부터 독립을 성취하는 과정을 부화과정이라고 하는 까닭은 달걀에서 병아리가 부화되어 나오는 것과 똑같은 과정을 겪는다는 것을 주장한 마가렛 마흘러(Margaret Mahler)와 그의 동료들이 십 수년에 걸쳐 연구한 결과를 발표한 "인간 영아의 심리적인 탄생(The Psychological Birth of Human Infants)"이라는 보고서에 근거한 것이다.

병아리가 암탉으로부터 달걀로서 먼저 태어나고 두 번째로 달걀에서 병아리로 부화되어 완벽한 닭으로서 성장할 수 있는 조건을 갖추는 것과 같이 인간도 몸이 먼저 태어나고 그 후에 정신이 태어나는 과정을 거쳐야 완벽한 인간으로서의 구실을 할 수 있는 조건을 갖춘다.

이러한 맥락에서 인간의 완벽한 탄생, 육체적인 탄생과 정신적인 탄생(부화)을 고려해 볼 때 인간의 탄생 역시 병아리의 생태적 조건과 마찬가지로 두 번 태어나는 과정을 겪는다. 병아리가 태어나기 위해서는 암탉이 병아리를 부화시키기 위해서 닭 둥지에 앉아 있어야 하고 닭 둥지에 앉아 있는 암탉을 발견한 주인은 병아리를 부화시키기 위해서 둥지에 앉아 움직이지 않고 있다는 것을 알아야 한다. 그리고 주인이 암탉이 앉아 있는 그 닭 둥지 속에 부화시키고 싶은 양만큼의 달걀을 넣어 주어야 한다. 그 때 비로소 암탉은 암탉이 원하는 대로 병아리를 부화시킬 수 있다.

병아리의 부화는 암탉이 부드러운 솜털로 따뜻하게 21일 동안을 계속해서 품고 있어야 한다. 정확하게 21일 간을 암탉의 부드러운 털로 따뜻하게 품고 있어야 달걀 속에서 병아리가 부화된다. 달걀 속에서 부화가 완성된 병아리는 스스로 알아서 자기의 부리 끝으로 달걀 껍질을 깨고 밖으로 기어 나온다. 이 때 비로소 병아리의 부화는 완성되는 것이다.

인간의 정신적인 부화도 병아리의 부화처럼 몸이 먼저 태어나고 몸에서 정신이 태어나는 부화 과정을 겪는다. 인간 아이는 태어난 날로부터

1095일(만 3년)이라는 많은 날들이 흘러간 다음에야 부화가 완성되는 날을 맞이할 수 있다. 아이의 정신적인 부화도 병아리의 부화처럼 어머니가 따뜻한 마음과 부드러운 손길로 1095일을 암탉이 달걀을 품고 21일을 기다리는 것과 같은 충분한 사랑과 정성을 쏟으면서 끈질기게 기다려야만 아이의 마음속에서 건전한 아이의 정신이 부화된다.

아이의 정신적인 부화는 부화에 필요한 1095일의 세월이 흘러갔다고 해서 무조건 부화가 되는 것은 아니다. 아이의 건전한 정신적인 부화를 위해서는 먼저 출생 후 100일간의 정상적인 자폐기를 잘 보내야 한다. 그리고 정상적인 자폐기 이후의 4개월에서 18개월까지의 정상적인 공생기를 무난하게 보낸 다음에 정신분열증의 원인이 되는 18개월을 전후한 높고 험준한 격리개별화기로 넘어가는 세월의 언덕을 잘 넘어야 한다. 그리고 정신적인 부화가 이루어지는 격리개별화기인 18개월에서 36개월까지의 세월을 즐겁게 보내야 한다. 출생으로부터 36개월까지의 세월 동안에 이루어야 할 정상적 자폐로부터의 해방과 공생기의 공생적 만족과 18개월을 전후해서 경험하게 되는 환경과의 관계에서 정신분열증을 일으킬 수 있는 외상적 경험을 겪지 않고 지낸 후에 정신적인 부화가 이루어지는 격리개별화기를 잘 보내야만 건전한 아이로서 기능을 하는 두 번째의 탄생인 부화가 끝나고 건강한 인간으로써의 새로운 삶이 시작된다.

아이의 정신적인 부화는 잘 이루어질 수도 있고 잘못 이루어질 수도 있다. 부화가 잘 이루어지는 경우는 정상적 자폐기, 정상적인 공생기, 정신분열증적 증상에 영향을 미치는 갈등기, 그리고 격리개별화기를 순조롭게 잘 넘겼을 때이다.

만일 아이의 부화가 정상적으로 이루어졌을 때는 어머니로부터 격리개별화가 잘 되었다는 것을 의미하기 때문에 그 아이의 부화 이후의 생활은 순조롭다. 어떠한 걱정도 해야 할 필요가 없는 건전한 삶을 살게 된다는 것이다. 이러한 아이는 행동이 바르고 규칙을 잘 지키고 공부도 잘해서 모든 사람의 선망의 대상이 된다.

그러나 정신적인 부화가 잘 이루어지지 않아 어머니로부터 격리개별화에 실패했을 때의 아이는 상상을 초월하는 복잡다단한 성격상의 문제를 가지게 된다.

격리개별화의 실패, 곧 정신이 태어나는 부화의 실패는 어머니와의 관계에서 인간적인 대우를 받는 대신에 패배를 초래할 수밖에 없는 간섭, 과잉보호, 무관심 그리고 육체적인 학대 등 쓰라린 경험을 많이 했다는 것을 의미한다. 그래서 격리개별화의 실패는 어머니와의 관계를 왜곡시키고 왜곡된 관계는 갈등과 우울을 조장한다. 사람을 미워하고 화를 잘 내며 무기력하고 게으른 아이가 된다는 것이다.

아이에게 정신적인 부화의 기회를 주지 않는 것은 격리개별화의 기회를 허용하지 않는 것이다. 아이의 격리개별화를 허용하지 않는 어머니는 아이의 격리개별화를 두려워하는 성격을 가지고 있다. 다시 말해서 아이를 격리개별화시키지 않는 어머니는 어머니 자신이 어머니의 어머니 그러니까 외할머니로부터 격리개별화 되지 못했다는 것을 표명하는 것이다.

외할머니로부터 격리개별화 되지 못한 어머니는 아이의 격리개별화를 허용할 수 없다. 왜냐하면 아이의 격리개별화가 어머니의 정신적인 고립을 의미하고 그 고립은 곧 혼자라는 두려운 느낌을 가지게 하며 결과적으로 다가올 외로움에 대한 공포를 감당할 수 없다는 무의식 속의 강한 저항이 있기 때문이다.

아이의 격리개별화의 실패는 아이로 하여금 어머니에게 매달리게 하는 번거로운 심리적 갈등과 불안을 가지게 한다. 격리개별화 되지 않은 아이가 격리개별화기 동안에는 어머니로부터 격리되려고 하지만 일단 격리에 실패하고 독립을 의미하는 개별화를 성취하지 못한 아이는 격리개별화기 이후 어머니에게 결사적으로 매달리는 불행한 성격을 가지게 된다.

아이의 이러한 병리적인 심리현상은 격리개별화를 포기하게 한 것에서 유래된 것이다. 격리개별화의 포기는 부화의 실패에 기인하는 것이기 때문에 격리개별화의 실패 이후의 격리개별화를 위한 재시도는 곯아버린 달걀에서 병아리가 부화되기를 기다리는 것과 같다. 그렇기 때문에 아이에 의한 격리개별화의 포기는 자기자신을 포기하고 어머니를 취하는 태도라고 하는 것이다. 격리개별화의 포기는 어떠한 경우에서든 자의(自意)에 의한 포기라기 보다는 타의(他意=어머니)에 의해서 결정된 것이기 때문에 아이로서는 어찌할 수 없는 문제이다. 어머니가 아이의 격리개별화를 허용하지 않았을 때를 시작으로 아이는 격리개별화를 두려워하게 된다. 그리고 그 후에는 격리개별화를 위해서 어머니로부터 떨어져 나오려고 하는 노력을 포기하고 어머니에게 매달림으로써 어머니와의 원시적 제휴를 시도한다. 다시 어머니와 합세하여 갓난아이처럼 모든 것을 어머니에게 맡기고 의존하는 아이가 되어 버린다는 것이다.

정신적인 부화의 실패로 인해 격리개별화 되지 못한 아이는 자기의 일을 자율적으로 스스로 알아서 처리하지 못하고 사사건건 어머니의 지시와 간섭에 의존한다.

아이를 정신적으로 부화시키지 않고 격리개별화의 미완성으로 어머니에게 의지하도록 만든 어머니는 어머니 자신의 어머니 그러니까 외할머니로부터 격리개별화 되지 못한 어머니이다.

이러한 관계적 원리 혹은 속성 때문에 "격리개별화 되지 않은 아이는 없다. 다만 격리개별화 되지 않은 어머니가 있을 뿐이다(Masterson & Rinsley, 1972)"라는 개념이 이론화된 것이다.

격리개별화 되지 않은 어머니의 성격은 경계선적이고 경계선적인 성격을 가진 어머니에 의해서 양육된 아이는 어쩔 수 없이 어머니처럼 경계선 성격을 갖는다. 이러한 현상 때문에 경계선 성격 장애 혹은 경계선 증후군이라고 불리는 증상을 비롯한 모든 질환은 대를 이어 후손에게 전해지는 대상환경적 특성을 가지고 있다. 그렇기 때문에 임상적 중재, 다시 말해서 전문가에 의한 심리치료를 받지 않고서는 절대로 그 증상이 없어지지 않는다. 불변의 강한 임상적 지속성을 가지고 가족과 자신을 괴롭히는 성격장애 특히 경계선 성격장애자가 되어버린다.

 ## 아이의 팔과 어머니의 목

　사람의 성격 중에는 하나도 같은 성격이 없다는 것은 이미 언급한 바와 같다. 모든 사람의 성격은 다르다. 사람의 얼굴이 모두 다른 것처럼 사람의 성격도 천태만상이다. 아니다. 천태만상이라기 보다는 차라리 오십구억 태(59億態) 오십구억 상(59億像)이라고 하는 것이 옳다. 왜냐하면 우리가 살고 있는 지구 마을에 59억 여명의 각기 다른 사람들이 59억 여의 각기 다른 성격들을 가지고 살고 있기 때문에 천태만상이라고 칭하기보다는 차라리 오십구억 태 오십구억상이라고 하는 것이 옳다는 것이다.

　세상에는 참으로 많은 종류의 사람들과 그 사람들이 가지고 살고 있는 각기 다른 성격이 있다. 사람마다 모두 나름대로의 성격을 가지고 자기의 세상을 살아가고 있다는 것을 생각하면 우리가 살고 있는 이 세상에 얼마나 많은 종류의 성격들이 살고 있는가를 가히 짐작하고 남음이 있다.

　사람들의 얼굴이 하나같이 모두 다르기 때문에 성격 또한 얼굴처럼 다를 수 있고 얼굴 뒤에 숨어있는 성격이 다르기 때문에 성격이 다른 만큼 사람들의 얼굴이 다를 수도 있다.

　인간의 성격에 대해서는 여러 가지로 말이 많다. 그 중에는 옳은 말도 있고 틀린 말도 있다. 옳은 말을 하는 사람은 성격에 대해서 조금 아는 사람이고 틀린 말을 하는 사람은 성격에 대해서 전혀 아는 것이 없으면서도 아는 척 하는 틀린 상식에 의존하며 사는 사람이다.

사람마다 성격이 다른 까닭은 그 사람을 양육한 사람이 다르다는 것이다. 이는 이미 앞에서 언급한 바와 같다. 좋은 양육자를 만난 사람은 좋은 양육자의 성격만큼 좋은 성격을 가지게 되고 운이 좋지 못해서 나쁜 양육자를 만난 사람은 운이 나빠 나쁜 양육자를 만난 만큼 나쁜 성격을 가지게 된다.

성격이 좋으냐 나쁘냐는 그 성격이 주어진 환경에 적응하느냐 적응하지 못하느냐와 깊은 관계를 가지고 있다. 환경에 잘 적응하는 성격은 건강한 성격이고 환경에 적응을 잘하지 못하는 성격은 병적인 성격이다.

병적인 성격에는 백 수십 가지의 다른 증상들을 가진 성격이 있지만 이것을 크게 구분하면 정신분열증, 경계선 증후군, 신경증으로 나누어진다. 경계선 증후군은 우리의 눈에 가장 많이 뜨이는 증상이다. 그러나 전문가가 아니면 정신질환으로 구분하기가 어려울 정도로 일반적인 상황에서는 기능을 잘한다.

이러한 증상의 특성 때문에 경계선 증후군은 과거 수 백년동안 정신건강분야에서 서자 취급을 받아왔다. 치료의 대상에서 제외된 홀대를 받아왔다는 것이다.

경계선 증후군은 평상시에는 기능을 잘한다. 그러나 조금만 어려운 일이 있어도 상황에 어울리지 않는 과격한 반응을 보이는 경향이 있다. 걷잡을 수 없이 무섭게 화를 낸다든지, 사람을 죽도록 두들겨 팬다든지, 며칠씩 무단가출을 하고 집에 돌아오지 않는다든지, 죽어라 하고 말을 듣지 않고 고집을 부린다든지, 하라는 일은 하지 않고 하지 말라는 일만 골라가면서 한다든지, 공부를 잘 못한다든지, 친구를 사귀지 못해 혼자

외롭게 살면서 사람들을 미워한다든지, 부모에게 소리를 지르며 대항한다든지 하는 등의 골치 덩어리 노릇을 하는 성격을 가진 사람들이 모두 경계선 증후군이라는 병리군(病理群)에 속한다.

경계선 성격은 매달리는 성격이다. 어머니의 목을 붙들고 놓지 않는 성격이다. 아무리 밀고 꼬집고 때려도 어머니의 목을 놓지 않는다. 어머니의 목을 놓으면 당장에 죽을 것 같은 느낌 때문에 팔이 빠지도록 아프고 마비가 되어도 어머니의 목을 놓지 않는다. 목을 붙들고 있는 아이를 떼어놓기를 원한다면 어머니는 아이를 밀어내는 대신에 엉덩이에 손을 받치고 아이를 안아 주면 될 것인데 어머니는 계속해서 아이를 밀어내려고만 하니까 어머니도 힘이 들고 아이도 죽을 지경이다. 어머니가 잠깐만 편안하게 안아 주면 아이는 안겨 있는 것이 조금이 나서 금방 내려 달라고 보챌텐데 어머니는 아이를 안아 주는 것이 싫은 것이다.

이러한 아이들의 심리는 절박하다 못해 숨이 넘어가는 것 같은 무서움에 떨고 있는 아이들이다. 마치 태평양 한복판에서 조난 당한 배 조각을 붙들고 물위에 떠 있는 느낌이다. 사방을 돌아보아도 육지는 보이지 않고 앞으로 헤엄쳐 가려고 하지만 그럴만한 힘이 없다. 그냥 그 자리에 떠 있고 싶지만 가만히 있으면 금방 물 속으로 가라앉을 것 같은 느낌이다. 이러지도 못하고 저러지도 못하는 절박함이 아이의 생명을 위협하는 아슬아슬한 경지에 놓여 있는 것이 경계선 아이들의 심리 현상이다. 그래서 경계선 아이는 어머니에게 필사적으로 매달린다.

미국정신의학협회에서 출간한 문헌(DSM-5)상에 나타난 경계선 증후군의 증상은 다음의 9가지 증상으로 구분된다. 다음의 9가지 증상 중 5개 이상의 증상을 가지고 있으면 경계선 성격장애로 진단된다.

1. 실제 혹은 상상적인 유기를 모면하기 위해서 필사적으로 매달린다.

　유기는 버림을 받는다는 뜻이다. 사랑하는 사람으로부터 버림을 받는다는 뜻으로 사용되는 정신분석학의 용어이다. 성장과정에서 아이가 중요하게 생각하는 사람 혹은 사랑의 대상은 양육자(어머니)이다. 그러므로 어머니로부터 소홀한 대접을 받는다든지 냉정한 대접을 받게 되면 아이는 어머니의 사랑을 의심하게 되고 그 의심이 사랑의 대상에서 미움의 대상으로 바뀌게 된다.

　어머니가 아이를 사랑하는 농도는 하등의 변화가 없다고 하더라도 어머니의 사랑을 아이가 어떻게 느끼느냐에 따라서 어머니가 아이를 사랑하는 질과 양이 결정된다. 아이의 이러한 심리적인 현상은 객관적인 사실과는 무관하다. 다만 어머니의 사랑을 아이가 어떻게 느끼느냐에 따른 주관적인 정서에 의해 좌우된다. 어머니는 아이에게 맛있는 사랑을 많이 주었다고 생각할지라도 아이가 느끼는 어머니의 사랑이 맛이 없었고 양적으로도 터무니없이 작았다고 느끼면 아이에게 준 어머니의 사랑은 맛없고 작은 것이었다고 할 수 밖에 없다. 주고 받는 것의 결과에 대한 결정권이 어디까지나 받는 측인 아이에게 있기 때문이다.

　어머니로부터 받는 모든 것이 재미없고 맛이 없었다면 그러한 어머니는 아이로부터 미움을 받는 대상이 된다. 만일 아이가 어머니를 미워하게 되면 어머니도 아이를 미워하게 될 것이고 그렇게 되면 어머니가 언제 아이를 버릴지도 모른다는 두려운 느낌을 가지게 된다. 이러한 느낌이 쌓여서 결과적으로 버림을 받게 될지도 모른다는 불안이 사실처럼 느껴진다. 유기불안은 우울증을 가지게 하고 우울증은 분노를 느끼게 한다. 그리고 분노는 사람을 두려워하게 만들고 사람을 두려워하기 때문에 사람을 만나는 것을 피하는 열등감이 죄의식을 만들어 낸다. 죄의식은 아이를 공허하게 만들고 무력하게 하며 공허함과 무력감은 나태성이라고 하는 게으른 병을 가지게 한다.

　이러한 관계적 모순 이외에도 아이가 유기불안을 느끼는 최초의 경험은 얼마든지 있을 수 있다. 예를 들면 아이가 잠을 자고 있을 때 어머니가 화장실에 간 예를 들 수 있다. 어머니가 화장실에 들어가서 2분도 채 되기 전에 아이가 잠을 깼다. 잠을 깬 아이는 어머니가 눈에 보이지 않자 기겁 질색을 하고 울기 시작했다. 화장실에서 어머니는 "엄마 여기 있어"라고 소리를 크게 질렀지만 아이는 자기의 울음소리 때문에 어머니가 지르는 소리를 들을 수 없었다. 그래서 아이는 계속 울었고 어머니는 계속 소리를 지르면서 아이를 달랬으나 아무런 효과가 없었다. 이 때 아이는 유기감을 느낀다. 어머니가 아이를 버리고 도망쳤다는 생각을 하는 것이다. 이러한 아이의 생각이 정신적인 상처가 되어 훗날에 여러 가지 형태의 정신질환을 만들어 낼 수 있다. 몇 살 때 이러한 경험을 했느냐가 증상의 종류를 결정한다.

　우리의 주변에서 흔히 볼 수 있는 일로서 아이가 잠을 자고 있을 때 어머니는 구멍가게에 가서 빨리 콩나물을 사올 예정으로 잽싸게 집을 떠나는 경우를 또 하나의 다른 예로 들 수 있다. 어머니가 집을 떠나고 1분도 되지 않아 아이가 잠에서 깨어났다. 잠에서 깨어난 아이가 주변을 두리번거려 보았지만 어머니의 모습이 보이지 않자 아이는 정신을 놓고 울기 시작했다. 그러나 어머니는 끝내 보이지 않았다. 잠깐 구멍가게에 콩나물을 사러 간 어머니는 마침 가는 날이 장날이라고 길가에서 오랜만에 친구를 만나 아무짝에도 쓸데없는 이야기를 푸짐하게 늘어놓다가 30여 분의 시간을 보내고 난 후에 갑자기 아이 생각이 나서 허겁지겁 집으로 돌아왔다. 그 동안에 아이는 잠에서 깨어나 밖에 나가고 없는 어머니를 찾다가 기진맥진하여 눈물과 콧물로 범벅이 된 얼굴을 하고 흐느끼면서 잠을 자고 있었다. 그것을 본 어머니는 잠깐 미안하다는 생각을 했을 뿐 어머니가 밖에 나가고 없는 사이에 아이가 잠에서 깨어나 어머니를 찾으면서 울다 지쳐 잠이 든 사실에 대해 별다른 생각을 하지 않았다.

어머니는 이러한 충격이 아이의 마음속에 얼마나 커다란 아물지 않는 상처로 남게 된다는 것에 대해서 알바가 없다. 어머니가 아이의 충격적인 경험을 심각하게 받아들이든 심각하지 않게 받아들이든 아이가 잠에서 깨어났을 때 받은 충격적인 경험은 영원히 아물지 않는 상처로 남게 되어 후에 어려운 정신적인 문제를 갖게 하는 원인이 된다는 것에 대해서 알지 못한다는 것이다. 그렇기 때문에 어머니들은 아이를 혼자 놓아두고 예사로 아이 곁을 떠난다. 어머니가 아이를 혼자 놓아두고 아이 곁을 자주 떠나면 떠날수록 아이가 겪어야 하는 정신적 고통과 그 고통이 만들어 낼 정신 질환은 말로서 형언할 수 없을 정도다.

아이들은 희한할 정도로 어머니가 자리를 비우면 잠에서 깨어나는 이상한 마술적 힘을 가지고 있다. 어머니에게 느끼는 아이들의 감성이 그만큼 예민하다는 것이다. 이는 곧 어머니의 존재가 그렇게 절대적이라는 것을 의미한다.

2. 극단적인 이상화와 평가절하 사이를 왕래하는 특성에 의한 불안정하고 격앙된 인간관계를 갖는다.

경계선 성격장애의 두 번째 증상은 어머니 혹은 어떤 사람이 좋으면 그 사람의 모든 것이 다 좋고, 싫으면 모든 것이 다 싫은 극단적인 이상화와 평가절하를 하는 것이다. 한번 좋아하게 되면 그 사람의 결함까지도 모두 다 좋아하다가 어떤 경우에 무엇인가가 잘못되어 그 사람에 대해 섭섭한 생각을 가지게 되면 그때까지 좋아 보였던 느낌은 완벽하게 사라지고 모든 것이 싫고 미운 마음으로 변한다.

어머니가 좋게 대해 주면 그 어머니의 모든 것이 다 좋다가도 조금만이라도 어머니가 좋지 않게 대해 주거나 말을 잘 들어주지 않으면 어머니 전체를 모두 미워하게 되는 것이 아이가 어머니를 극단적으로 이상화하거나 극단적으로 깎아 내리는 미성숙한 아이의 마음이다.

어머니와 아이의 관계가 사랑과 미움의 관계로 이어지고 이러한 관계에서 갖게 된 애증(愛憎)의 감정이 전적으로 사랑하고 전적으로 미워하는 심리적 현상으로 습관화되면 그 습관이 성장 후의 모든 인간관계에서도 계속해서 나타나기 때문에 그 아이의 인간관계는 원만하지 못하고 갈등과 증오 그리고 혼자서 외롭게 살아가야 하는 어려움을 겪게 된다. 왜냐하면 문제를 갖지 않은 보통 사람들이 이러한 성격을 가진 사람과 가까이 지낸다는 것이 매우 어려운 일이기 때문이다.

친구가 별로 없는 사람, 이 사람을 사귀었다가 저 사람을 사귀었다가 하면서도 정작 오래 사귀고 지내는 사람이 거의 없는 사람 그리고 매를 때리고 맞는 부부가 매를 때리고 맞을 때에는 원수 같다가도 조금만 잘해 주면 간이라도 빼줄 것처럼 다시 좋아하는 관계를 가지고 사는 사람들이 바로 이러한 부류에 속하는 사람들이다.

3. 주체성 혼돈 현상이 강하게 나타난다.

경계선 성격장애의 세 번째 증상은 자기가 자기인지 어머니가 자기인지를 잘 모르고 어머니가 자기 같기도 하고 자기가 어머니 같기도 한 혼돈된 자기 개념을 가지고 있는 경우이다.

이러한 정신을 가지고 있는 아이는 어머니를 자기의 일부라고 생각했던 출생 초기의 어머니와 자기를 혼돈해서 생각했던 개념으로부터 벗어나지 못하고 어렸을 때 느꼈던 어머니에 대한 감정을 그대로 가지고 있는 경우이다.

어머니가 아이를 기르면서 아이의 나이에 알맞게 아이를 인정해 주고 아이가 할 수 있는 일이라면 그것이 어떠한 일이든 아이가 할 수 있도록 허용해 주어야 한다. 그럼에도 불구하고 아이를 나이에 알맞게 인정해 주지 아니하거나 아이가 할 수 있는 일을 아이가 하도록 허락하지 않고 어머니가 대신해서 모든 일을 해 주었을 때 생기는 정신적인 의존상태가 아이로 하여금 주체성을 정립할 수 있는 기회를 놓치게 한다.

아이에게 "자기가 누구인가"에 대한 느낌을 분명하게 가질 수 있는 기회를 허용해 주지 않으려고 하는 어머니는 일반적으로 아이에 대한 소유욕이 강한 어머니이다. 어머니의 소유욕은 사실상 소유와는 거리가 먼 상실의 결과를 가져오거나 아니면 결과적으로 소유를 했다고 하더라도 그 소유에 의한 만족을 느끼기보다는 소유의 결과 때문에 사실은 상상을 초월하는 실망과 좌절로 이어지는 고통을 겪어야 한다.

그럼에도 불구하고 어머니들은 아이를 소유하려고 한다. 아이의 소유만이 아이를 통해서 어머니가 원하는 모든 것을 얻을 수 있다고 생각하는 모순 때문이다.

이러한 어머니들의 소유욕 때문에 아이들은 본의 아니게 어머니로부터의 독립을 포기하고 어머니에게 예속되어 평생을 고통스럽게 사는 경우가 많다. 아이만 고통스럽게 사는 것이 아니고 고통스럽게 사는 아이를 보고 살아야 하는 어머니 또한 아이 못지 않게 고통스러운 인생을 살아야 한다.

어머니의 소유욕 때문에 아이가 격리개별화 해야 하는 출생 후 36개월 내에 격리개별화 하지 못하고 어머니의 소유욕에 묶여 있게 되면 아이는 어머니에게 지나치게 매달리게 된다. 아이가 어머니에게 매달리면 매달리는 아이도 괴롭고 매달리게 하는 어머니도 아이처럼 괴롭다. 이러한 결과가 아이로 하여금 자기의 주체성 확립을 포기하게 한다. 주체성 확립을 포기했다기 보다는 차라리 주체성을 확립할 수 있는 기회를 놓쳤다고 하는 것이 옳을 것이다. 이러한 결과가 본의 아니게 경계선 성격장애 증상을 가지고 자기를 학대하며 평생을 괴롭게 살아야 하는 아이로 전락하게 한다.

4. **잠정적으로 자기를 해치려는 것들, 예를 들면 금전남용, 성 학대, 약물 남용, 난폭한 운전, 도박, 공부 안하기 그리고 자기과시 중에서 두 가지 이상의 충동성을 가지고 있다.**

경계선 성격장애의 네 번째 증상으로 금전남용, 성 학대, 약물남용, 난폭한 운전, 도박, 공부 안하기 그리고 자기과시 등의 충동억제를 하지 못하는 성향이 강하다. 이러한 문제에 노출된 사람들은 행동상의 특성만 다를 뿐 마음속에서 일어나고 있는 답답함과 두려움 등의 심리적 현상은 동일하다. 다시 말하면 정신적으로 안정되지 못하고 불안을 심하게 느끼는 사람들은 도박을 하거나 돈을 함부로 낭비하거나 싸움을 일 삼거나 공부를 하지 않는 등의 병적인 행동을 한다. 행동에 나타나는 외형은 다르지만 그 사람들의 마음은 다를 것이 없다.

문제 행동과 관련된 습관을 가지고 있는 아이나 어른아이는 이러한 문제를 복합적으로 여러 개 가지고 있기도 하고 아니면 어느 특정한 문제 한 두 가지만을 가지고 있는 경우도 있다. 여러 개의 문제 행동을 습관적으로 반복하거나 하나의 행동에 정신을 잃고 매달리는 등의 행동을 하는 이유는 자기 자신과 자기를 길러 준 사람을 학대하는 행위로 처리된다.

바람직하지 못한 습관성 반복행위는 그 이유가 어디에 있든 간에 부정적인 습관성 반복행위가 바람직하지 않은 행동이라는 것을 모르는 사람은 없다. 실제로 그러한 행동을 하는 아이나 어른아이 모두가 습관성 행동의 부당함과 유해함을 잘 알고 있다. 그러면서도 그러한 행동을 계속해서 하지 않고서는 무료하고 답답해서 견딜 수 없는 초조함 때문에 그러한 행동을 해서는 아니 된다고 스스로에게 타이르면서도 어쩔 수 없이 그러한 행동에 말려 들어간다.

바람직하지 않은 습관성 반복행위를 하는 사람의 인간관계는 일반적으로 많이 훼손되어 있다. 좋아하는 사람이 없고 가까이 지내기를 원하는 사람이 없다는 것이다.

습관성 일탈행위 혹은 자기를 해치는 행위를 하는 아이나 어른아이는 어머니의 인정에 굶주린 것 때문에 어머니가 고픈 사람들이다. 이러한 아이나 어른아이가 습관적으로 해로운 일만을 골라서 하는 이유는 양육자인 어머니나 양육자인 어머니와 같은 사람들을 괴롭히기 위한 것이다. 어머니나 어머니와 같은 역할을 하는 사람들을 괴롭히는 것은 그 사람들이 괴로워하는 그것이 바로 그 아이나 그 어른아이에게 필요한 관심이 되기 때문이다. 문제행동을 하는 아이나 어른아이는 어머니 혹은 어머니와 같은 사람들이 자기가 하는 행동을 보면서 괴로워하는 모습을 즐기는 경향이 강하다. 대상이 괴로워하는 모습이나 사랑하는 사람이 괴로워하는 모습을 보는 것이 마치 굶주린 배를 채워주는 인정의 밥을 먹는 것과 같은 느낌이 있기 때문이다.

그러니까 결국은 일탈행위를 하는 사람들의 마음은 인정에 굶주려 아사(餓死) 직전에 있는 사람이라고 할 수 있으며 아이의 일탈행위를 보고 괴로워하는 어머니의 모습이 아이에게 음식을 먹여주는 것과 같은 효과를 가져온다는 것이다.

대체로 일탈행위를 하는 아이나 어른아이는 무관심한 양육자와 함께 성장시기를 보냈거나 냉정한 양육자에 의해 양육되었거나 아니면 지나칠 정도로 과잉보호를 하는 양육자와 함께 어린 시절을 고통스럽게 보냈거나 외롭게 보낸 경험이 있다.

어린 시절을 고통스럽게 보냈거나 외롭게 보낸 아이는 어른이 되어서도 아이처럼 미숙한 행동을 하게 되고 그 미숙한 행동을 함으로써 양육자였던 어머니나 어머니 같은 사람의 걱정의 대상이 되어 서로 걱정하며 고통스럽게 살아야 하기에 영원히 어른스럽게 성장하는 것을 거부하는 성격을 가지게 된다. 이러한 성격이 결국 금전남용, 도박, 성 학대, 공부 안하기 등과 같은 문제를 가지게 한다.

5. 자살기도와 암시 혹은 위협을 하는 경우와 자신을 자상(刺傷)으로 해치는 행위를 한다.

경계선 성격장애의 다섯 번째 증상으로는 자살기도나 타인을 위협하는 행동 혹은 자신을 자상(刺傷)으로 해치는 등의 행동을 하는 것이다. 이러한 사람들의 행동은 일반적으로 행동에 그칠 뿐 그러한 행동을 통해서 의도한 목적을 달성하지는 못한다. 자살기도를 하지만 성공적인 자살은 하지 못하고 타인을 죽이겠다고 위협은 하지만 실제로 남을 죽이지는 못한다. 그리고 자기 자신의 팔목을 면도날로 긋거나 허벅지를 칼로 찌르는 등의 행위를 하지만 이러한 행위 역시 치명적인 상처를 입히지는 못한다.

자살기도나 타인을 위협하는 행동, 혹은 자기 몸의 여기 저기를 칼로 찌르는 등의 행동은 주변 사람을 위협하는 무기로써 혹은 동정을 이끌어 내고자 하는 제스추어로써 사용할 뿐이다. 일반적으로 이러한 행동을 하는 아이나 어른아이는 인정을 받아야 할 사람으로부터 기대한 만큼의 인정을 받지 못한 것 때문에 좌절한 나머지 그 좌절과 관련된 자해적 충동을 억제하지 못해 순간적으로 저지르는 행동이다. 이러한 행동의 이면에는 인정이 없는 삶이 너무 삭막하고 괴롭다는 것을 상대방에게 알리기 위한 것이고 나아가서는 인정을 받지 못하는 자기 자신의 무가치함을 한탄하는 마음이 과격하게 표현된 현상이다.

이러한 행위를 습관적으로 반복하게 되면 자해 과정에서 겪게 되는 고통이 하나의 쾌감으로 느껴진다. 그래서 한 번 이러한 행동을 해 본 사람은 계속해서 같은 행동을 되풀이하는 경향이 있다.

　주변 사람 특히 대상(어머니)으로부터 인정을 받지 못했을 때 가지게 되는 정신적인 박탈감이 자기 자신의 가치를 깎아 내리게 하고 깎아 내려진 자신의 가치감 때문에 삶에 대한 의욕을 상실한 것 같은 형식적인 느낌을 가지게 된다. 이러한 느낌의 이면에는 삶에 대한 강한 욕구가 도사리고 있고 주변의 중요한 사람들로부터 인정을 받고 싶다는 간절한 소망이 숨겨져 있다.

6. 강한 정서 불안을 가지고 있다.

　경계선 증후군의 여섯 번째 증상인 정서적 불안은 자기 확신이 없는 것에서 비롯된 것이다. 자기 확신이 없는 것은 자기가 자기를 믿지 못한다는 것이고 그리고 자기를 믿는 사람이 없다는 것이다. 믿는 사람이 없기 때문에 결국 의지해야 할 사람이 없다는 것에서 불안을 느낀다. 믿어주는 사람이 없고 의지할 사람이 없는 사람은 세상 만사에 자신이 없다. 그렇기 때문에 해야 할 일이 많은 것 같으면서도 정작 해야 할 일을 하고자 하면 해야 할 일을 할 수 있는 능력이 없다는 느낌과 실제로 해야 할 일을 할 수 있는 기력이 없다는 것을 느끼고 불안해 한다. 이러한 사람이 해야 할 일이라고 생각하는 일은 일반적으로 인간과의 관계를 원만하게 구축하는 것이다. 그러나 생애를 통해서 한번도 바람직한 인간관계를 가져본 경험이 없는 이들은 의미 있는 인간관계를 갖는다는 것이 불가능하다는 생각과 그러한 생각이 안겨주는 자신에 대한 실망 때문에 불안을 해소할 수 있는 방법을 찾아내지 못한다. 이러한 심리현상이 더욱더 불안을 부채질하는 원인이 된다.

7. 만성적 공허감을 가지고 있다.

경계선 성격장애의 일곱 번째 증상인 공허감은 무엇인가로 채워져 있어야 할 마음이 채워져 있지 않다는 것이다. 일반적으로 공허감은 자기가 제일 좋아했던 사람 혹은 좋아한 사람의 마음을 충분히 받아 가지고 있지 않다는데 있다. 이는 아이나 어른아이가 제일 좋아하고 의지하는 대상(어머니)을 상실하고 없는 것이 원인이다.

대상(어머니) 상실의 느낌은 실제로 대상을 잃어버렸다는 것이라기보다는 상징적으로 대상을 상실했다는 느낌 때문에 생긴 정서장애라고 할 수 있다. 실제 대상이 존재한다고 하더라도 그 대상이 대상으로서의 역할을 하지 못할 때 그 대상은 있으나 마나한 대상이 된다. 그래서 대상과 함께 사는 아이 혹은 어른아이들이 어머니와 함께 살면서도 혼자 사는 것과 같은 느낌 때문에 언제나 마음이 텅 비어 있는 것 같은 느낌을 가지게 된다.

8. 부적절하고 격앙된 분노와 분노를 참지 못하는 심상이 있다.

경계선 성격장애의 여덟 번째 증상인 분노의 본 모습은 주고받는 것의 차질에서 생긴 섭섭한 느낌에서 연유한다. 분노는 언제나 기대와 반응이 서로 엇갈릴 때 생긴다. 받기를 원했는데 주지 않는다든지 일정한 양을 받으려고 했는데 받으려고 했던 일정한 양만큼의 반응을 받지 못했다든지 했을 때 생기는 일방적인 감정이다.

어떤 경우 사람이 화를 냈을 때 "왜 그렇게 화가 났느냐?"고 물으면 "왜 화가 나요? 그것을 몰라 물으세요? 그야 왜 화가 났느냐고 묻는 당신 때문에 화가 났는데 그것을 몰라서 물으세요?"라고 격앙된 어조로 답을 한다. 화는 나 때문에 나는 것이 아니고 언제나 당신 때문에 나는 것이라고 생각한다. 그러나 화의 근원지는 언제나 화를 내는 사람의 자격지심에 있다는 것을 모른다.

　화를 내는 사람의 마음속에 화가 들어 있지 않다면 어떠한 경우를 막론하고 화를 낼 수 없다. 화를 내는 사람은 화를 내는 만큼 그 사람의 마음속에 화가 들어 있다는 것을 의미한다.

　화는 일반적으로 대상(어머니)에 의해서 만들어지고 그것이 아이의 마음속에 저장된 것이다. 대상이 아이에게 화를 내야 할 필요가 있는 일을 해 주지 않는다면 화가 무엇인지도 모르고 자라게 된다. 화를 내는 것을 하나의 습관으로 보았을 때 어렸을 때부터 화를 내는 버릇이 길러지지 않는다면 어른이 된 다음에도 화를 내는 것을 모른다.

　모든 심리의 원형이 어머니에 의해서 만들어지듯이 화를 내는 마음도 아이가 가장 중요하게 생각하는 어머니에 의해서 만들어진 것이라고 생각하면 틀림없을 것이다. 그렇기 때문에 경계선 증후군 증상을 가진 사람이 작은 일에도 그것을 참지 못하고 울화 같은 분노를 폭발시키는 것은 어렸을 때 자기를 실망시킨 자신의 정신내부에 이미지로 남아 있는 어머니를 향해서 내는 화이다. 그렇기 때문에 경계선 증후군을 가진 사람이 내는 화는 자기 마음속에 들어 있는 어머니를 향해 내는 화이고 그 이미지가 아이의 마음속에 들어 있기 때문에 결국은 그 이미지를 가지고 있는 자기 자신에게 내는 화라고 할 수 있다. 그래서 그 화는 자기가 자기를 미워하고 자기를 미워하도록 만든 어머니를 미워한 만큼 과격하고 거칠다.

9. 순간적인 스트레스와 관련된 피해 의식과 심한 해리적 증상을 가지고 있다.

　경계선 증후군의 마지막 증상은 스트레스를 받았을 때 그 스트레스를 받아들이지 못하고 받은 스트레스에 의한 부정적인 반응을 보이는 것이다. 스트레스에 대한 부정적인 반응에는 언제나 피해의식이 동반한다. 스트레스를 주는 사람이나 환경이 자기를 괴롭히기 위해서 스트레스를 주고 있다고 믿는 것이 사람들의 일반적인 사고이고 그리고 그 스트레스 자체가 사실상 즐거움을 주는 것이라기 보다는 괴로움을 주는 것이기 때문에 스트레스로 인한 피해의식은 자연스러운 방어적 반응이라고 할 수도 있다. 그러나 스트레스가 가해 졌을 때 스트레스가 가해진 상황에 맞지 않게 강한 피해의식을 느끼고 그 피해의식을 두려워 한 나머지 해리적 증상으로 나타내는 경향이 있다. 해리적 증상은 현실과의 거래를 차단하고 자기 자신만의 세상 속으로 피신을 하는 심리적인 현상이다. 이러한 현상은 정신분열증적 반응으로써 일시적으로 현실거래를 완벽하게 차단하고 자기만의 세상 속에서 자기가 편리한 대로 생각하고 행동하는 것을 주저하지 않게 하는 경향이 있다. 이러한 심리적 현상 때문에 경계선 증후군 증상의 하나인 경계선 성격장애를 가진 사람들은 화가 났을 때 물불을 가리지 않고 죽기 아니면 살기로 과격한 행동을 한다.

경계선 성격장애자가 가지고 있는 증상을 보면 그 증상이 마치 내가 가지고 있는 심리적 특성과 동일하다는 말을 하는 사람이 많이 있다. 많은 사람들이 경계선 성격장애자의 증상 특성과 비슷한 성격을 자기도 가지고 있다고 생각하는 것은 실제로 그 사람들이 경계선 성격장애를 가진 사람들이 생각하고 행동하는 것과 같은 생각과 행동을 하는 사람들이라고 말할 수 있다.

우리 어머니들이 기르고 있는 아이들 가운데 많은 아이들이 경계선 성격장애자와 같은 행동을 한다. 이러한 행동을 하는 아이들은 양육자인 대상(어머니)으로부터 충분한 보살핌을 받지 못한 과거의 불행한 경험을 가지고 있다는 것을 암시적으로 표현하는 것이다.

대체로 출생 후 18개월에서 36개월 사이에 어머니로부터 많이 떨어져 있었다든지 간혹 떨어져 있었다고 할지라도 간혹 떨어져 있었던 사실이

지나칠 정도로 충격적이었다든지 아니면 매를 많이 맞았다든지, 과잉보호를 받았다든지, 무관심한 어머니와 함께 자랐다든지 하는 등의 경험이 있는 아이들은 틀림없이 경계선 증후군과 같은 정신질환을 가지고 있다.

 웃는 아이와 우는 아이

 성격의 차이는 인간의 질적 차이를 결정한다. 좋은 사람인가 혹은 좋지 않은 사람인가를 결정하는 것이 성격인가 하면 정상적인 아이인가 혹은 정신병적인 아이인가를 결정하는 것도 그 사람의 성격과 불가분의 관계를 가지고 있다.

 인간의 성격은 이미 여러 차례에 걸쳐서 설명한 바와 같이 인간이 아이로서 태어날 때 가지고 태어나는 것이 아니고 태어난 이후에 형성되는 것이기 때문에 태어난 이후에 어떠한 환경 혹은 어떠한 마음을 가진 사람을 어머니로 만나 성장했는가와 관련된다.

 성격이 좋은 사람은 자기의 뜻을 이루고 편안한 인생을 살고 성격이 좋지 않는 사람은 자기의 뜻을 이루지 못하고 불행한 인생을 살게 된다. 이를 다시 말하면 성격이 좋은 사람은 팔자가 좋은 사람이고 성격이 좋지 않은 사람은 팔자가 나쁜 사람이라고 할 수 있다.

 사람의 팔자를 좋게 만들기도 하고 나쁘게 만들기도 하는 인간의 성격은 살아온 생활습관이 모여서 만들어진 것이기 때문에 언제라도 생활습관만 바꾼다면 생활습관이 바뀐 만큼 팔자도 바뀌어진다. 그러니까 팔자는 습관이 누적된 것이라고 할 수 있다. 이러한 맥락에서 팔자를 보았을 때 습관만 바꾸면 팔자도 바뀐다는 뜻이 된다.

인간의 팔자와 관련된 생활습관은 누가 길러주는가? 습관은 함께 사는 사람과의 관계에서 얻어진 것이다. 함께 사는 사람과의 관계가 원만하면 원만한 생활을 할 수 있는 습관이 길러질 것이고 함께 사는 사람과의 관계가 원만하지 못하다면 원만하지 못한 생활습관을 가지게 될 것이다. 그래서 우리가 일생을 살아가는데 있어서 어떠한 사람을 만나 어떠한 관계를 맺고 살아가는가가 중요한 잇슈가 된다.

생각과 느낌과 행동 그리고 습관은 서로 떼어놓으려 해도 떼어놓을 수 없는 숙명적인 관계를 가지고 있다. 왜냐하면 생각이 없는 느낌이 있을 수 없고 생각이 없는 행동이 있을 수 없으며 나아가서는 생각이 없는 습관 또한 있을 수 없기 때문이다.

생각과 운명은 참으로 먼 관계에 있는 것같이 느껴지면서도 사실은 한 줄로 이어져 있는 아주 가까운 거리에 있는 관계이다. 왜냐하면 생각이 바로 운명과 직결되기 때문이다. 생각과 운명이 어떻게 직결될까? 의아하게 생각하는 사람들이 의외로 많이 있을 수도 있다. 그러나 다음의 미국 속담을 읽어보면 이를 금방 알 수 있게 될 것이다.

사과나무의 씨를 뿌리면 사과나무의 잎이 돋아나는 것과 같이 생각이라는 씨를 뿌리면 행동이라는 잎이 돋아난다. 사과나무가 성장하면 계속해서 사과의 잎이 피어나고 그 피어난 사과나무 잎이 우리에게 그 나무가 사과나무라는 것을 알게 하는 것과 같이 사람이 같은 행동을 되풀이하면 그 행동을 하는 사람의 습관이 결정되어 그 사람 특유의 습관의 나무가 된다. 사과나무가 커서 꽃을 피우는 것과 같이 습관의 나무가 성장하여 그 사람의 성격의 꽃을 피운다. 사과나무의 꽃이 시들고 꽃이 시들은 그 자리에 사과가 열리듯이 습관이라고 하는 사람의 성격의 나무에 핀 꽃이 시들고 그 자리에 열매가 맺으면 그 열매가 바로 그 사람의 운명이라는 것이다.

운명은 이렇듯 생각에 의해서 결정되는 것이기 때문에 생각을 잘 하는 것이 결국은 좋은 운명을 만들어 낸다고 할 수 있다. 사람들은 좋은 생각을 하고 좋은 행동을 하고 좋은 습관을 길러 좋은 성격을 가지고 그 성격을 행사하여 좋은 운명의 주인공이 되고 싶다. 그러나 인간의 생각과 직결된 운명은 사람이 생각하는 대로 그렇게 쉽게 결정되는 것은 아니다. 왜냐하면 생각은 생각대로 놀고 행동은 행동대로 생각과는 무관하게 따로 놀기 때문이다.

생각만을 위한 생각때문에 생각과 행동이 일치하지 않고 서로 다른 형태의 의미를 전달하는 모순된 결과를 가져온다. 이러한 결과는 정신 내적 갈등을 조장한다. 그러나 처음부터 갈등을 만들어 내고자 한 의도에 의한 것은 아니다. 다만 생각이 생각으로만 그치고 생각에 알맞은 행동을 할 수 없었던 것에 문제가 있다. 사실은 정신이 생각한 것을 행동으로 표출해 낼 수 있는 에너지의 부족이 결과적인 책임을 질 수밖에 없는 일이다.

에너지의 부족은 에너지가 될 만한 영양분이 있는 음식을 충분히 먹지 못했기 때문이라고 할 수 있다. 행동을 낳게 하는 에너지는 정확하게 말해서 육체가 먹는 음식에 의해서 만들어지는 것이 아니고 정신이 먹는 음식에 의해서 만들어지는 것이다. 정신이 먹는 음식은 당연히 영양분이 될만한 음식과 같은 힘을 공급하는 나 아닌 다른 사람의 마음에 의해서 결정된다.

정신적인 에너지는 정신의 음식이라고 할 수 있는 정을 의미한다. 정은 사랑 속에 내포되어 있는 정을 주는 사람의 마음이다. 그 마음속에는 정이라고 이름할 수 있는 믿음과 믿음에 의한 이해와 관용 그리고 관용의 결과인 수용이 있어야 한다.

  결과적으로 정이 없기 때문에 정을 얻기 위해서 출발하는 메마른 인간관계 특히 중요한 다른 사람과의 관계에서 얻게 되는 정이라는 것은 받는 사람의 입장에서 느끼는 감성이다.

  정이 없는 인간관계 속에 살고 있는 사람들은 나이가 적고 많음을 고사하고 삶을 어렵게 사는 사람들이라고 할 수 있다. 정이 있어야 삶이 풍요롭다면 정이 없는 삶은 어쩔 수 없이 가난한 삶이다. 그래서 정이 없는 삶은 인간을 메마르게 한다. 가난한 사람은 일반적으로 메말라 있는 것과 같다.

  관계를 위해서 사는 인간의 삶 속에 정이 없다면 그 관계는 가난한 관계다. 의미없는 관계라는 것이다. 그렇기 때문에 정과 가치는 동등한 의미를 갖는다.

  정이 없이 사는 사람들의 일상은 외롭고 우울하다. 인간이 가지고 있는 정신적인 문제와 관련된 가장 심각한 문제를 가지고 살고 있기 때문이다. 인간이 가지고 있는 문제 중에서 가장 심각한 문제가 바로 외로움과 우울함이라고 할 수 있기 때문이다.

  외로움과 우울함은 그 느낌이 뜻하는 바 그대로이다. 자기를 인정하고 믿는 사람이 없는 상황이 만들어 낸 느낌이다. 본인의 의지와는 전혀 관계가 없는 느낌이라고 할 수 있다.

  정을 두려워하고 정을 받는 것을 싫어하고 믿음을 외면하는 사람은 없다. 모든 사람은 정에 얽힌 인간관계를 좋아한다. 정에 얽힌 인간관계 속에는 삶의 활력소가 되는 인정과 믿음이 들어 있기 때문이다.

  인정과 믿음이 얼마나 중요한가에 대해서는 재론을 요하지 않는다. 왜냐하면 인정에 굶주린 사람은 인정이 그리워 가던 길을 중단하고 그 자리에 주저앉을 수밖에 없는 무력한 사람이 되기 때문이다.

가던 길을 멈추고 그 자리에 주저앉은 현상을 두고 우리는 그 사람에게 정신병을 앓고 있다는 말로 대변한다. 정신적으로 건강한 사람이 아니라는 것이다. 그러니까 이러한 사람은 정신을 가동할만한 정이 부족하여 더 이상 인생을 성장시킬 의지와 의욕과 보람을 포기한 사람이라고 할 수 있다.

건강한 정신을 가진 사람과 건강한 정신을 가지지 못하고 정신적으로 병이 들어 있는 사람과의 차이는 그들이 다른 사람으로부터 받는 정의 양에 차이가 있다는 것을 의미한다.

일반적으로 천벌을 받아서 혹은 악귀의 저주 때문에 정신질환을 앓고 있다고 생각한다. 필자 또한 이러한 생각에 동의한다.

정신질환에 걸려 있는 사람들이 천벌을 받은 사람들이기는 하지만 이 사람들에게 내린 천벌은 머리 위에 있는 광활한 하늘에서 내린 벌이 아니고 자기 자신의 마음의 하늘에서 내린 벌이다. 자기 스스로 만들어 가진 죄책감 때문에 스스로를 벌하고 다른 사람들과의 현실 거래를 일부 혹은 전부를 차단한 사람들이 바로 정신질환에 걸린 사람들이기 때문이다.

악귀(惡鬼)의 저주 때문에 정신질환에 걸렸다는 말에도 일리가 있다. 왜냐하면 어떠한 형태의 정신질환이든 정신질환에 걸린 사람들의 신(神)은 냉정하고 용서가 없고 처벌 위주의 비정(非情)한 역할만을 하기 때문이다. 악귀는 냉정하고 용서가 없고 처벌 위주의 비정한 모신(母神)이다. 모신이 양육하는 기능을 상실하면 악귀가 된다. 무서운 물귀신같이 붙들고 놓지 않는 지독한 마성(魔性)으로 피양육자(자녀)를 관리하기 때문에 모신의 이러한 면을 악귀의 저주라고 한다. 그래서 정신질환자에게는 어머니가 없다. 물리적인 어머니는 있을지 몰라도 정신적으로 믿고 의지할 수 있는 어머니가 없다.

정신질환을 앓고 있는 사람들이 사람을 두려워하고 멀리하는 것은 모신에 의한 모반(謀叛)과 정이라고 하는 무서운 무기를 휘두르며 가까이 가는 것을 싫어하는 모신의 마음을 두려워하는 것에서 비롯된 것이다. 다시 말해서 자녀의 정신질환은 정(情)이 없는 어머니의 가혹한 처사에 순응한 자녀의 억울한 희생의 결과라는 것이다.

　모든 사람이 정이 없이는 살 수 없기 때문에 혹시라도 정이 부족하여 정 때문에 자기도 정신질환의 희생자가 될 수도 있다는 것을 두려워한 나머지 정신질환을 앓고 있는 사람을 멀리하고 두려워한다. 그렇지 않다면 무엇 때문에 정신질환으로 고생하는 일가친척을 멀리하겠는가?

　그러니까 건강한 사람과 정신질환을 앓고 있는 건강하지 못한 사람의 차이는 얼마만큼 정을 느끼며 살았느냐 하는 것이다. 정을 느끼는 것은 정을 느끼는 사람의 마음대로 정을 느낄 수 있는 것이 아니다. 정을 느낄 때 우리는 정을 느낄 수 있는 상대가 필요하다. 내가 정을 느끼는 상대는 언제나 같은 상대이고 그 상대 또한 나에게 정을 느끼는 사람이다. 그래서 정은 주고받는 사람들이 있는 곳에만 존재하며 가까운 사람과의 사이에서만 존재한다.

　정 중에서 가장 중요한 정은 어렸을 때 어머니에게 느끼는 정이다. 어머니가 아이에게 정을 느꼈을 때만 아이도 어머니에게 정을 느낄 수 있다. 어머니가 아이에게 정을 느끼지 못한다면 그 어머니의 아이는 정에 대한 실체를 알지 못하기 때문에 정에 대한 느낌 또한 가질 수 없다.

　건강한 아이와 건강하지 않은 아이의 차이가 이렇듯 미소한 정의 양적 차이 때문에 생기는 것이라면 건강한 아이와 건강하지 않은 아이의 차이는 아무 것도 아니다. 왜냐하면 정만 조금 더 느끼게 해 준다면 건강한 아이와 건강하지 않은 아이의 차이가 당장에 없어질 것이기 때문이다.

 울타리는 왜 쳐요?

창조성에는 능력이라는 개념이 따른다. 능력이 있어야만 창조적인 사고와 활동을 할 수 있다고 생각하기 때문이다. 그러나 창조성과 능력의 단어가 가지고 있는 의미를 면밀히 검토해 보면 그 내용의 차이를 인식할 수 있게 된다.

창조성은 개인이 가지고 있는 성격의 일부를 말하는 것으로서 새로운 것을 창출해 내는 정신내적 능력을 말한다. 그런가 하면 능력은 경험을 토대로 해서 어떠한 일을 수행하는 것과 연관된 무엇인가를 할 수 있는 가능성을 말하는 것이다.

창의성과 능력은 어떠한 측면에서 관찰하든지 그 모습이 현란하고 귀중하게 느껴지는 특별한 모습을 가지고 있다. 대단한 가치를 지니고 있다는 것이다.

창의성과 능력이 대단한 가치를 가지고 있는 이유는 창의성과 능력 그 자체가 특별하기 때문에 혹은 희귀한 것이기 때문에 귀중한 가치를 가지고 있다는 것은 아니다. 왜냐하면 모든 사람들이 다 창의성과 능력을 가지고 있기 때문이다. 따지고 보면 그다지 귀중한 가치를 부여해야 할 만한 그 어떠한 이유도 없다. 그러나 현실적으로 모든 사람이 창의성과 능력을 가지고 있으면서도 실질적으로 창의성과 능력이 실체로서의 기능을 발휘하지 못하고 있기 때문에 현실적으로 나타나는 창의성과 능력에 가치를 부여하지 않을 수 없는 것이다. 이는 곧 아주 작은 수에 속하는 사람들만이 가지고 태어난 창의성과 능력을 제대로 활용하고 있기 때문에 희소가치가 있다는 것에 대단한 의미를 부여하고 있는 것이다.

사람들이 세상에 태어날 때 가지고 태어난 창의성과 능력이 제대로 기능을 하지 못하는 것은 그렇게 하기 싫어서 못하는 것이 아니다. 창의성과 능력을 활용하여 자신의 가치를 최대한으로 높이고 싶은 것이 사람들이 가지고 있는 의욕이다. 그러나 대부분의 사람들은 그 의욕을 실체가 될 수 있도록 현실화하지 못하고 있다. 이는 잠재력을 현실화하고 싶지 않은 본인의 욕구 때문이 아니고 주변환경의 의욕상실을 조장하는 방해 때문이다. 그래서 의욕상실을 조장하는 주변환경만 제대로 정리된다면 어떠한 사람을 막론하고 가지고 태어난 자질을 십분 발휘할 수 있다. 주변환경의 정리는 함께 사는 사람들의 마음을 정리하는 것이다. 특히 함께 사는 사람들 중에서 중요한 사람의 마음을 정리하는 일이다. 그렇다면 어떠한 사람이 가장 중요한 사람인가를 먼저 생각해 보아야 할 일이다.

우리에게 특별한 사람 특히 아이들에게 특별한 사람은 누구일까? 이 특별한 사람이 어머니라고 한다면 우리의 어머니들은 이러한 사실을 어떻게 생각할까?

우리 나라의 어머니들은 특별하여 세계의 어느 나라 어머니들에게도 비교가 아니 되는 자녀에 대한 대단한 열망을 가지고 있다. 어머니들의 열망은 키가 큰 자녀를 만드는 것도 아니고 뚱뚱하거나 날씬한 자녀를 만들려는데 대한 의욕이 있는 것도 아니다. 잘 생긴 자녀로 만들고자 하는 것도 아니고 모양새 있어 보이는 자녀로 만들고자 하는 것은 더욱 아니다.

우리 나라의 어머니들이 가지고 있는 특별함은 자녀를 천재로 아니 영재로 만드는 것이다. 모든 어머니들이 자기 자녀를 특별한 아이로 성장시키고자 하는 뜨거운 열기로 가득 차있다.

특히 경제가 신장되고 삶이 풍요로와 지면서부터 어머니들의 자녀교육에 대한 열의는 끝이 없을 정도로 높아지고 또 높아지고 그것도 모자라서 더욱더 높아지고 있다.

어머니들의 열의가 높아지면 높아질수록 반대로 아이들은 게으르고 무책임하고 욕심을 부려야 할 것에는 욕심을 부리지 않고 욕심을 부려서는 안 될 것들에만 욕심을 부리는 아이들로 전락해 가고 있다. 이러한 아이들을 보고 우리 어머니들이 아무리 안타까워하고 괴로워하고 짜증을 부려도 아이들은 어머니가 원하는 대로 변하지 않는다. 어머니의 열의가 높아지면 높아질수록 아이들의 성장의욕은 점점 더 낮아진다는 원칙을 모르는 우리 어머니들의 열의가 아이들을 나태하고 무책임하고 방종하는 아이들로 만들고 있다는 사실을 알아야 한다.

이러한 관계적 모순 때문에 우리 나라의 아이들은 천재성을 발휘하지 못하고 있다. 예나 지금이나 우리 나라의 아이들은 어머니의 극성 때문에 신세를 망치고 있다.

과거 오 천년의 어머니들의 역사가 통한의 역사이었던 것처럼 우리 아이들의 역사 또한 통한의 역사이었다. 이러한 결과가 좋은 머리는 가지고 있으면서도 그 머리를 제대로 활용하지 못하여 세계적인 인물을 만들어 내지 못했다. 다만 어머니들의 한숨과 눈물과 가슴앓이만을 만들어 냈을 뿐이다.

열의가 없어서가 아니다. 열을 가하다 못해 모든 것을 태워 버릴 정도로 과하게 열을 올린 것 때문에 아이들의 천재성이 타버리고 능력이 녹아 버린 것 때문에 세계적인 인물을 만들어 내지 못했다. 정신세계가 황폐하게 되어 초토화되어 버린 것에 문제의 원인이 있다.

아이들의 창의력을 태워 버리고 능력을 녹여 버린 우리 어머니들의 과열된 교육열은 지금도 그 뜨거움을 더해 가고 있다. 아이들의 마음이 초토화되고 나라의 강산이 초토화된 다음에야 과도한 자녀 교육에 대한 어머니들의 열이 식을 것인지 참으로 걱정스럽다.

자녀를 기르는 어머니들을 보면 자녀를 위해서 자녀를 기르는 것인지 아니면 어머니를 위해서 자녀를 기르는 것인지 무엇이 무엇인지 도무지 가닥을 잡을 수 없다. 혼란스럽기 이를 데 없다는 것이다.

아이들의 창의력은 간섭에 의해 시들고 매를 때리는 것에 의해 붕괴된다. 이러한 사실을 모르는 우리 어머니들은 날마다 눈만 뜨면 아이들을 간섭하고 아이들을 때리는 것이 과업인 것처럼 아이를 들볶는 것으로서 하루의 일과를 시작하고 끝을 맺는다. 모든 어머니가 이렇다고 할 수는 없겠지만 거의 대부분의 어머니들이 이러한 범주를 벗어나지 못하는 일상을 살고 있다.

들볶는 어머니와 매를 때리는 어머니 밑에서 자라고 있는 아이들이 어머니를 좋아할 까닭이 없고 자기 자신을 좋아할 까닭이 없으며 아이들을 때리는 어머니 또한 매를 때려야 하는 아이를 좋아 할 까닭이 없다. 그러면서도 아이들을 때리는 어머니에게 "아이들을 왜 때리세요?" 하고 물으면 "아이들을 사랑하니까 잘 되라고 때린다."라고 스스럼없이 대답한다. 그리고 아이들에게 왜 매를 맞느냐고 물어보면 "내가 매 맞을 짓을 했으니까 매를 맞고 간섭받을 짓을 했으니까 간섭을 받지요"라고 거리낌없이 대답한다. 어머니의 대답은 아이를 사랑하기 때문이라고 하고 아이들의 대답은 아이들 자신이 나쁘기 때문이라고 한다. 어머니와 아이의 대답이 서로 약속이라도 한 듯 정확하게 일치한다.

이러한 아이들에게 "너희 어머니는 어떤 어머니...?" 하고 물으면 아이들의 대답은 한결같다. "우리 어머니는 참으로 자상하고 인자하고 그리고 훌륭한 분이에요"라고 대답한다. 어머니들이 아이들로부터 듣고 싶은 말을 아이들이 그대로 한다. 귀신이 곡할 노릇이다.

아이들을 간섭하고 매를 때리는 어머니들도 아이들이 생각하는 것과 같이 어머니에게는 잘못이 없고 아이들이 매를 맞을 짓을 하니 매를 때릴 수밖에 없다고 매를 때리는 어머니 자신의 입장을 정당화하고 합리화하고 이성화하고 지성화한다.

어머니가 옳으면 자녀가 옳고 어머니가 능력이 있으면 자녀도 능력이 있다는 사실을 모르는 사람들의 변(便)이다. 어디 그 뿐이랴. 어머니가 부지런하면 아이들도 부지런하고 어머니가 게으르면 아이들도 게으르다는 원칙을 모르는 사람들의 어리석은 생각이다.

그럼에도 불구하고 옳은 어머니 밑에서 옳지 않는 자식이 자라고 능력 있는 어머니 밑에서 능력 없는 자식이 자라고 정직한 어머니 밑에서 정직하지 못한 자식들이 자라고 있다고 믿는 것이 한국 사람들의 마음이다. 세계 어느 곳을 가보아도 이러한 현상은 볼 수 없다. 다만 한국에서만 보고 들을 수 있는 괴이한 현상이다. 옳은 어머니 밑에서 옳지 않은 자식이 자라고 있는 것이다. 그러나 이러한 일은 절대로 있을 수 없다.

지금 옳다고 생각하는 어머니가 항상 옳은 사람은 아니었을 것이다. 그 어머니도 한때는 옳은 어머니 밑에서 옳지 않는 딸로서 어머니의 애간장을 녹여 준 불효 막심한 딸이었을 것이다. 그런데 그 딸이 자라서 결혼을 하고 아이를 낳은 다음에 아이의 어머니가 되었을 때 갑자기 옳은 어머니로 둔갑을 한 것인가? 모든 어머니는 자신이 옳다고 생각하는 자기감을 가지고 있다.

이러한 어머니가 자식을 기르면서 자식을 간섭하고 자식을 때린다. 자식을 위해서 간섭하고 때리는 것이라고 생각한다. 자식을 간섭하고 때리지 않으면 자식의 장래가 망쳐질 것이라고 생각하기 때문에 자식을 간섭하고 때린다. 이러한 어머니들의 생각이 얼마나 심하게 고질화되어 있는지 말로 형언할 수 없을 정도다.

이러한 어머니에게 혹시라도 어머니의 자식을 대하는 옳지 않은 태도에 대해 잘못된 점을 지적하고 시정이라도 해 주려고 하면 그 어머니는 상상을 초월할 정도로 비분강개하며 달려든다. 잘못이 없다는 것을 내세우고 싸움이라도 하려는 듯 달려든다. 자기합리화의 고질화된 타성이, 아니 심각한 정신질환을 가진 어머니들이 보여주는 유치한 항변이다.

아이들은 삶의 방법을 안다. 어머니의 간섭이 없고 매질이 없더라도 아이들은 어떻게 사는 것이 옳게 사는 것인가를 안다. 아이들이 아주 어렸을 때 생활하는 것을 보면 그 아이들이 얼마나 영리하게 자기의 환경에 적응하며 필요한 행동만을 골라서 하는가를 알 수 있다.

아이들은 놀아야 할 때 놀며 먹고 싶을 때 먹고 자고 싶을 때 잔다. 놀고 싶어하는 아이를 놀지 못하게 할 어머니가 없고 먹고 싶어할 때 먹여주지 않을 어머니가 없는 것처럼 아이가 자고 싶어할 때 잠을 자지 못하게 할 수 있는 어머니도 없다. 아이가 놀고 싶어할 때 놀지 못하게 한다든지 먹고 싶어할 때 먹지 못하게 한다든지 잠을 자고 싶어할 때 잠을 못 자게 한다면 그 아이는 기를 쓰고 자기가 하고 싶은 일을 하려고 한다. 어머니가 소리를 지르고 매를 때려도 아이는 하고 싶은 일을 하려는 강한 저항을 한다. 아이의 저항 에너지가 완전히 없어질 때까지 아이는 자기가 하고 싶은 일을 하기 위해서 저항한다. 어머니의 고집이 아이의 그러한 고집 보다 훨씬 더 강해서 아이가 하고 싶은 일을 포기하고 좌절에 빠져 우울병에 걸릴 때까지 아이의 고집을 꺾기 위해 온갖 수단과 방법을 다 동원하여 저항한다.

이러한 어머니의 아이들은 결과적으로 자기 주장을 포기한다. 그리하여 자기가 하고 싶은 일을 하지 못하고 어머니가 시키는 대로 어머니가 원하는 일을 마지못해 하는 참담한 아이로 전락한다. 이러한 아이가 자폐증을 앓고 정신분열증을 앓으며 심각한 경계선 증후군 환자가 된다.

어머니의 과다한 간섭을 받으며 자란 아이들은 창의력이 없다. 어머니에 의한 창의성의 박탈 때문이다. 이러한 아이들은 능력도 없다. 어머니에 의해서 능력마저 박탈당했기 때문이다.

한국의 아이들은 하나같이 창의성이 없고 능력이 없다. 아이들의 창의성과 능력이 어머니에 의해서 박탈되었기 때문이다.

그래서 한국 아이들은 어머니의 말을 듣지 않고 고집이 세며 게으르기 이를 데 없다. 이러한 아이들의 고집은 창의력을 발휘하기 위한 고집도 아니고 능력을 활용하겠다는 고집도 아니다. 다만 퇴폐적인 문화의 노예가 되어 노예로서의 역할을 하겠다는 강한 고집을 부릴 뿐이다. 만화를 보겠다든지 TV를 보겠다든지 아니면 전자오락이나 컴퓨터 게임을 하겠다든지 이러한 짓을 하기 위해 용돈을 더 많이 달라고 고집을 부리는 것이 고집의 전부이다.

이러한 아이들에게 우리는 희망을 걸고 있다. 지대한 희망을 걸고 있다. 이러한 아이들을 꿈나무라고 칭송하고 있다. 어찌하여 이러한 아이들이 희망의 대상이 되며 꿈나무가 될 수 있겠는가?

한국의 어머니들이 기르고 있는 모든 아이들이 절대로 희망의 대상이 될 수 없고 꿈나무가 될 수 없다는 뜻은 아니다. 이 아이들은 아직도 희망의 대상이 될 수 있고 꿈나무의 대상이 될 수 있다. 오직 우리의 아이들이 그렇게 될 수 있는 길이 있다면 그것은 어머니들이 아이들을 대하는 태도를 지금 당장 바꾸는 것이다. 지금까지 어머니들이 아이들을 대했던 방법과는 완벽하게 다른 새로운 방법 달리 말하면 완전히 반대되는 방법으로 아이들을 관리한다면 그 아이들은 분명 희망이 될 수 있고 또한 꿈나무가 될 수 있을 것이다.

아이들이 우리의 희망의 대상이 되고 우리의 꿈나무가 될 수 있는 길은 그들이 태어날 때 가지고 태어난 창의성과 능력을 회복시켜 주는 일이다. 아이들의 창의성과 능력의 회복은 오직 어머니들이 아이들을 믿고 지지하는 것 이외에는 아무 것도 없다. 아이들은 놀아야 하고 장난을 쳐야 하고 자기의 의사에 의해서 새로운 것을 시도할 수 있는 기회를 충분히 가져야 한다.

어머니가 시켜서 하는 일과 혹은 선생님이 시켜서 하는 일은 마지못해 어쩔 수 없이 하는 일들이다. 어머니가 무섭고 선생님이 두렵기 때문에 하는 일이라고 생각하면서 하는 그 일들이 뭐 그렇게 재미있겠으며 재미가 없는 일에 뭐 그렇게 정성을 드릴 수 있겠는가? 어머니와 선생님이 시키는 일이라면 무조건 하기 싫어하는 아이들의 심리현상을 어떻게 생각하는가?

많이 놀고 재미있게 놀고 정신을 팔고 노는 일이 많아야 아이들은 심리적으로 건강하고 육체적으로 잘 성장한다. 어른 아이 할 것 없이 모든 사람은 자기가 하고 싶은 일을 할 때 그 때 비로소 혼신을 다해서 하는 일에 빠져 들어갈 수 있다. 산만한 주변의 모든 것을 잊고 자기가 하는 일에 몰두할 수 있다는 것이다.

어른이든 아이든 자기가 하고 싶은 일을 할 때 외부의 자극으로부터 완전히 벗어날 수 있고 자기가 하는 일에 몰두할 수 있다. 예를 들어 도박을 하는 어른이 도박을 할 때는 도박 이외의 그 어떠한 것도 생각할 겨를이 없고 도박보다 더 중요하고 재미있는 것이 없다. 그래서 도박 이외의 그 어떠한 것도 생각할 수 없다. 이와 마찬가지로 아이들이 놀이를 할 때도 정신이 없다. 놀이 속에 몰입하여 자기를 잃고 놀이에만 열중한다. 이때 아이들은 놀이에 대한 새로운 착상이 생기고 그 착상에 의해 새로운 방법의 놀이를 생각해 낼 수 있다. 이러한 현상을 두고 우리는 창의성이 발현된 것이라고 말하기도 하고 능력이 적용된 것이라고 말하기도 한다.

아이들의 성장과정은 놀이로 일관된 과정이라고 할 수 있으며 놀이와 더불어 성장하는 아이들의 삶은 창의성을 기르는 건설적인 생활이라고 할 수 있다. 아이들이 놀고 있는 것을 보면 아이들 나름대로 노는 방법이 있다. 그 방법 속에는 인생관이 있고 철학이 있고 도덕과 규율이 있다. 이러한 아이들의 놀이를 방해하는 것이 어머니들의 아이들에 대한 간섭이다.

이러한 맥락에서 어머니들이 아이를 간섭하는 것을 평가했을 때 어머니들의 간섭은 백해무익할 뿐 어머니들이 의도하는 것과는 하등의 관계가 없다. 어머니들의 간섭이 어머니들이 원하는 좋은 아이를 만들어낼 수 없다는 것이다.

어머니들이 아이들의 천재성을 길러주고 능력을 개발해 주고자 하는 의욕이 있다면 아이들을 간섭하지 않는 것이다. 특히 아이들이 어렸을 때 그러니까 아이들이 36개월 이전이었을 때의 어머니의 간섭은 아이들의 정신 세계를 황폐시킬 뿐 그 어떠한 도움도 주지 못한다.

어머니들이 어머니다운 어머니가 되기를 원한다면 아이들의 천재성을 발현시키는 일이다. 그리고 능력을 완벽하게 사용할 수 있는 기회를 제공하는 것이다. 이러한 어머니의 의도는 아이의 생각과 행동을 믿고 지지하고 그들이 하는 일에 응원을 아끼지 않는 것에서 착안되어야 한다. 그리고 이러한 어머니의 역할이 쉽고 재미있고 보람된 것이어야 한다.

간섭하지 않고 때리지 않는 일이 얼마나 쉬운가를 생각해 보지 않았기 때문에 어머니들에게 "아이들을 간섭하지 마십시오" "아이들을 때리지 마십시오"라고 말하면 "그렇게 하기 어려운 일을 하라고 하면 어떻게 합니까?"라고 짜증스러워 한다. 마치 간섭하고 때리는 일이 쉬운 것처럼 생각하고, 믿고 지지하고 응원해 주는 것이 어려운 일로 생각하는 우리 어머니들의 양육 속성에 누가 매스를 가할 것인가?

　어떠한 방법으로 아이들을 기르든 아이들은 자란다. 잠시도 쉬지 않고 아이들은 자란다. 자라는 것은 변화이며 변화는 성장이다. 그 성장이 어머니의 도움 속에 성공의 길로 이어졌을 때 아이의 성공은 보장된다. 모신의 도움을 간청한다. 이 땅에 사는 모든 아이들의 성공적인 삶을 위해서….

 ## 혹한에 시달리는 떡잎

필자는 여러 형태의 문제를 가진 아이들과 어른들을 만난다. 세계의 여러 나라에서 온 사람들을 만났고 지금도 만나고 있다. 문제를 가진 사람들이 느끼는 삶에 대한 고통은 모두가 비슷했다. 그런 와중에서도 특히 아이들이 정신질환 때문에 고통을 겪고 있는 것을 보면 웬지 모르게 필요 이상의 연민의 아픔을 느낀다.

어느 날 젊은 나이의 어머니가 다섯 살 된 아들을 데리고 필자를 찾아와 도움을 요청했다. 그 어머니가 데리고 온 아이는 자폐증세를 가지고 있었다. 그 아이는 자폐증이 가지고 있는 모든 증세를 다 가지고 있었다. 입이 있어도 말을 하지 않았고 멀쩡한 귀를 가지고 있으면서도 말을 들을 수 없었으며 깨끗하고 고운 눈을 가지고 있으면서도 보지 못하는 아이였다.

실제로 그 아이의 오관(五官)이 기능을 하지 못하고 있는 것은 아니었다. 그 아이의 마음이 그 아이의 오관(五官)으로 하여금 기능을 하지 못하도록 아주 엄격한 명령을 내린 것 때문에 그 아이의 오관(五官)이 기능을 포기하고 있었다.

그 아이는 보면서도 보지 못하는 척, 안보는 척 했고 들으면서도 듣지 못하는 척, 듣지 않는 척 했다. 말을 하면 다섯 살 먹은 아이의 수준에 알맞은 말을 유창하게 할 수 있는데도 불구하고 그 아이는 타고난 벙어리처럼 말을 하지 않았다. 말을 하지 않는 것이 아니라 차라리 못하는 것이라고 해야 옳을 정도로 말을 하지 않았다.

오관(五官)이 기능을 하지 못하는 대신에 그의 다른 부분들이 기능을 하고 있었다. 그 아이는 거의 완벽하게 제주도의 야생마처럼 할 수 있는 일과 할 수 없는 일, 해야 할 일과 해서는 아니 될 일을 분간하지 못하고 날뛰었다. 특히 위험한 짓이라면 물불을 가리지 않고 그 일을 과감하게 해 냈다. 아이가 산만한 행동을 할 때마다 어머니의 얼굴은 일그러졌고 어머니의 입에서는 길고 깊은 통한의 한숨이 흘러 나왔다.

필　자 : 어떻게 해서 이 아이가 자폐증세를 가지게 되었습니까?

라고 어머니에게 물었을 때 그 젊은 어머니는 "원래부터 이러 했습니다." 간단하게 대답했다.

자폐증세는 원래부터 있는 증세가 아니고 성장하면서 냉정한 환경과 거친 보살핌에 의해서 만들어진 후천적인 증세라는 것과 출생한 이후에 가지게 된 증상이기 때문에 노력을 하면 고쳐질 수 있다는 것을 말했을 때 그 아이의 어머니는

어머니 : 무슨 말씀을 하시지요? 처음 듣는 말이라서 도무지 알 수 가 없습니다. 어디를 가나 타고난 증상이기 때문에 고칠 수 없다는 말밖에 들은 적이 없어서…라며 말꼬리를 흐렸다.

모든 사람은 자폐로 태어나서 그 자폐의 각질을 벗고 점진적으로 자폐가 아닌 정상인으로서 기능을 할 수 있는 현실감을 가지게 된다. 특히 자폐의 각질을 벗지 않고 자폐 속에 머물러 있으려고 고집을 부리는 아이의 심리적인 환경은 차가운 양육자의 양육태도에 의해서 만들어진 것이다. 이러한 아이는 마음이 얼어붙어 있기 때문에 그 마음이 녹을 때까지 자폐라는 증상을 가지게 될 수밖에 다른 도리가 없다는 것을 들려주었을 때 그 젊은 어머니는 참을 수 없는 오열을 했다.

오열이 멈추었을 때 해맑아진 얼굴을 들고 더 이상 아이와 관련된 과거를 이야기하지 않고는 견딜 수 없다는 듯 그 어머니는 자진해서 다음과 같은 말을 들려주었다.

어머니 : 중매로 남편을 만나 어머니의 반대를 무릅쓰고 결혼을 했습니다. 남편은 줏대가 약하고 남의 말을 잘 듣는 그 집안의 셋째 아들이었습니다. 남편과의 관계는 별다른 문제가 없었으나 남편을 함부로 대하고 부당할 정도로 과다한 생활비와 잦은 방문을 요구하는 시어머니 때문에 남편과의 사이가 벌어지기 시작했습니다. 남편은 시어머니의 요구가 부당하다고 생각하는 저의 의견에 동의하면서도 시어머니의 요구를 거절하지 못했습니다. 시어머니의 요구에 응하다 보니 우리 집에는 먹을 것이 궁색할 정도로 살림이 어려웠습니다. 살림이 어려워지다 보니까 남편이 원망스러워 지고 밉게 보이기 시작했습니다. 그래서 우리는 자주 싸웠고 이러한 싸움이 시어머니 때문이라는 생각 때문에 시어머니가 더욱 미웠습니다. 그렇게 지내던 사이에 우연찮게 임신을 하게 되었습니다. 처음 임신을 알게 된 시어머니는 노발대발하며 아이의 유산

을 권유했습니다. 그 때 저는 오기가 생겼습니다. 그래서 아이는 무슨 일이 있어도 낳을 것이라고 결심을 했습니다. 임신 4, 5개월이 될 무렵에야 시어머니는 유산을 포기하고 아들을 꼭 낳아야 한다는 말을 하기 시작했습니다. 그 때 저는 아이는 낳되 아들은 절대 낳지 않을 것이라는 생각을 했습니다. 아들을 낳지 아니하므로써 시어머니에게 복수를 할 수 있다는 생각을 했습니다. 그러나 저의 계획과 기도는 물거품이 되었습니다. 아들을 낳게 되었으니까요. 지독스럽게 운이 없는 여자라고 생각했습니다. 사실은 저도 아들을 낳아서 좋기는 했만 시어머니만 생각하면 아들이 미워서 견딜 수가 없었습니다. 그래서 그 아이가 울어도 못들은 척 놓아두고 기저귀가 젖어 있어도 모르는 척 갈아주지를 않았습니다. 그런데도 아이는 잘 자랐습니다. 아이가 8, 9개월이 되었을 때 부터 이상한 느낌을 가지기 시작했습니다. 원래 조용한 아이였기 때문에 별로 보채는 일도 없었고 울지도 않았습니다. 기르기가 무척 쉬운 아이라고 생각하며 길렀습니다. 그런데 갑자기 이상한 느낌이 들었습니다. 아이가 불러도 부르는 말을 듣는 것 같지 않았고 전혀 눈을 마주치지 않는다는 것을 느끼게 되었습니다. 어느 날 갑자기 이러한 느낌이 들면서부터 아이를 좀 더 세심하게 관찰하기 시작 했습니다. 그리고 그 아이 나이 또래의 다른 집 아이들과 비교해 보기 시작했습니다. 다른 집 아이들에 비해서 아들의 행동이 너무 엉뚱했습니다. 전혀 감각이 없는 아이처럼 행동을 한다는 것을 발견하게 되었습니다. 그리고 겁이 나기 시작했습니다. 어느 날 참다못해 소아과에 아이를 데리고 갔습니다. 소아과에서의 진찰은 아무런 이상이 없다는 것이었습니다. 그리고 그 의사는 무서운 말을 들려주었습니다. 혹시 정신질환일지도 모르니까 소아정신과에 데리고 가보라는 것이었습니다. 소아정신과에서는 자폐증이라는 진단을 내렸습니다. 자폐증이 무엇인지도 몰랐던 저는 의사에게 자폐증이 무슨 병이냐고 물어보았습니다. 그 의사는 자폐증은 타고난 병이라고 했습니다. 선천성 질환이기 때문에 어떻게 할 수 없는 병이라고 했습니다.

눈앞이 캄캄했습니다. 그러나 의사가 어떻게 할 수 없는 정신병이라고 하는데 전들 어떻게 하겠습니까? 조상이 원망스럽고 제가 원망스러웠습니다. 그리고 시가에 그러한 증상을 가진 사람이 있는가를 조사해 보기도 했습니다. 그러나 제 노력은 허사였습니다. 아무도 그러한 증상을 가진 사람이 없었습니다. 시어머니는 손자가 그러한 질환에 걸린 것도 모르고 계속해서 우리들에게 무리한 요구를 하며 우리를 못살게 하는 것이었습니다. 그러던 어느 날 아이가 자폐증에 걸렸다는 이야기를 했습니다. 시어머니는 별다른 반응을 보이지 않았습니다. 이러한 시어머니를 보면서 이상한 저항감을 느꼈습니다. 그리고 보복을 해야 한다는 강한 느낌이 들었습니다. 시어머니에게 보복을 할 수 있는 방법은 아이의 신세를 망치게 하는 것 외에는 다른 방법이 없다는 생각을 하게 되었습니다. 그래서 아이를 더욱 더 심하게 학대하기 시작하였습니다. 신경질을 부리고 때리고 하는 등의 학대를 심하게 했습니다. 평시에 난폭했던 아이는 점점 더 난폭해져 갔습니다. 아이에게 못되게 하고 난 다음의 저는 마음속에 밀려오는 죄의식을 감당하지 못해 혼자서 몸부림을 치기도 하고 한없이 울기도 하였습니다.

모두가 허무하고 원통하다는 느낌밖에 들지 않았습니다. 처참한 장난에 불과했다는 거지요. 그리고 내가 얼마나 어리석었는가를 깨닫게 되었습니다. 그 때부터 아이에게 잘해 주려고 노력했습니다. 그러나 잘해 준다는 것이 말처럼 그렇게 쉬운 것은 아니었습니다.(이러한 말을 하며 그 젊은 어머니는 간헐적으로 오열을 참지 못했다.)

필 자 : 잘못을 깨닫고 아이에게 잘해 주려고 노력을 하셨는데 잘해 준다는 것이 그렇게 쉽지만은 않았다고 하셨습니다. 어떻게 잘해 주려고 노력을 하셨는지 그 노력의 내용에 대해서 이야기를 좀 해 주실 수 있겠습니까?

어머니 : 말씀은 그렇게 드렸지만 사실은 어떻게 해 주는 것이 잘해 주는 것인지도 몰랐고 지금도 어떻게 해 주어야 잘해 주는 것인지 잘 모르고 있습니다. 그냥 생각으로만 잘해 주어야지 했을 뿐 잘해 준 적이 거의 없었습니다.

필 자 : 그러시다면 아이를 낳기 전에 어떠한 방법으로 아이를 기르겠다는 생각을 해보신 적이 있으십니까?

어머니 : 아닙니다. 전혀 그러한 것을 생각해 본적이 없습니다. 어떻든 아이를 어떻게 길러야겠다는 생각도 없이 아이를 길렀다는 사실이 얼마나 무모한 일이었는가 라는 질문을 받고 있는 것 같아서 송구스럽고 아이에게는 미안하다는 생각이 듭니다. 그렇지만 제가 결혼을 하고 아이를 낳고 하는 과정에서 겪었던 시집과의 갈등을 생각한다면 그래도 그 정도로 아이를 길렀다는 것이 믿어지지 않을 정도로 많이 참고 견딘 결과 때문이라는 생각이 듭니다. 왜냐하면 그 동안 여러 차례 아이가 죽기를 바랬고 죽지 않는 아이를 원망한 적도 있었으니까요.

못된 엄마라는 생각을 많이 했습니다. 물론 지금도 나쁜 엄마이기는 마찬가지겠지만요.

필　자 : 아이가 죽기를 바랬다고 하셨지만 그 아이는 죽어서는 안되는 아이였겠지요. 만약 그 아이가 죽어버린다면 시어머니에 대한 보복을 할 수 있는 수단이 없어져 버릴테니까요. 그 아이는 어떻든 살아있어야 할 아이였습니다. 시어머니에 대한 보복을 위해서도 물론 그랬었겠지만 어머니 자신의 신세를 괴롭히고 불행을 한탄하기 위해서라도 그아이는 분명 살아있어야 할 아이였을 것입니다. 그래서 어머니는 그 아이를 살려둔 것이겠지요. 아이를 기르는 어머니는 필요에 의해서 아이를 죽일 수도 있고 살릴 수도 있는 막강한 권한을 손에 쥐고 있는 절대자로서의 역할을 하는 사람이니까요. 그러한 어머니가 그렇게 아이를 미워 했는데도 불구하고 그나마 그 정도로 성장했다는 것은 참으로 다행스럽다는 생각이 듭니다. 직접적인 보복이 무섭다고는 하지만 그보다 더 무서운 것은 다른 사람, 시어머니에 대한 감정 때문에 다른 사람 즉 아이를 미워하는 간접적인 보복은 더 무서운 보복이 되는데도 불구하고 그정도로 성장할 수 있는 보복을 했다는 것은 가벼운 보복이라고 할 수도 있을 것입니다.

어머니 : 시어머니 대신에 아이를 미워했던 것이 시어머니에 대한 보복이긴 하지만 그러한 저의 행동이 아이에게 그토록 무서운 결과를 초래하리라고는 전혀 생각하지 못했습니다. 말씀을 듣고 보니까 아이에게 너무나 못할 짓을 했다는 생각이 듭니다.(말하며 약간의 울먹임이 있었다.)

필　자 : 이제라도 그러한 사실을 알았으니까 전과는 다른 방법으로 아이를 대하시면 되겠습니다. 어머니가 무엇을 하는 사람인지를 먼저 생각하고 어머니가 해 주어야 할 일을 아이에게 해 준다면 아마도 그 아이는 옛날의 어려운 경험을 잊고 어머니와의 새로운 관계 속에 경험하게 될 새로운 기억들을 축적하여 새롭게 살 수 있는 새로운 아이가 될 수 있을 것입니다.

어머니 : 어머니로서 해야 할 일을 하면 된다고 말씀하셨는데 어머니가 해야 할 일이 무엇인지 알 것 같으면서도 알 수 없는 일 같습니다. 구체적으로 어머니가 해야 할 일에 대해서 말씀해 주시면 고맙겠습니다.(어머니는 무슨 죄를 지은 사람처럼 읊조리며 사정하듯 물었다.)

필 자 : 아들을 아들로서 받아들이셔야 겠지요. 아마도 지금까지 그 아이를 아들로서 받아들이시지 않으셨던 것이 문제가 되었을 테니까요. 그리고 그 아들을 아들로서 사랑하는 마음을 가져야 할 것입니다.

어머니 : 그러니까 받아들이고 사랑하기만 하면 된다는 말씀이시네요. 그렇다면 별다른 어려움 없이 어머니 노릇을 할 수 있을 것 같습니다. 받아들이고 사랑한다는 것이 뭐 그렇게 어렵겠습니까?(가볍게 생각하고 쉽게 그 일을 할 것 같은 느낌이 풍기는 대답을 했다.)

필 자 : 굉장히 쉽게 생각하시는 것 같은데 그게 그렇게 생각하는 것처럼 쉽지만은 않을 것입니다. 제 생각에는 그렇게 하는 것이 굉장히 어렵습니다. 그런데 쉽게 생각하시니까 혹시라도 그렇게 하려고 하다가 실망하실 것 같은 걱정 때문에 드리는 말씀입니다. 생각처럼 쉽게 되지 않더라도 실망하지 마시고

계속 실천해 보시고 실천이 잘 되지 않으면 그 때 또 다시 무엇 때문에 실천이 잘 되지 않는지 또 실천이 잘 되는 것은 어떠한 것이며 그것은 또 왜 그렇게 실천이 잘 되었는지에 대해서 이야기해 보시면 되겠습니다.

그리하여 그 젊은 어머니는 필자와의 상담에서 느끼고 생각하고 계획한 만큼의 아들과의 관계에 얽힌 문제를 해결하기 위해서 노력했다. 그러나 그 젊은 어머니의 노력은 뜻대로 되지 않았다. 그 노력이 뜻대로 되지 않았던 것은 그 젊은 어머니가 가지고 있었던 두 개의 다른 마음이 서로 옳다고 주장하는 갈등 때문이었다. 그러나 그 젊은 어머니는 자기의 마음 속에 두 개의 다른 마음이 있고 그 다른 마음들이 서로 협력하지 않는 결과로 인한 갈등 때문에 생각하고 계획했던 대로 일이 진행되지 않고 있었다는 것을 알지 못했다.

사람이 생각하고 계획한 대로 모든 것을 실천에 옮길 수 있다면 얼마나 좋겠는가? 생각하고 계획한대로 일이 진행되지 않기 때문에 사람에게는 실망이 있고 좌절이 있고 괴로움이 있고 불행이 있는 것이다. 불행한 인생을 살기 좋아하는 사람은 없다. 그러면서도 불행하게 느끼는 삶을 살고 있는 사람들의 행동을 보면 행복을 추구하는 행동이 아니고 불행을 추구하는 행동을 하기 때문에 결과적으로 불행하게 될 수밖에 없다. 그러면서도 행복을 위해서 살고 있다고 생각하는 것에 문제가 있다.

그 후 여러 차례에 걸친 이 젊은 어머니와의 상담에서 그 젊은 어머니가 하고자 하는 일이 무엇 때문에 제대로 잘 되지 않는가에 대한 이야기를 했다.

그 젊은 어머니는 아들을 아들로서 수용하고자 했으나 그 일이 뜻대로 이루어지지 않았다. 그리고 그 아들을 사랑하고자 했지만 어머니의 마음대로 그 아들을 사랑하고 싶은 마음이 생겨나지 않았다. 그 젊은 어머니는 이러한 자신을 이해하고자 했지만 도무지 이해가 되지 않았고 필자와의 상담에서 여러 차례 문제의 원인을 대면할 기회를 가졌지만 그 젊은 어머니는 대면한 문제를 해결하고자 하는 진정한 의욕을 보이지 않았다. 다만 생각으로만, 말로만 문제를 해결하고 싶다고 했을 뿐이다. 그 젊은 어머니의 이러한 태도는 변화에 대한 두려움과 괴로운 삶을 청산하는 것에 대한 아쉬움 같은 허전함이 지금까지 살아온 방식대로의 삶을 고집하게 한 것에 연유했다.

그러던 어느 날 그 젊은 어머니는 불행한 시어머니와의 관계를 청산하는 것이 일차적으로 문제를 해결하는 열쇠가 된다는 것을 인식하기에 이르렀다. 서로 헐뜯고 미워하고 괴롭히는 것은 이러한 고부간의 관계를 서로가 원해서 갖는 것이라는 것을 알게 되었을 때 그 젊은 어머니는 시어머니와의 관계를 차단함으로서 서로 헐뜯고 미워하고 괴롭히는 관계를 갖지 않아도 된다는 것을 터득한 연후에 시어머니와의 문제가 아이와의 문제로 옮겨졌다(전이)는 사실을 인식하기에 이르렀다.

결과적으로 그 젊은 어머니는 시어머니와의 관계를 끊었다. 처음부터 완벽하게 관계를 끊기가 어려웠던 그 젊은 어머니는 자기와 시어머니와의 관계를 우선하여 끊었고 그 남편과 시어머니와의 관계는 예전처럼 그대로 놓아두었다.

그 젊은 어머니는 시어머니의 전화를 받지 않았고 전화를 걸지도 않았으며 시댁 방문을 일체 하지 않았으며 시어머니가 자기 집을 방문하는 것도 차단했다. 처음에는 이러한 결심이 남편과의 갈등으로 번져나갔지만 결과적으로 아들을 위한 그 젊은 부인의 결심과 노력의 결과가 좋은 방향으로 진행되어 아들의 행동이 정상적으로 변해 가는 것을 관찰하면서 그 남편 또한 부인의 적극적인 후원자가 되었다.

아이가 분명하지는 않았지만 자기의사를 전달하기 시작하면서부터 그리고 어머니와 아버지를 정면으로 바라보고 눈을 맞추기 시작하면서부터 이들 가족의 상호관계는 극적으로 선회하기 시작하였다. 그들의 가족관계는 때로는 옛날의 관계로 돌아갔다가 잠시 그곳에 머무른 후에 그들이 노력의 결실로서 이루어 놓은 새로운 가족관계의 영역으로 다시 돌아오는 반복성 강박행동을 계속했다.

가족의 변화가 시도되고 그리고 실제적인 변화가 일어날 무렵의 고부관계는 살벌하기 그지 없었다. 그러나 자폐증을 가진 아이가 정상을 회복하는 기미를 보이기 시작하면서부터 며느리인 그 젊은 여자는 시어머니와의 관계를 아쉬워하면서도 무시할 수 있는 힘을 가지게 되었고 그 아이가 많이 회복된 다음에 그 시어머니 또한 며느리의 입장을 이해하기에 이르렀다.

그러나 그들 고부가 가지고 있었던 원천적인 문제의 해결은 아직도 그 뿌리가 뽑히지 않은 채 남아있다. 상당한 세월을 어렵게 지낸 사이를 짧은 시일 안에 해결한다는 것은 그만큼 어려운 문제라는 것을 시사하는 좋은 예가 된다.

모든 정신질환이 관심의 결여에서 비롯된 것이기는 하지만 자폐증처럼 심각할 정도로 성장 초기의 관심이 박탈된 증상도 없다. 특히 성장초기에 어머니가 보여준 냉담함과 무관심처럼 정신적으로 치명적인 상처를 입히는 타격이 없기 때문이다.

성장초기에 미치는 어머니의 무관심이 심각한 정신질환을 만들어내는 원인이 되기도 하지만 아이들이 나이가 들었을 때도 어머니의 무관심은 아이들에게 엄청난 상처를 입히는 결정적인 원인이 된다.

자폐는 아이가 가지고 있는 오관의 문을 닫고 외부와의 교류를 완전히 차단한 상태이다. 아이가 외부와의 교류와 관련된 정신적인 문을 완벽하게 닫아버린 이유는 외부에서 들어오는 자극이 너무 심하거나 심하지 않더라도 고통만을 안겨주는 자극이었을 경우 그 자극을 받는 것이 괴로워서 견딜 수 없는 상황에 이르렀기 때문에 닫아버린다. 스스로 마음을 닫아버렸기 때문에 그 증상을 자폐라고 한다.

자폐가 되기 이전의 아이 그러니까 자폐증상을 갖기 이전의 아이는 그런대로 외부와의 교류가 견딜만한 상태에 있기 때문이다. 자폐증상을 일으키지 않은 상태에서의 외부의 자극은 즐거운 자극과 괴로운 자극으로 나누어진다. 외부에서 들어오는 자극이 즐거웠을 때에는 삶의 가치와 의미를 부여하지만 그 자극이 괴로웠을 때에는 삶의 의미를 빼앗아 가는 견디어 낼 수 없는 고통으로 느껴지기 때문에 그 고통을 느끼는 것이 괴로워서 마음의 문을 닫아버리는 것이다. 그러니까 자폐증을 가지고 있는 아이들은 성장초기에 마음의 문을 닫아버릴 수밖에 없을 정도로 괴로운 자극을 외부로부터 많이 받았다는 것을 의미한다.

아이가 자폐증을 가지게 되면 아이는 세상살이를 걱정할 필요가 없게 된다. 자극을 받지 않기 때문에 괴로움을 느낄 필요가 없다는 것이다. 그래서 아이는 세상살이를 걱정하지 않아도 된다.

아이가 걱정으로부터 벗어나는 자폐증상을 갖게 되었을 때 그 아이를 기르는 어머니는 아이가 걱정을 하지 않은 만큼 어머니는 그 아이가 해야 할 걱정까지 도맡아서 해야 하기 때문에 어머니의 걱정은 힘에 겨울 정도로 많아진다. 해야 할 일이 많아진다는 것이다.

아이가 받는 외부로부터의 자극은 어머니로부터의 자극이다. 어머니의 자극이 지나치지 않았을 때는 아이에게 세상을 살아갈 수 있는 힘을 길러주는 좋은 자극으로서의 영양분이 되지만 그렇지 못했을 경우 그러니까 지나칠 정도로 심한 자극을 보냈을 때는 아이로 하여금 어머니가 보낸 자극을 거부하게 한다. 자극을 극복하려는 아이와 자극으로 아이를 정복하려 하는 어머니의 무의식적 소망이 서로 싸움을 하게 된다는 것이다. 그 결과는 보나마나 뻔하다. 어머니의 지나친 자극이 아이로 하여금 항복할 수밖에 없도록 계속해서 자극을 하고 그 자극은 결국 아이로부터 항복을 하게 하고 그 항복은 자폐증이라는 무서운 증상을 가지게 한다. 그래서 어머니의 지나친 자극은 아이로 하여금 자폐증을 가지라고 지시하는 것과 같고 결국은 어머니의 지시대로 아이가 자폐증을 가지게 됨으로서 어머니와 아이의 격렬한 갈등과의 싸움이 끝나게 된다.

아이가 성장하면서 겪는 자극이 성장에 도움이 될 수 있는 자극이 되지 못하고 성장을 거부하는 자극이 되도록 하는 어머니의 양육태도는 양육하고 양육받는 어머니와 아이의 관계 속에 들어 있는 걱정을 서로 나누어 가지고 그 걱정을 함께 해야 하는데도 불구하고 모든 걱정을 어머니 혼자서 도맡아 하겠다는 것을 자원하는 것과 같다. 그렇기 때문에 자폐아가 된 아이는 자기 자신에 대해서 전혀 걱정할 필요가 없는 삶을 살게 되고 이러한 아이의 어머니는 아이의 걱정까지 도맡아 해야 하는 어려운 삶을 살 수 밖에 없게 된다.

이러한 맥락에서 아이의 정상적인 발달을 보았을 때 아이의 정상적인 발달이 어머니의 행복을 가져오고 아이의 비정상적인 발달이 어머니의 불행을 가져온다는 것을 이해할 수 있다.

어머니가 아이에게 적당한 자극을 주면서 혹은 편안한 상태를 잃지 않을 정도의 자극을 주면서 편안하게 아이를 기르면 어머니도 행복하고 아이도 행복하다. 아이가 행복하게 자라는 것은 오직 어머니 자신의 걱정이 없는 삶, 보람된 삶, 풍요로운 삶, 그리고 행복한 삶을 위한 최소한의 보장이다.

무엇보다 중요한 것은 아이가 어렸을 때 아이를 만족하게 해 주는 것이 아이가 성장했을 때 만족하게 해 주는 것보다 몇 백 배 몇 천 배 쉽고 영향력이 크다는 것을 천하의 모든 어머니들은 알아두어야 할 것이다.

바람벽에 숨겨진 천재의 여한

: 돌은 왜 던져요?
: 공부를 못하는 아이
: 벽창호와 효도타령
: 밥을 안 먹는 아이(거식증)

인간은 천재적인 기질을 가지고 태어난다. 천재적인 기질을 가지고 태어난다는 것은 한 손에 다섯 개씩 양손에 열 개의 손가락을 가지고 태어나는 것처럼 모든 인간은 좌우(左右) 측두면(側頭面)에 각각 60억 개의 기억세포를 가지고 태어난다는 것이다. 그래서 모든 인간은 너나할 것 없이 도합 120억 개의 기억세포를 가지고 있다.

손가락이 9개인 사람이 없고 11개를 가진 사람이 없는 것처럼 두뇌 속의 기억세포도 120억 개 이상이나 이하를 가진 사람이 없다.

마치 컴퓨터에 필요한 정보를 입력해 두어야만 입력해 둔 정보가 필요할 때 그 정보를 다시 꺼내 볼 수 있는 것처럼 인간의 두뇌도 필요한 지식을 필요한 만큼 입력해 두어야만 후에 그 지식이 필요할 때 그 지식을 꺼내 사용할 수 있다.

컴퓨터 주인이 의식적으로 컴퓨터를 많이 사용할 때 컴퓨터의 용도가 넓어지는 것처럼 인간의 두뇌도 그 주인이 많이 사용해야 그 능력이 확장된다.

 돌은 왜 던져요?

능력과 성취처럼 매력 있는 것이 없고 가지고 싶어 하는 것도 없다. 모든 사람이 추구하는 바가 능력 있는 사람이 되는 것이고 기대하는 간절함이 성취와 직결된다.

능력과 성취가 사람의 자질을 사정하는 기준이 되고 사회적 위치의 높낮이를 결정하는 재산이 된다. 뿐만 아니라 인간관계의 멀고 가까움을 이끄는 자력(磁力)이 되고 자긍심과 열등감을 조장하는 원천이 된다.

능력과 성취는 이처럼 위대한 힘을 가지고 사람의 운명을 결정하는 일을 한다.

자기실현을 한 사람을 통해 인정을 받는 사람들, 성공을 한 사람들은 나름대로 삶의 바른 길을 찾은 사람들이다. 가지고 태어난 능력을 동원하여 열심히 산 사람들이다.

능력이 있되 있는 능력을 동원하여 사용하지 못한 사람이나 사용했더라도 잘못 사용했거나 충분히 사용하지 못한 사람은 소위 말하는 자기실현이나 인정을 받는 것, 그리고 성공된 삶을 살지 못한다. 이러한 사람들은 오히려 삶을 쓰레기로 만들기 위해 능력을 동원하고 괴로운 삶을 성취하는 것 외에는 그 어떠한 일도 하지 못한다. 보람된 삶을 살지 못한다는 것이다.

사람의 능력은 그 사람 자신의 힘에 의해서 동원되고 개발되는 것이 아니다. 사람의 능력은 그 사람이 아닌 다른 어떤 사람에 의해서만 동원되고 개발되는 속성을 가지고 있다. 일반적으로 아이의 능력은 신의 역할을 하는 어머니에 의해서 개발된다. 아이에게 영향을 미치는 어머니의 절대성은 아이가 성장하는 모든 단계에서 그 위력을 발휘한다.

어머니가 아이에게 행사하는 위력은 자극이라는 매개체를 통하여 이루어진다. 자극은 아이로 하여금 생존의 의미를 부여하기도 하고 생존의 의미를 박탈해 가기도 하는 양면성을 가지고 있다.

생존의 의미를 부여하는 어머니의 자극은 능력을 개발하게 하는 원동력이 되고 의미를 박탈해 가는 어머니의 자극은 능력이 개발되기는 하나 그 개발된 능력이 부정적으로 개발되어 부정적인 생각과 부정적인 행동을 하게 하는 에너지로서 기능을 한다.

아이가 어렸을 때는 호기심의 집합체이다. 아이의 호기심은 어느 한 곳에 집중되는 호기심이 아니고 모든 것에 관심을 갖는 호기심이며 특히 새로운 것에 강한 매력을 느끼는 호기심이다.

아이들은 호기심이 가는 물건마다 확인을 하고자 하는 강한 의욕을 가지고 있다. 그래서 아이들은 보는 것마다 만져야 하고 입안에 넣어 보아야 하고 가지고 놀아야 하고 그리고 때로는 두들겨 보아야 한다. 이러한 와중에 깨기도 하고 째기도 하고 부수기도 하는 실수 아닌 실수를 범한다.

어머니가 보았을 때 아이의 이러한 행동은 거친 행동이고 그래서 해서는 아니 되는 행동이고 그리고 무슨 일이 일어났을 때는 아이가 실수를 한 것으로 처리하는 경향이 있다. 대부분의 어머니들은 이 때 아이를 야단치거나 혹은 때리는 것으로서 어머니의 화를 푼다.

아이가 무슨 일을 할 때마다 어머니는 그것을 말리고 어머니가 말리는 일을 계속해서 하려고 하면 그 때 어머니는 또 아이를 야단치거나 때리는 것으로서 아이의 버릇을 고쳐 주려고 한다. 때리고 야단치는 교육을 시킨다.

어머니가 이러한 아이를 때리면 때릴수록 아이의 그러한 버릇이 없어지는 것이 아니고 그 버릇은 점점 더 심하게 되풀이된다. 어머니의 간섭이 정말로 심해지고 잔인할 정도로 혹독해졌을 때 아이는 하고자 하는 의욕을 상실한다.

어머니의 심한 매질에 의한 아이의 의욕상실은 일종의 성장거부현상을 일으킨다. 모든 것에 대한 호기심을 버리게 된다는 것이다. 호기심의 상실은 결과적으로 의욕상실증을 불러일으킨다.

그 예로서 어린아이가 연필이나 볼펜을 가지고 놀기를 좋아하고 눈에 뜨이는 종이가 있으면 그 종이가 어떠한 종이든 상관하지 않고 그 종이 위에 선을 긋고 동그라미를 긋고 온갖 모양새의 줄을 긋는다. 이 때의 아이들은 종이 위에 선을 긋기를 좋아하면서도 어머니가 선을 그으라고 주는 종이 위에는 절대로 선을 긋지 않는다. 선을 긋더라도 별로 재미없어 하면서 선을 긋는다. 어머니가 한사코 선을 긋지 못하게 하는 책이나 고지서나 영수증 같은 것, 그리고 시원하게 도배가 된 깨끗한 벽지 위에만 선을 긋기를 좋아한다.

어머니가 선을 긋지 못하게 하는 것에 선을 긋는 아이의 모습은 신이 난다. 그리고 호기심의 충족에 여념이 없다.

이 때 어머니는 아이가 그리는 책이나 종이를 빼앗고 볼펜을 빼앗으며 소리를 지른다. "왜 이러니? 왜 이래 응? 너 때문에 내가 정말 못 살겠다. 이 원수야, 원수야, 원수야." 하며 아이를 쥐어박는다.

이러한 일이 계속되는 동안에 아이는 볼펜과 종이에 대한 흥미를 시나브로 잃게 되고 끝내는 거의 완벽하게 이에 대한 흥미를 잃어버린다.

이 무렵이 되면 아이들은 대개 유아원에 가야 할 나이에 도달한다. 유아원에 다니기 시작할 무렵이 되면 이 때부터 아이에 대한 어머니의 태도가 급변한다. 지금까지는 볼펜과 종이를 가지고 놀아서는 안 된다고 성화를 부리며 야단법석을 떨던 어머니가 이제는 볼펜과 종이를 주면서 반강제적으로 그것을 가지고 놀아야 한다고 윽박지르는 극성을 부린다.

어머니의 이러한 일관성 없는 태도에 아이는 당황하게 되고 강한 거부 반응을 일으킨다. 그러나 어머니의 명령을 어기면 큰 일이 터질 것 같은 두려움 때문에 어쩔 수 없이 볼펜과 종이를 가지고 노는 척 한다.

옛날에는 해서는 아니 되는 일이 새삼스럽게 하지 않으면 아니 되는 일로 돌변했다는 사실을 믿을 수 없어 한다. 더욱이나 이러한 일을 해야 한다고 강조하는 짜증 섞인 어머니의 목소리를 믿을 수 없어 한다.

어제는 해서는 안 되는 일이 오늘은 하지 않으면 안 된다고 주장하는 어머니는 도대체 어떤 사람일까? 어른들의 세상은 해서는 안 되는 일과 하지 않으면 안 되는 일이 하루 밤사이에 쉽게 바뀌는 칠면조 같은 세상인가? 정말 그러한 것인가? 아니면 우리 어머니만 그러한 것인가? 아이들의 의구심은 날로 깊어가고 불만의 씨앗에는 무성한 잎이 터져 자란다.

이렇게 시작된 아이들의 공부는 세월이 가면서 점점 더 짜증스러워지고 짜증을 낸 만큼 아이들의 성격 또한 메말라간다.

이러한 아이들에게 그 누가 돌을 던질 수 있겠는가? 어머니가 해야 한다고 하니까 하는 척 할 뿐 아이들에게 당위성이 없는 공부를 아니한다고 해서 돌을 던질 사람이 있으면 던져 보라!

그리고 주변을 보라.

여기 그리고 또 저기서 돌을 던지는 사람이 보이지 않는가? 그렇다.

이러한 아이들에게 돌을 던지는 자들이 있다. 그들의 이름은 어머니다. 모반의, 반역의 면죄부를 받은 사람처럼 죄를 모르는 우리 어머니들. 그 어머니들이 우리 아이들에게 돌을 던진다.

돌에 맞아 쓰러진 아이들, 돌에 맞아 피를 흘리는 아이들, 돌에 맞아 신음하는 아이들로 세상이 아니 우리 가정이 아수라장이다. 이렇게 아수라장이 된 세상에서 우리 아이들이 살고 있다. 그들 가운데는 삶을 포기하는 아이들이 있고 삶을 저주하는 아이들이 있다. 그리고 거기에는 삶을 저항하거나 삶을 애도하는 아이들이 있다.

삶을 포기하는 아이들은 옥상에서 떨어져 죽는 아이들과 앞으로 떨어져 죽을 아이들이다.

누가 삶을 포기하고 싶겠는가? 삶을 포기한 아이나 앞으로 삶을 포기할 수밖에 없는 아이들은 어머니가 던진 돌에 의해 치명적인 상처를 입은 아이들이다.

돌을 던진 어머니들이 이러한 사실을 안다면 얼마나 많이 가슴 아파하고 땅을 치며 통곡할까? 생각만 해도 가슴이 저며 온다. 그러나 어머니가 아이에게 돌을 던진 것은 던진 것이고 그것 때문에 생긴 마음의 상처 때문에 그 상처의 아픔을 견디지 못하여 죽는 것은 역시 죽는 것이다.

모두가 지나간 일이니 이를 어찌 하겠는가? 후회해도 소용없고 땅을 치며 통곡해도 소용없는 일이다.

어머니가 던지는 돌에 맞아 삶을 포기할 정도는 아니었다 할지라도 그 상처가 심하여 삶을 저주할 수밖에 없는 아이들은 현실거래를 할 능력이 없다. 정신내부에서 일어나는 갈등에 의한 스트레스를 처리하기도 힘에 버겁지만 외부에서 예고도 없이 밀려오는 여러 형태의 스트레스를 감당해낼 수 있는 힘은 더욱 없다. 그렇기 때문에 이들은 외부와의 거래를 차단하고 혼자만의 아성 속에 들어가 고통이 없는 삶을 살려고 하는 강한 욕구를 가지고 있다. 이러한 결과가 이들로 하여금 정신분열증이라는 증상을 가지게 한다.

정신분열증은 누구나 가지는 정신질환이 아니다. 그리고 꼭 가져야 할 사람이 그 증상으로부터 벗어날 수 있는 것도 아니다.

우리 주변에서 흔히 볼 수 있는 아이들 소위 말하는 행동이 거친 아이들과 비행청소년들의 행동은 돌을 던진 어머니에 대한 저항으로서 어머니를 괴롭히고 자기 자신을 괴롭히는 것이다. 이러한 아이들은 공부를 잘 하지 못하고 게으름을 피우며 지각을 자주 하고 잠을 많이 자고 필요 없는 오락에 열중하며 만화 보기에 탐닉하거나 부탄가스 혹은 본드 등을 흡입하는 것으로서 시간과 돈을 낭비하고 인생을 탕진하는 아이들이다. 그리고 훔치는 아이들, 가출을 하는 아이들, 천식, 야행증, 야뇨증, 혹은 섭식장애 등으로 어머니의 삶을 힘들게 하는 아이들이 이 부류에 속하는 아이들로서 자기의 삶을 상당 부분 포기한 아이들이다.

그런가 하면 삶을 애도하는 아이들이 있다. 삶을 애도하는 아이들은 어머니가 던진 돌을 맞기는 했으나 가장 가볍게 맞은 아이들이다. 이 아이들은 인생이 대체로 우울하고 육체적인 질환을 자주 앓으며 앓고 있는 그 질환을 빙자해서 해야 할 일을 하지 않아도 될 허약한 정신과 체질을 가지고 있다. 일반적으로 신경증적 질환을 자주 앓는 아이들이 이 부류에 속한다.

어머니가 아이들의 능력을 죽이고 생사를 판가름하는 돌을 던질 때 어떠한 어머니가 돌을 강하게 던지고 어떠한 어머니가 돌을 약하게 던지는가는 어머니 자신의 성격과 관계된다. 이는 곧 어머니의 성격이 얼마나 냉혹한가 그리고 무관심하고 포악한가와 관련된다.

세상 사람들이 어떻게 말하든 어머니 자신이 어떠한 변명을 하든 아이들이 잘 자라지 못하고 있다면 누가 어떠한 말을 하든 그것은 어디까지나 결손된 어머니의 양육태도 때문이다.

만일 어머니들이 공부를 잘하는 아이를 기르고 싶다면 공부를 잘 할 수 있는 능력을 길러주면 된다. 어머니는 언제 어디서나 아이의 능력을 길러줄 수 있는 숨어있는 파워(힘)를 가지고 있다. 혹시라도 어머니가 변심하여 이 파워를 활용할 의향이 있다면 지금 당장 그 파워를 사용하면 된다. 그러면 아이의 능력이 당장 길러질 것이다. 그리고 그 아이는 분명 어머니가 원하는 아이로서 훌륭하게 자라게 될 것이다.

아이가 지적으로 성장을 잘 하지 못하는 이유는 지적인 능력을 저장할 수 있는 정신세계의 창고를 장만해야 할 성장초기에 어머니로부터 저장창고를 마련하고 이를 확장시킬 수 있는 충분하고 따뜻한 관심을 받지 못했기 때문이다. 능력은 길러주지 않는 한 자라지 않는다. 능력을 기르는 역할을 맡은 사람이 어머니이기 때문에 아이의 능력은 결국 어머니의 능력을 반영한다.

능력이 별로 없는 사람에게 고도의 성취를 요구하는 것은 무리한 일이다. 모든 사람은 자기가 가지고 있는 능력의 정도만큼 성취하며 산다. 성취를 전혀 하지 못하며 사는 사람이 없기 때문이다.

어머니가 아이에게 물건을 사러 보내는데 2만원을 주면서 10만원짜리 물건을 사오라고 한다면 그것은 고생만 하고 물건을 사오지 말라는 말이거나 아니면 나머지 8만원은 도둑질을 해서 돈을 보태던가 아니면 외상으로 사오라고 지시하는 것과 같다. 아이에게 10만원짜리 물건을 사오라고 했으면 10만원이나 아니면 10만원 이상의 돈을 주었어야 한다. 그러면 걱정 근심 없이 어머니가 원하는 물건을 그대로 사올 것이 아닌가?

이와 마찬가지로 아이에게 성취를 원한다면 그것도 높은 수준의 성취를 원한다면 어머니는 아이가 성취하는데 필요한 충분한 양의 에너지를 제공해야 한다. 어머니가 아이에게 준 에너지는 양적으로 얼마 되지 않은

데도 불구하고 어머니가 아이에게 준 에너지의 양은 생각하지 아니하고 아이에게만 높은 수준의 성취를 하라고 한다면 그처럼 무리하고 비현실적인 요구는 없다.

아이에게 높은 수준의 성취를 바란다면 아이로 하여금 높은 수준의 성취를 하는데 사용하고 남을 만한 에너지를 공급해야 할 것이다. 아이에게 성취의 에너지가 되는 것은 어머니의 따뜻한 정이다. 어머니가 아이에게 줄 수 있는 정은 어머니의 마음속에 무한정으로 저장되어 있다. 그 정을 아낌없이 줄 수 있는 어머니가 훌륭한 어머니요 말 잘 듣는 아이를 기르는 어머니다.

 공부를 못하는 아이

한 어머니가 고등학교 1학년에 재학중인 딸을 데리고 필자를 찾아왔다. 그 어머니는 데리고 온 딸을 곁에 앉혀 두고 다음과 같은 말을 했다.

어머니 : (한숨을 길게 쉬고 곁에 앉아 있는 딸을 빤히 쳐다보면서) 요즘 들어 이렇게 기운 없어 합니다. 전에는 굉장히 활발 하고 친구도 많고 학교공부도 열심히 해서 반에서 1, 2등을 했었는데 요즘에는 그렇지 못합니다. 성격도 우울해졌고 친구도 없고 선생님으로부터 전에 듣지 않던 야단을 맞고 집에 와서는 항상 기운 없어 합니다. 그런데도 밤 1시까지 책상 앞에 앉아서 공부를 하는데 성적은 점점 내려가고 있습니다. 어찌된 영문인지 물어도 대답도 하지 않고 답답해서 조금만 야단쳐도 금방 눈물을 흘리며 짜증만 냅니다. 왜 이런지 그 이유를 알고 싶고 혹시 이러한 아이들을 고칠 수 있는지도 알고 싶고 그래서 찾아왔습니다. (또 다시 딸의 얼굴을 걱정스러운 표정을 하고 물끄러미 쳐다보았다.)

필　자 : 걱정이 되시겠습니다. 요즘 들어 이러한 아이들이 부쩍 많아진 것 같습니다. 물으신 것이니까 대답을 해 드려야겠습니다. 상담은 이러한 학생과 어머니들을 위한 것입니다. 상담을 받으시면 틀림없이 좋아질 것입니다. 믿음을 가지고 상담에 임할 필요가 있겠습니다. 그것은 그렇고 지금하신 말씀 중에 따님이 기운 없어 한다고 하시면서 공부를 해도 성적이 오르지 않는다고 하셨는데 혹시 그 이유에 대해서 생각해 보신 적이 있으십니까?

어머니 : 아니요. 왜 그런지 그 이유를 안다면 뭘 하려 여기를 찾아왔겠습니까? 이 아이가 왜 그런지 저는 전혀 알지 못합니다. 물어봐도 대답을 해야 말이지요.

필　자 : (학생을 쳐다보며) 어머니 말씀을 들었지요? 공부를 밤 1시까지 한다고 했는데 성적이 오르지 않는다구요? 그게 정말입니까?

학　생 : 아니요. 그렇지 않은데요. (들릴 듯 말 듯한 목소리로 대답했다.)

필　자 : 그렇지 않다고 했던가요? 그게 무슨 뜻이지요?

학　생 : ……………

필　자 : 대답하기가 곤란한 모양이지요? 대답을 하기 싫으면 하지 않아도 되는데요. (조용히 학생을 쳐다보았다.)

학　생 : (고개를 숙이고 한숨을 쉰다. 10여초 정도 간격을 두고 침묵을 지키다가 고개를 숙인 채 말했다.) 사실은요 공부를 안 했걸랑요. (역시 힘없는 목소리다.)

필　자 : 새벽 1시까지 책상 앞에 앉아 있었다고 했는데 공부를 안 했다구요?

학 생 : (어머니를 힐끗 쳐다본 다음에 필자를 보면서) 예. 공부 안 했어요.

어머니 : 뭐야? 공부를 안 했다구? 1시까지 책상 앞에 앉아 있으면서 공부를 안 했다구? (화가 난 목소리다.)

필 자 : 어머니께서는 그냥 계십시오. 그렇게 화를 내시면 어떻게 합니까? 그러시면 말을 할 수 있겠습니까? (잠깐 쉬었다가) 그럼 학생은 새벽 1시까지 책상 앞에 앉아서 무엇을 했지요?

학 생 : (한참 말이 없다. 그러다가 고개를 들고 필자를 쳐다보며) 그냥 앉아 있었어요. 낙서도 하고 친구에게 편지도 쓰고 간혹 만화책을 보기도 하고 그리고 이어폰을 꼽고 라디오를 듣고 그랬어요.

필 자 : 굉장히 지루하고 답답했겠네요. 그렇게 앉아서 새벽 1시가 되도록 기다렸으니 얼마나 답답했겠어요. 정말 공부는 하나도 안 했어요?

학 생 : 아니요. 조금은 했어요. 잘은 몰라요. 한 30분. 아마 그 정도는 했을 거예요.

필 자 : 한 30분 정도라... 그럼 30분만 공부하고 그냥 자지 그랬어요?

학 생 : (어머니를 무섭게 노려보면서) 자요? 엄마한테 물어 보세요. 자도 되느냐구요. 저의 엄마는요 제가 일찍 자는 걸 보지 못해요. 혹시라도 피곤해서 잠깐 침대에 누워 있다가 어머니에게 들키면 세상이 끝난 것처럼 엄마는 소리를 지르고 때리고 그것도 모자라서 '그래 가지고 네가 무엇이 되겠니? 계속 이렇게 하려면 때려 치워라. 전생에 무슨 죄가 많아서 너 같은 자식 낳아 가지고 걱정하며 잠도 못자고 이 고생을 해야 하니?'

하며 난리를 피우는데 어떻게 잠을 잡니까?
어머니 : (묻지도 않았는데 갑자기 끼어 든다.) 뭐? 뭐야? 내가 난리를 피웠다고? 네가 난리를 피우도록 했지. 내가 난리를 피웠냐? 너 같은 것을 딸년이라고 기르는 내가 미쳤지. 그래, 맘대로 해봐. 맘대로.. (분하다는 듯 씩씩거린다.)
필　자 : 두 분께서는 항상 이런 스타일로 말을 하십니까?
학　생 : 이 정도는 양반인데요. 저의 엄마는요 화가 나면 정말 무서워요. 꿈에 볼까 무서울 정도로요. (어머니를 노려본다.)
어머니 : 그래. 잘 한다. 잘해. 네 맘대로 해봐라. 네가 얼마나 잘 되는가 어디 두고 보자. (어머니의 목소리가 저주에 차 있다.)

　　위에서 예로 든 고등학생 딸의 문제는 일 년여의 상담을 통해 성공적인 결과를 거두었다. 혹자는 이 상담을 두고 어떻게 상담을 했기에 그 상담이 일 년여나 되는 긴 세월이 걸렸는가 하고 나무랄 수도 있을 것 같고 또 다른 사람들은 일 년여의 짧은 기간에 어떻게 그렇게 명쾌하게 끝을 낼 수 있었느냐 하고 신기해 할 수 있을 수도 있다.
　　이 상담에 대해서 사람들이 어떻게 생각하든 상담 진행과정을 시나리오 식으로 작성하여 위에서 묘사한 것과 같이 일일이 상담 내용과 방법 그리고 방법상의 기교를 보여주고 싶었다. 그러나 불행인지 다행인지 그렇게 하기에는 지면이 태부족하여 그렇게 할 수 없었다. 그래서 그 상담에 활용한 필자의 이론을 제시함으로서 이를 대신하려 했다. 위의 고등학생 딸을 대상으로 한 상담 내용과 방법은 다음에 열거한 필자의 이론에 근거했다.
　　위에서 제시한 시나리오 식의 어머니와 딸의 저주에 찬 대화는 일반적으로 우리 가정에서 부모와 자녀가 가지는 대화 형태라고 해도 크게 어긋나지는 않을 것이다. 어머니와 딸은 정서적으로 가까운 거리에 있어야 하고 서로 지지하고 의존하는 관계를 유지하며 즐거운 일상을 보내야 하는데도 불구하고 어머니와 자녀의 사이가 이렇듯 억제할 수 없는 갈등 때문에 서로 미워하고 원망하며 살아야 하는 오늘의 우리 현실은 누구의 잘못이 불러 온 불행인가?

어머니와 자녀간의 감정적 대결이 없다면 어머니와 자녀간의 갈등이 있을 수 없다. 어머니와 자녀간의 감정적 대립을 만들어 낸 장본인은 누구일까? 두 사람 중 힘이 세고 결정권을 가지고 있는 사람이 대립을 만들어 내는 장본인이 되는 것은 어느 사회 어느 조직을 가나 마찬가지이다.

어머니와 딸의 관계에서 힘이 있고 결정권이 있는 측은 어머니이기 때문에 이 경우의 감정적 대립은 어머니에 의해서 만들어진다. 어머니에 의해서 만들어진 감정적 대립은 자녀로 하여금 무기력한 느낌을 가지게 한다. 스트레스를 막을 수 없는 것에서 느끼는 무력감이다. 이러한 스트레스가 계속해서 딸에게 전달된다면 그 딸은 결국 어머니로부터 받은 스트레스 때문에 심리적인 장애를 가지게 된다.

심리적인 장애를 가지고 있는 자녀들이라 할지라도 보통 자녀들처럼 자기가 처해 있는 위치를 잘 알고 그에 대한 정확한 지식을 가지고 있다. 그 지식은 자신이 처해 있는 성장단계에 알맞은 적절한 생활을 해 나아갈 수 있게 한다. 그리고 노력한 만큼 그에 상당한 성과를 올릴 수 있는 잠재력을 가지고 있다.

그렇기 때문에 혹시라도 어머니가 자녀를 잘못 길렀다고 하더라도 아이가 하고자 하는 일을 할 수 있도록 그냥 놓아두고 보고만 있으면 그 아이는 아이가 필요한 만큼 성장하게 된다.

여기에서의 문제는 아이가 하고 싶은 일을 하도록 놓아두는 어머니가 없다는 것이다. 어머니들은 아이의 속사정도 모르면서 어머니 생각에

"이런 정도의 일은 이 때 해야 하는데. 그렇지 않으면 낙오자가 되는데." 하는 강박감 때문에 아이를 들볶고 간섭하고 미워한다. 이러한 어머니의 태도가 아이의 마음을 교란하고 반항의식을 가지게 하고 결과적으로 타협하기 어려운 대립 관계로 치닫게 한다.

그래도 어머니는 눈 하나 깜짝하지 않고 계속해서 간섭의 강도를 높인다. 이러한 어머니의 반복성 과다 간섭이 아이로 하여금 무력한 심리현상을 가지게 한다.

아이가 원하는 생활과업을 수행하려고 하는 노력은 그 아이가 원하는 일을 제대로 수행할 수 있도록 그의 어머니로부터 지지를 받아야 한다. 어머니로부터 지지를 받았을 때 아이는 그가 하고자 하는 과업을 수행할 수 있다. 그럼에도 불구하고 어머니는 아이들이 하고자 하는 일을 지지하지 않는다.

이러한 어머니와 함께 자라는 아이가 공부를 하려고 책상 앞에 앉기만 하면 공부를 해야겠다고 생각하고 책상 앞에 앉았을 때의 느낌과는 달리 물밀 듯이 밀려오는 졸음과 어머니의 성이 난 무서운 얼굴이 떠오른다. 이 때 아이는 갑자기 공부가 하기 싫어진다. 그러나 공부가 하기 싫다고 해서 책상 앞을 떠날 수 없다. 어머니의 불호령이 무섭기 때문이다.

이러한 아이는 자기를 위해서 공부하는 아이가 아니고 어머니를 위해서 공부를 하는 아이다. 그리고 이러한 아이를 기르는 어머니 역시 아이가 아이 자신을 위해서 공부한다고 생각하기보다는 어머니 자신을 위해서 그 아이가 공부를 하고 있는 것처럼 생각한다. 이렇게 어머니를 위해서 공부를 하는 아이들은 공부를 잘 하지 못한다.

일반적으로 그러한 어머니가 어디에 있겠느냐고 말할 수도 있겠지만 사실 어머니들이 공부를 안 하고 있는 아이들을 다루는 태도를 보면 마치 어머니 자신을 위해서 아이들이 공부를 한다고 생각하는 것과 같은 느낌을 가지게 한다.

그러나 공부를 열심히 많이 하라고 강요하는 어머니든 하라는 공부는 아니하고 온갖 핑계를 다 대면서 게으름을 피우는 아이든 간에 아이들의 공부와 관계되는 한 공부를 하는 아이가 누구를 위해서 공부를 해야 되는 건지 그 이유에 대해서 명확한 개념을 가지고 있지 않은 것처럼 보인다. 그래서인지는 모르겠지만 공부를 중간에 놓아두고 어머니는 아이를 아이는 어머니를 괴롭히는 일을 다반사로 한다. 마치 공부를 이용해서 서로가 서로를 미워하고 저주하고 학대해야 하는 것처럼 행동한다는 것이다.

이러한 아이는 심리적인 장애를 가지고 있다. 그리고 장애를 가진 그 아이의 부모 또한 그들의 자녀가 심리적으로 성장 발달해 가는 것에 대해 불안한 반응을 보이는 심리적인 장애를 가지고 있다. 어머니가 가지고 있는 심리적 장애는 아이들과의 관계에서 발생하는 어떠한 변화도 허용하지 않으려 하는 장애이다. 어머니의 이러한 병적인 집착은 어머니와 아이가 가지고 있었던 원래의 관계, 특히 아이가 어렸을 때 가지고 있었던 아주 가까이 밀착되어 있던 관계를 그대로 유지하려고 하는 것에서 비롯된다. 그래서 아이가 성장해 가고 성장의 정도에 따라 변화되어 가는 것에 대해 강한 위협을 느끼고 변화하지 못하도록 간섭하고 방해한다. 그래도 아이가 성장하려고 하는 의지를 보이면 어머니는 아이의 인간적인 자질을 거부하고 어머니와 자식으로서의 관계적 위치를 부정하는 극단적인 처방을 내리는 형태의 반응을 보인다. "너는 내 자식이 아니다. 그래, 네 마음대로 해 봐라."는 등의 단정적인 말을 주저하지 않고 해 버린다는 것이다.

이러한 심리적인 장애를 가지고 있는 어머니의 아이들 또한 어머니가 가지고 있는 것과 같은 심리적인 장애를 가지고 있다. 처음에는 어머니의 지시를 거부하고 부당한 요구에 반항하며 어머니의 말을 듣지 않다가도 끝내는 어머니에게 항복하고 어머니가 시키는 대로 자신의 인생을 함부로 처리해 버리는 습관을 가지게 된다.

그리하여 어머니의 걱정이 없이는 살아갈 수 없는 아이가 되어 버린다. 어머니의 잔소리를 듣지 않고는 살아갈 수 없는 아이가 되어 버린다는 것이다. 그래서 결국은 공부를 아니하고 만화를 보고 전자오락 등에 빠지는 아이로 급변하여 어머니의 잔소리를 듣도록 만들어 버린다. 어머니는 잔소리를 하고 아이는 그 잔소리를 듣는 것으로서 어머니와 아이 두 사람은 가까워진다. 그리하여 만날 때마다 화끈하고 격렬한 투쟁을 하는 것과 같은 관계를 유지하게 된다.

청소년기에 처한 아이들의 정신질환과 관련된 문제의 원인은 어머니의 고집스러운 성격과 밀접한 관계가 있다. 어머니와 청소년 자녀 사이에서 발생하는 사건은 대체로 어머니가 아이의 말을 들어주지 않는 것이 주축이 된다. 어머니가 계속해서 아이의 말을 들어주지 않으면 어느 한 순간을 기점으로 어머니에게 바라는 것이 있어도 바라는 그 무엇인가를 어머니에게 요구하지 않고 참아버린다. 말을 하나마나 어차피 어머니는 아이의 말을 들어주지 않을 것이라는 생각 때문에 원하는 것을 말하지 않고 참아 버린다는 것이다. 이러한 참음이 세월과 더불어 축적되고 축적된 그 참음이 끝내는 정신질환으로 이어지는 변화를 가져온다.

가족 안에서 일어나는 어떠한 일들이 고등학교에 다니는 딸의 특별한 정신병리와 어떻게 관련되어 있는가를 알아보는 일은 딸 자신은 물론 그의 가족들 특히 어머니를 위해서도 매우 중요한 일이다. 어머니와 딸 사이에서 싹이 튼 정신병리를 이해하기 위해 가족간의 상호 작용하는 거래 형태와 거래 중에 나타나는 자기방어의 특성들 그리고 원하는 것이 있는데도 그것을 참는 능력의 수준과 자기방어를 사용하게 하는 동기를 제공하는 무의식적 환상의 내용을 먼저 평가해야 한다.

가족들이 서로 나누어 가지고 있는 혹은 서로가 서로를 도와주는 역할을 하고 있는 환상과 이와 관련된 자기방어는 가족들 사이의 균형을 유지시켜 주는 작용을 하고 외부에서 들어오는 자극에 대한 저항을 변화시키는데 도움을 준다. 자기가 알지 못하는 무의식적 환상의 바탕이 되는 가족의 이미지는 가족이 한 집단으로서 "이렇게 살지 않으면 아니 된다."는 무의식적 약속을 한다. 무의식 속에서 가족끼리 서로 약속을 하는 것이지만 그 약속이 무의식 속에서 이루어지기 때문에 약속을 하는 주체인 가족들도 그 약속이 어떠한 약속인지 전혀 알지 못하는 약속을 한다. 이러한 현상을 두고 가족의 이미지가 한 집단으로서 해야 할 일을 정하는 '가족의 무의식적 가정(假定)'을 만들어 낸다.

가족의 이러한 무의식적 약속은 곧 아이들이 정신적으로 성장하고 변화하고 발달하여 자기 스스로 홀로 서는 것에 대항해서 아이들이 그렇게 되지 못하도록 방해하고 옳지 않은 행동을 반복하게 하는 자극제로서 혹은 조직체로서의 기능을 한다.

앞에서 제시한 가족의 무의식적 가정은 어머니 혹은 부모와의 관계에서 체험한 경험들이 내면화된 것이다. 다시 말해서 아이들이 성장하면서 느낀 부모의 이미지가 마음속 깊은 곳에 간직되어 있다가 그 느낌이 생각으로 변하여 아이들에게 이상한 행동을 하게 한다는 것이다. 그러니까 아이들의 행동은 그들이 발달경험에서 얻은 부모 특히 어머니에 대한 느낌과 생각들을 표현하는 것 이상의 것도 아니고 그 이하의 것도 아니라는 것이다.

누가 뭐라고 해도 청소년은 발달과정에 있는 것이 틀림없다. 청소년이 날로 발달해 가고 있다는 관점에서 가족이 가족으로서의 역할을 중시하고 발달과업을 수행하고 있는 청소년 자녀를 이해하고 수용하는 일은 매우 중요하다. 특히 가족이 실천해야 하는 가족의 역할 가운데 청소년을 위한 배려가 있는가? 만일 배려가 있다면 그 배려는 어떠한 것에 대한 배려인가에 따라 그 가족이 양육하고 있는 청소년의 장래가 결정될 정도로 가족의 배려는 중요하다.

청소년 발달과 관련된 가족의 배려는 청소년으로 하여금 독립된 인간이 되게 하고 자율성을 증진시키고 부모와 동료에 대한 그들의 관계적 질을 실제적으로 향상시키는 일을 한다. 가족의 이러한 배려는 가족이 가족으로서 통합된 주체성을 가지고 있을 때에 한해서 가능하다. 그러니까 가족의 무의식 가정(假定)이 자녀를 돕는 가정인가 아니면 그 가정이 자녀의 성장과 독립을 방해하는 가정인가와 밀접한 관계가 있다는 것이다.

그럼에도 불구하고 우리가 알고 있는 대부분의 가족들은 청소년 자녀의 발달과 변화를 방해하는 가족의 무의식적 가정(假定)이라는 장애 요인을 가지고 있다.

가족의 무의식적 가정은 외견상으로는 가족 상호간에 믿고 인정하고 사랑하는 것을 주 역할로 하고 있는 것처럼 보이지만 가족간의 관계 속에 숨어있는 아무도 알지 못하는 대부분의 가족 무의식은 사실상 서로가 서로를 버리지 못하도록 혹은 버리고 떠나는 일이 없도록 하기 위해서 가족 개인이 특히 청소년 자녀가 자율성을 획득하고 독립된 인간이 되어가는 것을 혹은 되는 것을 방해하는 심리적 소망을 가지고 있다는데 우리의 관심이 쏠리고 있다.

가족의 이러한 심리적인 현상이 고등학교에 다니는 청소년 딸에게 공부를 하라고 불호령을 하면서도 공부를 하라고 불호령을 한 부모가 자신들도 알지 못하는 사이에 부모의 무의식적 가정이 활성화되어 딸로 하여금 공부를 못하게 하고 게으름을 피우게 한다. 그리고 자기 파괴적인 행동을 하게 하여 미칠 것 같은 느낌을 가지게 한다. 이러한 아이들이 공부를 하기 위해 책상 앞에 앉기만 하면 졸음이 오고 짜증이 나는 것이다.

부모에 의해서 설정된 가족의 무의식적 가정이 부모의 태도에 의해서 자녀에게 전해지고 이러한 부모의 무의식적 요구를 전해 받은 자녀는 자연히 공부를 할 수 없게 된다. 본인이 하고 싶지 않아서가 아니다. 부모의 무의식적 가정에 들어 있는 기대를 져버릴 수 없기 때문이다.

이렇게 손상된 심리적인 결함을 인지하고 이해하지 못하는 부모와 자녀는 결국 날마다 공부를 가운데 놓아두고 상상을 초월하는 싸움을 한다. 그러나 공부 때문에 서로 미워하고 때리고 실망하고 원망하는 의식 수준의 갈등과는 달리 이러한 갈등과정을 이용하여 가족으로서의 관계를 강화시키는 무의식적 작업을 통해 이차성 이득을 얻는다.

공부가 먼저냐 아니면 가족관계를 강화시키는 것이 먼저냐 하는 문제는 어떤 사람도 "이것이 먼저다"라고 자신있게 결정해서 말할 수 없을 정도로 어려운 과제이다. 공부도 잘하고 가족관계도 강화되고 그래서 가족 모두가 한 덩어리가 되어 응집력 있게 잘 살아간다면 더 이상 바랄 것이 없다. 그러나 공부를 잘 하게 되면 잘한 만큼 공부를 잘한 자녀가 정신적으로 빨리 성장하여 집을 떠나야 하기 때문에 자녀가 공부를 마치고 가족을 떠나는 것이 두려운 자녀와 자녀를 떠나 보내는 것이 불안한 부모가 서로 걸고넘어지는 심리적인 투쟁을 할 수밖에 없도록 한다는 것이다.

사람의 심리가 어떻고 가족의 무의식적 가정이 어떻고에 상관없이 모든 학생은 공부를 잘하고 싶다. 그리고 자녀를 기르는 모든 부모는 자녀가 공부를 잘해 주기를 바란다. 지금까지 공부 때문에 혹은 행동상의 문제 때문에 필자를 찾아온 수 백 명 아니 수 천 명의 학생들과 그들의 부모들이 원했던 것이 공부를 잘하는 학생이 되고 싶고 공부를 잘하는 자녀를 기르는 부모가 되고 싶다고 했다. 그래서 필자는 공부에 대한 사람들의 간절한 소망을 누구보다 더 잘 알고 있다.

공부를 잘 못해서 찾아오는 학생에게 그리고 자녀가 공부를 잘 했으면 하고 마음을 태우며 찾아오는 부모에게 필자가 들려 준 말은 언제나 변함없이 똑같은 말이다.

"하고 싶은 만큼 해 봐라."

"하고 싶은 만큼 하도록 내버려두십시오."

혹시 농담처럼 들리는 말일지 모르지만 사실은 이 말처럼 진리에 가까운 말은 없다고 생각한다. 학생은 하고 싶은 만큼 하면 되고 부모는 자녀가 하고 싶은 만큼 하도록 내버려두면 되기 때문이다.

공부를 해야 하는 학생이 공부를 아니하고 빈둥거리는 것은 야단과 매를 맞겠다는 것을 우선적으로 원하는 것이며 어머니로부터 미움을 받겠다는 것을 다음으로 원하는 것이다. 어머니의 경우도 자녀의 경우와 비슷하다. 자녀를 사랑해야 할 어머니가 자녀를 사랑하지 아니하고 공부를 아니하고 빈둥거린다는 것을 빙자해서 자녀에게 마귀같은 소리를 지르며 자녀를 때린다. 이러한 어머니의 행동은 우선적으로 어머니 자신의 화풀이를 하겠다는 것이며 다음으로는 자녀로부터 미움을 받겠다는 것이다.

그러므로 공부를 아니하는 자녀나 자녀를 때리는 어머니는 서로가 서로를 미워하고 서로로부터 미움을 받겠다는 것을 간절히 소망하는 마음에서 비롯된 것이라고 할 수 있다. 서로가 가지고 있는 이러한 소망과 경험 때문에 자녀를 좋아하는 어머니가 없고 어머니를 좋아하는 자녀가 없다. 어머니와 자녀 관계는 어머니이고 자녀이니까 서로 좋아하고 좋아할 것이라고 막연히 생각하고 있을 뿐 그들이 생각하고 있는 것처럼 서로 좋아하는 경우는 가뭄에 콩 나는 격이다. 어머니-자녀가 서로 좋아하는 경우가 극히 드물다는 것이다.

　이 글을 읽고 있는 독자들은 잠깐 책을 덮어두고 부모와 자식에 대해서 생각해 보라. 부모는 자식을, 자식은 부모를 얼마나 좋아하는가? 좋아한다면 무엇을 좋아하는가? 그 무엇 때문에 부모와 자식을 좋아한다면 좋아하는 그것은 무엇인가? 그리고 그것의 양과 질은 얼마나 되며 그 가치는 어느 정도인가? 그것 때문에 부모나 자식을 좋아한다고 생각했던 그것은 따지고 보면 별로 보잘 것 없는 것이거나 아니면 아무 것도 아니거나 잘못 생각한 것일 것이다.

　부모를 좋아하는 것은 부모가 나를 낳아주시고 먹여주시고 입혀주시고 길러주셨기 때문이라는 말을 하는 사람들이 많다. 그러나 그러한 것은 부모가 아니라도 얼마든지 할 수 있다.

　부모는 자신들을 위해서 자식을 낳는다. 그리고 부모 자신들을 위해서 자식을 기른다. 어떠한 자식도 어머니에게 자신을 낳아달라고 부탁한 적이 없고 길러달라고 사정한 적도 없다. 부모는 부모 마음대로 자식을 낳고 부모 마음대로 자식을 기른다.

　삶이 무엇인지도 모르고 어떻게 살아야겠다는 뚜렷한 설계도 이정표도 없으면서 자식에게는 이래라 저래라 하며 세상만사에 능통한 것처럼 자식의 오늘을 간섭하고 장래를 점지해 주려고 하는 분이 우리들의 부모이다.

　잘못된 생각과 잘못된 생활방식을 가지고 살고 있는 부모가 자식의 양육을 맡고 교육을 돕고 생활 속의 모든 것을 관리하기 때문에 자식의 삶이 메마르고 비틀어지고 어리석다. 현명하고 지혜롭고 유능하며 여유가 있고 풍요로운 인생을 만족스럽게 살고 있는 부모는 도대체 모두 어디에 가고 없을까?

　우리는 이러한 부모를 원한다. 현명하고 지혜롭고 유능하며 여유가 있고 풍요로운 인생을 만족스럽게 살고 있는 부모를 원한다. 도대체 이러한 부모는 모두 어디에 가고 없을까?

우리의 주변에는 불행하게도 이러한 부모가 없다. 특히 우리들의 부모가 그렇지 못하다는데 문제가 있다. 생각하면 생각할수록 안타깝고 아쉽고 화가 나고 서글프다. 오늘을 사는 우리들 자식이 서글프다는 것이다.

부모의 인생이 옳지 못하고 자랑스럽지 못하고 그래서 아무 것도 내놓을 것이 없으면서 자식의 잘못을 책망하는 부모는 도대체 어떠한 사람인가? 철면피인가? 백치인가? 그렇지도 않다면 도대체 어떠한 사람이란 말인가?

모든 부모는 자식들에게 말해야 할 것이다. 나를 따르지 말라고. 무능한 부모, 보잘 것 없는 부모. 그러면서도 자식을 야단치고 괴롭히며 미워했던 어제까지의 부모를 용서해 달라고. 그리고 새로운 부모가 되어야 할 것이다.

부모 교육을 받고, 마음을 닦고. 그리하여 선량한 부모가 된다. 그리고 더욱 더 노력하는 부모가 되어 자식들로부터 사랑받는 부모가 되어야 할 것이다. 부모가 되는 것은 쉽지만 옳은 부모 노릇하기는 그렇게 쉽지 않다. 아마도 모든 부모들이 이러한 것을 경험했을 것이다.

부모가 되는 것은 간단하다. 자식만 낳으면 되기 때문이다. 그러나 옳은 부모가 되는 것은 그렇게 간단하지가 않다. 자식이 행복하게 자라고 자란 다음에는 성공된 인생을 즐기며 만족스럽게 살 수 있도록 해 주지 않으면 아니 되는 일을 하는 책임이 부모에게 있기 때문이다. 그렇기 때문에 옳은 부모 노릇하기가 어렵다.

영리한 부모 밑에는 영리한 아이가 자라고 미련한 부모 밑에서는 미련한 아이가 자란다. 그래서 영리한 부모는 자식을 야단칠 필요가 없다. 다만 미련한 부모만이 자식을 야단치며 키울 뿐이다. 자식은 야단을 치면 칠수록 야단을 맞을 짓밖에 하지 않는다. 그래서 자식을 야단치는 부모는 미련한 부모 어리석은 부모라는 것이다.

이러한 상식을 가지고 앞에서 예로 든 여고생 딸을 데리고 필자를 찾아 온 어머니를 본다면 그 어머니는 분명 불쌍한 어머니요 어리석은 어머니이다. 자식을 야단치는 어머니는 어머니가 아니기 때문이다. 그래도 그 어머니가 어머니인 것을 포기하지 아니하고 그 여고생 딸의 어머니라고 고집한다면 그 어머니는 분명 미련한 어머니이다. 이러한 어머니 때문에 영리한 그 여고생 딸은 공부를 못했다. 어머니의 방해 때문에 공부를 못한 것이다.

그러나 근본이 영리했던 그 여고생의 어머니는 50여 회의 상담을 받고 어머니가 되었다. 수많은 시행착오를 경험하고 시련을 겪은 후에 어머니다운 어머니가 되었다.

처음에는 심한 저항을 했다. 그리고 그 다음에는 죄의식에 사로 잡혀 몸 둘 바를 몰라하다가 애도의 눈물을 흘리며 자기 자신의 내면의 세계, 그러니까 무의식의 세계에 살고 있는 자기 자신에게 사죄하는 순서를 거쳐 자신의 진짜 모습을 보게 되었다.

야단을 맞고 매를 맞아 만신창이가 된 어린시절의 자기의 모습을 회상하며 그칠 줄 모르는 눈물을 흘리기도 했다. 만신창이가 된 무의식 세계의 자기가 딸을 그렇게 괴롭혔다는 것을 알게 되고 결국 그 동안에 학대하며 딸의 모습을 자기의 모습처럼 만들려 했던 과거의 자기를 용서해 달라고 딸에게 사죄했다.

딸은 어머니의 이러한 모습에 만족해하면서도 그렇게 할 필요가 없다고 어머니를 말렸다. 그 때의 딸은 여러 면에서 이미 빛을 발하고 있었기 때문에 어머니의 이러한 모습에 여유를 보일 수 있는 높은 자긍심을 가지고 있었다.

가족의 무의식적 가정이 긍정적으로 재개념화된 결과이다.

가족의 재개념화된 무의식적 가정이 긍정적으로 선회하면서 어머니가 어머니로서 기능을 할 수 있게 되고 딸이 어머니를 더 이상 두려워 할 필요가 없게 되었다. 이 때 이후로 어머니와 딸은 독립된 개체로서 각자의 주체성과 자율성을 이루어 가기 시작했다.

어머니의 간섭이 없어지고 어머니의 간섭을 받아야 할 필요가 없는 딸이 되었을 때 그 딸은 쉬엄쉬엄 공부를 하기 시작했다. 자기가 알아서 한 공부는 예상외의 높은 능률을 가져 왔다. 그리하여 그 딸은 공부를 잘 하는 유능한 학생이 되었다.

아픈 마음을 치료하고 행복을 처방하는 예술로서의 상담은 위에서 언급한 딸의 팔자를 고쳐주는데 충실한 역할을 했다.

 **벽창호와 효도타령**

반사회적 성격을 가진 아이는 말을 잘 듣지 않는다. 남의 말을 잘 듣지 않는 것은 물론이지만 자기의 말도 잘 듣지 않는다. 이러한 아이들은 그 어떤 사람의 말도 잘 듣지 않는다.

말을 듣지 않는 아이들이 남의 말이나 자기 말을 가리지 않고 잘 듣지 않는 것은 그 아이들의 본의가 아니다. 남의 말을 듣지 않는 아이들의 마음 속에도 남의 말을 잘 들어주고 싶은 소망 같은 것이 있다. 그러나 이러한 아이들이 남의 말을 듣지 않는 것은 사실상 듣지 않는 것이 아니고 듣지 못하는 것이다.

남의 말을 들어주고 싶은 간절한 마음은 있지만 그 마음이 말을 들어주는 행동을 만들어내지 못하기 때문이다. 정신이 마음을 움직이게 하는 충분한 힘을 가지고 있지 않다는 것이다.

말을 듣지 않는 아이들이 원래 말을 듣지 않는 아이로 태어난 것은 아니다. 이러한 아이들은 말을 들어주지 않는 사람들하고 오랜 세월동안 같이 살면서 말을 듣지 않는 것에 익숙해진 아이들이다.

어머니가 말을 들어주지 않았고 아버지가 또한 말을 들어주지 않았다.

친구들도 괜찮은 친구들은 이 아이의 말을 들어주지 않았고 이 아이와 비슷한 성격을 가진 아이들만 이 아이의 말을 들어주는 환경 속에서 지금까지 살아온 아이들이다.

말을 들어주지 않는다는 것은 상대방의 의사에 거역하는 것이고 상대방을 화나게 하는 것이고 실망하게 하는 것이다. 이러한 아이들은 부모와의 생활 속에서 부모로부터 거절을 당했고 화나는 일만 경험을 했고 실망의 괴로움만 겪고 자란 아이다.

말을 잘 듣지 않는 아이들의 부모는 아이가 말을 듣지 않기 때문에 속이 상해서 못살겠다는 말을 많이 한다. "왜 속이 상합니까?" 물으면 아이가 말을 듣지 않기 때문이라고 대답한다. 그러나 부모의 이러한 대답은 사실이 아니다. 말을 들어주지 않기 때문에 속이 상하고 미칠 것 같은 느낌을 가진 사람은 부모가 아니고 아이이기 때문이다.

이렇게 말을 하면 아이들이 마치 부모에게 받지 못한 것을 원망하며 보복을 하는 것으로서 부모의 말을 듣지 않는 것처럼 생각할 수도 있다. 그러나 부모의 생각과는 달리 아이들은 부모가 그 아이의 말을 들어주지 않았기 때문에 보복하는 행동으로서 부모의 말을 듣지 않는다는 생각은 하지 않는다.

부모의 생각이 비단 옳다고 할지라도 아이들은 부모가 생각하는 것과 같이 과거에 있었던 일을 근거로 현실적으로 일어나는 관계적 모순을 비교해서 생각할 수 있는 사고력이 없다.

아이들은 다만 자기의 마음이 삐뚤어져서 혹은 자기가 원래 못된 아이이기 때문에 부모의 애를 태워주고 괴롭게 하고 있다는 생각을 하며 부모에게 미안한 느낌을 가지고 있을 뿐이다.

아이의 입장에서 보았을 때 부모는 언제나 옳은 사람이고 좋은 사람이고 자식을 위해서 희생봉사하며 헌신하는 사람이라고 생각한다. 뿐만 아니라 이러한 부모에게 자식으로서 해야 할 도리를 다하지 못하고 있다는 것에 대해 죄스러움을 감추지 못하고 언젠가는 꼭 효도를 해서 부모에게 못 다한 자식으로서의 도리를 꼭 할 것이라는 생각을 한다. 더한 생각을 하든지 아이가 마음속으로 부모에 대한 생각을 어떻게 하고 있는가에 대해서는 별 다른 의미를 부여하지 않는다. 다만 현실이 중요할 뿐이다.

현실적으로 아이가 부모의 말을 잘 듣지 않을 때 그 아이는 부모의 애물단지가 된다. 그래서 부모는 자식을 미워하고 때에 따라서는 자식을 저주한다. 그리고 마치 그 자식이 죽어 주면 좋을 것 같은 생각과 말을 함부로 한다.

"너 때문에 내가 못 살겠다." 우리 부모들이 걸핏하면 하는 말이다. 자식이 죽던가 없어지던가 해야 부모인 내가 살 수 있겠다는 말이다. 얼마나 무서운 말인가? 그런데도 우리 부모들은 이러한 말을 예사로 한다.

"당장 집을 나가라. 그리고 죽든 살든 네 알아서 해라." "내 눈앞에서 당장 꺼져라."는 등의 말은 자식이 어떻게 되든 상관하지 않겠다는 말이다. 그리고 인연을 끊겠다는 말이다. 자식이 부모의 이러한 말을 듣고 어떠한 생각을 할 것이며 어떠한 느낌을 가질 것인가에 대해서는 한푼의 배려도 없이 절대자로서의 절대적인 권리를 행사하는 말을 한다. 부모들의 이러한 언행을 어떻게 보아야 할 것인가? 책임질 수 없는 말을 함부로 하는 구제불능의 존재가 우리 부모들이라는 생각을 하면 앞이 캄캄하다.

사랑과 보호를 받아야 하는 자식이 부모로부터 들어서는 안될 것 같은 말을 들으면서도 자기는 나쁜 아이이기 때문에 부모로부터 그러한 말을 듣는 것을 당연하게 생각하고 오히려 부모의 애물단지가 된 자기 자신을 원망하며 인생을 한탄하는 우리 아이들. 불쌍하다 못해 처참하기까지 하다.

몇 년 전에 패륜아가 되어 세상의 모든 지탄을 한 몸에 받으면서 교수대의 이슬로 사라진 가련한 한 아들이 있었다. 그 아들은 돈을 잘 버는 아버지와 교육을 많이 받은 착한 어머니 사이에서 입에 은수저를 물고 태어난 행운아였다.

　서울에서 태어나 서울에서 교육을 받고 자란 그 아들은 어찌된 영문인지 대학은 시골에 있는 이름 없는 대학을 다니게 되었다. 대학을 다니던 어느 여름방학에 그 아들은 돈 많은 아버지의 주머니를 털어 외국으로 언어 연수를 떠났다. 언어연수를 떠난 나라에서 그 아들은 하러 간 언어연수는 뒷전에 두고 도박장에 가서 세계적인 도박사들과 어울려 도박을 하다가 십 만불이나 되는 거액을 날렸다.

　조국으로 돌아 올 여비까지 도박에 날려 버린 그 아들은 마침 함께 언어연수를 떠난 어느 학생의 돈을 빌릴 수 있었다. 그 돈을 노자로 집에 돌아온 아들은 부모에게 돈을 요구했다. 다시 언어연수를 받던 나라로 돌아가 공부를 계속할 셈이었다. 그러나 부모는 아들이 돈을 요구하는 것은 다시 도박을 하기 위해서 라고 생각하고 아들의 요구를 들어주지 않았다. 옥신각신 돈을 달라는 아들의 요구와 돈을 못 주겠다는 부모의 거절이 한 달이 넘게 계속되었다.

　그러던 어느 날 아들의 집요한 요구에 견디다 못한 아버지는 아들에게 해서는 아니 될 말을 하고 말았다. "너는 내 자식이 아니다. 나는 너 같은 자식을 둔 적이 없다. 그러니 우리 호적에서 너의 호적을 파 가거라. 네가 안 파 가면 내가 가서 파 없애겠다." 무서운 결별의 위협을 한 것이다.

　그것은 인연을 끊자는 아버지의 협박이었다. 아들이 평생을 두고 두려워했던 버림을 받게 될 공포의 순간이 눈앞에 다가온 것이다. 이에 놀란 아들은 끝내 이성을 잃고 말았다. 돈에 미쳐버린 것이다.

　그 아들의 마음속에는 돈이 필요하다는 것밖에 그 어떠한 것도 생각나는 것이 없었다. 돈이 이 세상의 모든 것이었다. 돈 때문에 아들은 그날 밤 어머니와 아버지를 죽였다. 잔인하리만큼 무서운 방법으로 그 아들은 가상의 신을 위해 진짜 신(神)과 신의 사자(使者)를 죽인 것이다.

그리고 아들은 자기의 잔인함에 경악을 그리고 공포의 순간을 이겨낼 수 없었다. 그 아들은 자기가 저지른 무서운 현실을 원상복귀하고 싶은 강한 충동을 느꼈다. 눈앞에 보이는 소름끼치는 끔찍한 사건을 취소하기 위해 불을 질렀다. 눈앞에 보이는 현상이 없어지면 모든 것이 원래의 모습으로 돌아간다는 정신분열증을 일으킨 것이다. 반사회적 성격의 소유자가 흔히 일으키는 일시적인 정신분열증을 일으킨 것이다. 이렇게 해서 그 아들과 부모의 일생은 불신과 원망과 저주로 일관된 삶을 마쳤다.

아들을 잘못 둔 것 때문일까? 아니면 부모를 잘못 만난 것 때문일까? 생각해 보면 알만 한 일이다.

이들의 삶을 분석해 보면 아마도 한 권의 책이 모자랄 정도로 복잡한 생활사가 숨겨져 있음을 볼 수 있을 것이다. 그러나 다만 여기에서 언급하고 싶은 것은 부모가 아들의 말을 듣지 않았고 아들이 부모의 말을 듣지 않았다는 것이다. 이들의 문제는 말을 듣는 중요성을 전혀 알지 못했다는 데 있었다.

이들이 세상을 떠난 다음에 재산을 조사해 본 결과 백 수 십억 원이 넘었다. 이러한 돈을 두고 아들이 원했던 십만 불(당시 8300만원 정도)의 돈을 주지 않았다. 물론 아들이 잘못될까 봐서 그랬을 것이다. 그러나 아들이 잘못될 수도 있다는 걱정은 그 때로서는 잘못되어 봐야 잘못되는 일이었으니까 아들이 원한대로 요구하는 돈을 주었으면 어떻게 되었을까? 그들이 가지고 있었던 돈은 매년 일 억 원씩을 아들에게 준다고 하더라도 150년이 넘는 세월에 걸쳐 줄 수 있는 돈이었다. 그 많은 돈을 놓아 두고 8300만원 때문에 변을 당한 것이다. 물론 이 사건에서의 잇슈는 돈이 아니었다는 것을 우리는 안다. 그렇지만 일단은 돈이 사건의 매개체가 되었기 때문에 돈으로 사건을 따졌을 때 그렇다는 것을 말하고 있을 뿐이다.

말을 듣는다는 것이 얼마나 중요한가를 이제 우리는 조금만이라도 알게 된 것 같다.

부모의 말을 듣지 않는 아이들은 실제로 말을 듣지 못하는 것처럼 행동한다. 벽창호 같은 행동을 한다는 것이다. 이러한 아이들을 두고 마이동풍이니 우이독경이니 하는 등의 말로 그 답답함을 표현한다.

사실상 이러한 아이들의 말을 듣는 능력은 상당히 제한되어 있다. 어떻게 제한되어 있는가 하면 자기와 외부세계 특히 자기와 자기가 좋아하지 않는 사람과의 사이에 두껍고 높은 장벽을 쳐놓고 있는 것처럼 남의 말을 듣지 않는다. 다시 말해서 자극장벽이 두터운 아이들이라는 것이다. 이러한 아이들은 일반적으로 남의 말을 선별해서 듣는 경향이 굉장히 강하다.

그들이 선별해서 듣는 말의 내용은 일반적으로 그들이 듣고 싶어하는 말인가 아니면 듣기 싫어하는 말인가로 분류된다. 그들이 듣기 좋아하는 말들은 그들의 삶에 보탬이 되지 않는 말들이고 그들이 듣기 싫어하는 말은 그들의 인생에 어쩌면 보탬이 될 수도 있는 말들이다. 그럼에도 불구하고 그들은 잘 하라는 말은 듣지 않고 잘못 하라는 말만 잘 듣는 귀와 선별력을 가지고 있다. 부모가 원하는 좋은 말은 듣지 못하고 부모가 원하지 않는 이상야릇한 말들만 잘 듣는다는 것이다.

아이들의 이러한 말듣는 버릇은 부모에 의해서 만들어진다. 대체로 부모는 아이에게 듣기 좋은 말, 달콤한 말 혹은 의미있는 말을 부드럽게 하지 않는다. 부모가 입을 열면 거친 말이 나오고 내용이 아름답지 못한 말이 나온다. 부모로서 해야 할 말을 하지 못하고 해서는 안 되는 말만

하기 때문에 말을 듣지 않는 버릇이 굳어진다. 이렇게 해서 굳어진 버릇이 부모의 말을 듣고 싶어도 듣지 못하는 아이가 된다.

비단 말을 잘 듣지 못하는 두꺼운 자극장벽을 가지고 있는 아이라고 할지라도 부모가 좋은 말을 부드럽게 듣기 좋은 목소리로 해주기를 바라지만 이러한 아이의 부모는 절대로 아이가 원하는 듣기 좋아하는 말을 들려주지 않는 숙명적인 어려움을 가지고 있다.

듣기 싫은 말만 골라가며 하는 부모일수록 아이에게 바르게 살아라, 좋은 일을 해라, 공부를 잘 해라 등 아이가 듣기 싫어하는 말만 입에 물고 산다. 부모 자신을 생각하고 자식을 생각하고 어떻게 하면 좋은 부모, 아이의 마음에 드는 부모가 될 수 있을까를 생각하지 않는다. 그리고 아이들에게 조용히 앉아 자신을 생각해 보고 부모를 생각해 보고 자기가 잘 할 수 있는 방법을 생각해 볼 기회를 주지 않는다. 그렇기 때문에 잘하고 싶어도 잘하지 못하는 아이의 삶이 고통스럽다.

자식의 말을 잘 들어주지 않고 지금까지 살아온 부모가 자식의 말을 들어준다는 것은 코끼리가 바늘구멍을 들어가는 것과 같은 격이다. 거의 불가능하다는 것이다.

이러한 부모의 자식들이 부모가 원하는 자식이 된다는 것 역시 부모가 자식에게 잘해 주는 것이 어려운 것처럼 부모에게 잘해 주는 것이 그렇게 어렵다.

부모 자식간의 관계가 어떻든 그 관계를 그냥 방치해 두면 그 관계는 영원히 변치 않는다. 그럼에도 불구하고 대부분의 부모와 자식들은 세월이 가면 산천이 변하듯 그들의 관계도 변하는 날이 있을 것이라는 기대를 가지고 산다. 그러나 이러한 관계는 영원히 변치 않는 관계라는 것을 다시 한번 명심해야 할 것이다.

아이들에게만 이래라 저래라 하며 속을 썩히기보다는 차라리 부모가 변할 수 있다면 어떨까? 말만 들어도 시원하다. 무슨 일이 될 것 같은 조짐이 보인다. 그러나 이러한 말을 부모에게 하면 "아이고, 부모가 변해요? 어떻게요? 아니, 수 십 년을 이렇게 살아왔는데 이제 와서 변하라구요? 차라리 고양이에게 뿔을 가지라고 하지요." 기겁질색을 하며 펄쩍 뛰는 것이 변함에 대한 부모들의 반응이다. 부모는 변할 수 없다는 것이다. 자식이 변해야 한다는 것이다. 부모들의 반응이 이렇다고 해서 누가 이러한 부모를 탓하겠는가?

이번에는 혹시라도 하는 기적을 바라는 마음으로 자식들에게 변함에 대한 제의를 한다. "내가 변해요? 어떻게요? 부모가 변하지 않는데 내가 어떻게 변해요?" 하며 원망하듯 하소연하듯 짜증 섞인 반응을 하며 금방 울상이 된다. 부모의 변화가 불가능하다. 자식들의 변화도 불가능하다. 그렇다면 변함에 대한 기대는 버릴 수밖에 없다.

변하는 것이 쉬운가? 고집을 부리며 변화에 대한 저항을 하는 것이 쉬운가? 변하는 것보다는 변하지 않는 것이 쉽다고 생각하는 사람들. 그러면서도 발전을 논하고 성장을 말한다. 고지식하다 못해 맹꽁이 같은 사람들이다.

어찌하여 자식을 사랑하며 길러야 할 부모가, 부모의 의견을 존중해야 할 자식이 자기만의 고집의 노예가 되어 서로가 서로를 괴롭히는 것일까? 고집 때문에 치러야 하는 값이 얼마나 비싼가를 모르기 때문이 아닐까? 만일 지금까지 치른 값보다 앞으로 치러야 할 값이 더 많다는 것을 안다면 하루라도 빨리 고집을 버리고 싶지 않을까? 옳은 고집이든 옳지 않은 고집이든 고집은 고집으로 망한다고 했다. 고집의 속성이 망하는 것이라면 고집은 하루 빨리 버리는 것이 좋다.

부모가 고집을 버린다면 자식 역시 고집을 버릴 것이다. 고집은 어디까지나 부모에 의해서 강요된 것이기 때문이다.

부모가 고집을 버리고 나면 사는 것이 많이 허탈해 진다. 고집이라는 맛이 삶에서 빠져나가기 때문이다.

아침마다 일어나거라, 일어나지 않겠다 하던 고집에 의한 싸움이 없어지고 용돈을 달라, 용돈 줄 돈이 어디 있느냐는 고집 부리는 싸움이 없어진다. 지금 당장 공부를 해라, 조금 있다 하겠다는 등의 고집 부리기 자존심 싸움이 없어지고, 해 달라고 하면 해 주고 하기 싫다고 하면 하고 싶을 때 하라고 내버려둔다. 이렇게 되면 부모도 아이도 고집부릴 필요가 없게 된다.

고집은 하라는 것을 안 하고 해 달라는 것을 안 해 준 것에서 출발한다. 그렇기 때문에 하라는 말을 안 하고 해 달라는 것만 해 주면 된다. 하라는 말을 하는 사람이 부모요, 해 달라는 것을 해 주는 사람도 부모다. 그러므로 부모가 하라는 말을 안 하고 해 달라는 것만 해 주면 모든 문제가 해결된다.

하라는 말 안 하고 해 달라는 것만 모두 다 해 주어버리면 버릇없는 아이가 될 것이고 결국 아이의 신세를 망치게 될 텐데 이에 대한 책임은 누가 질 것인가? 부모들마다 걱정이 대단하다. 해 보지도 않고 걱정부터 한다. 이런 부모는 걱정을 해야 아이들이 잘 된다고 생각하는 부모다. 걱정은 걱정을 낳는다는 원리를 모르는 부모들이다.

부모가 하라는 말을 안 하고 해 달라는 것을 즉시 해 주면 이러한 부모를 처음 대하기 때문에 아이들은 몹시 의아해 한다. 그리고 요구가 점점 더 많아 질 수 있다. 아이에 따라 다르기는 하지만 대체로 많은 아이들이 많은 요구를 한다. 첫째는 신바람이 나서 그렇고 둘째는 부모를 테스트해 보기 위해 그렇다. 대충 한 달 정도 아이들의 요구 무드는 상승하는 경향이 있다. 아이들의 요구가 상승하는 한 달 동안 참고 견디면 더 이상 참아야 할 필요가 없게 된다. 그 때부터 부모가 된 재미와 자식이 된 행복함을 느낄 수 있는 삶이 시작된다.

　말을 안 듣고 고집을 부리는 사람이 없는 가족, 그 가족을 우리는 진실한 의미의 가족이라고 한다. 정치가 시끄러운 것도 말을 안 듣고 고집을 부리는 것 때문이요, 학생들이 공부를 안 하고 빈둥거리는 것도 말을 잘 안 듣는 고집 때문이다. 학교, 직장, 사회, 어느 것 할 것 없이 건드리기만 하면 금방 우수수 무너져 내릴 것 같은 아슬아슬한 느낌을 가지게 하는 이유가 말을 듣지 않고 고집을 부리는 사람들 때문이다. 고집이 없는 사회는 고집 없는 가정에서 비롯된다. 고집이 없는 가정은 고집이 없는 부모에 의해 비롯된다. 어머니의 고집과 아버지의 고집이 부부싸움을 하게 하고 학교 선생님에게 촌지를 갖다 주게 하는 사회악을 낳고 자식을 벽창호 고집불통으로 만든다.

　어머니가 고집을 버리고 가족의 말, 특히 아이들의 말에 귀를 기울인다면 그 어머니의 가족은 하루아침에 모두가 걱정을 버리고 행복을 누리는 가족이 될 텐데….

 밥을 안 먹는 아이(거식증)

밥을 안 먹는 아이가 있었다. 경민이라는 이름을 가진 아이었다. 경민이는 밥을 잘 먹지 않았기 때문에 밥 때만 되면 집안이 시끄러웠다. 어머니는 경민이에게 밥을 먹으라고 끼니때마다 야단을 쳤고 경민이는 먹기 싫은 밥을 어떻게 먹느냐고 짜증으로 어머니에게 대항했다.

밥을 먹든지 아니면 학교를 가지 말든지 하라며 어머니는 경민이에게 밥을 먹기를 강요했고 경민이는 밥을 안 먹어도 학교는 가야한다고 고집을 부렸다.

경민이는 초등학교 5학년 학생이었다. 그러나 경민이는 나이에 걸맞지 않게 키가 작았고 피골이 상접해 있을 정도로 몸이 말라있었다.

그도 그럴 수밖에 없었던 것이 밥을 먹어야 키가 크든지 살이 찌든지 할텐데 밥을 거의 먹지 않다시피 하니까 몸이 왜소할 수밖에.

경민이 어머니는 밥 때마다 경민이에게 밥을 먹이기 위해서 야단도 치고 으름장도 놓고 소리도 지르고 때로는 쥐어박기도 해 보았지만 경민이는 막무가내로 어머니의 말을 듣지 않았다.

경민이의 어머니는 어쩔 수 없이 밥을 떠서 경민이에게 먹이지 않으면 아니 되었다. 밥을 먹지 않으려 하는 경민이에게 밥을 먹인다는 것은 쉬운 일이 아니었다. 학교에 가기 위해서 준비를 하고 거실로 나오면 그 때 어머니는 그릇에다 반찬과 밥을 담아 가지고 나와서 경민이에게 밥을 떠 먹였다.

아무리 밥을 많이 먹이려 해도 경민이가 잘 먹지 않았기 때문에 밥을 떠 먹이기는 했지만 어머니의 마음에 흡족하도록 먹여본 적이 거의 없었다.

하루아침에 기껏해야 여남은 숟갈을 먹이는 것이 고작이었다. 아침마다 도시락을 싸주었지만 경민이는 한 두어 숟가락 떠먹었거나 아니면 전혀 도시락에 손을 대지도 않고 집으로 도로 가져오곤 했다.

그때마다 경민이 어머니는 싫은 소리를 했지만 경민이는 들은 척도 하지 않았다. 배가 고프면 몇 개의 쿠키에 한 잔도 채 되지 않는 우유를 마시는 것이 고작이었다.

경민이는 먹는 것 때문에 어머니와 전쟁 아닌 전쟁을 하면서 12년의 세월을 살아왔다.

이렇게 사는 동안에 경민이는 밥을 거의 먹지 않아도 될 정도로 밥에 대한 흥미를 잃었다. 혹시라도 밥을 좀 먹으면 배가 부른 포만감 때문에 오히려 밥을 안 먹거나 적게 먹은 것만 못했다. 차라리 배가 고픈 것이 경민이에게는 훨씬 유쾌했다. 배가 비어있을 때 배에서 느껴지는 싸늘한 아픔 같은 고통이 통쾌한 느낌으로 다가왔기 때문이다. 그래서 경민이는 먹지 않으면 죽을 수도 있다는 위험을 초월하여 공복에서 오는 고통을 즐기는 것에 열중했다.

이러한 기분을 알 까닭이 없는 어머니는 경민이만 보면 계속해서 밥을 먹으라고 했기 때문에 경민이도 괴로웠지만 어머니의 괴로움은 울화와 걱정이 뒤범벅이 되어 훨씬 더 견딜 수 없는 괴로움을 겪어야 했다.

경민이 어머니가 처음으로 필자를 찾아왔을 때 경민이 어머니에게 다음과 같은 질문을 했다.

    필   자 : 경민이를 죽일 작정입니까? 아니면 살릴 작정입니까?
    어머니 : (경민이 어머니는 어안이 벙벙한 듯 대답을 잃고 한참을 멍하니 앉아 있었다. 그리고 얼마 후에 정신을 차린 듯 눈을 약간 치켜 뜨며) 뭐라구요? 뭐라고 하셨지요? 아이를 죽일거냐고요? 그게 무슨 말씀이죠? (눈물을 글썽이었다.)
    필   자 : 지금까지 12년 동안이나 아이에게 밥을 먹지 못하도록 강요를 하셨으니까 혹시라도 아이를 죽이고 싶은 마음이 없으셨는가 해서 물어본 말입니다. 물론 아이를 죽이고 싶은 어머니가 어디 있겠습니까만 ……
    어머니 : 죽이고 싶었는지 살리고 싶었는지 그건 잘 모르겠지만 위로 딸 둘을 낳았고… 첫딸을 낳을 때부터 아들을 하나 낳아야 하는데… 하고 벼르고 벼려서 겨우 얻은 아들인데 어떻게 죽기를 바랬겠어요? 그런 건 꿈에도 생각해 본 일이 없어요. 경민이를 뱄을 때부터 아들이기를 바랬고 낳은 후에는 낮이나 밤이나 그 애가 건강하게 자라 주기만을 바랬는데요. 그런데 아이가 먹을 것만 보면 기겁질색을 하고 도망가 듯 자리에서 일어나고 아무리 먹으라고 사정을 해도 먹지 않으니까 억지로라도 먹이기 위해서 밥그릇을 들고 다니면서 먹였는데요. 아마도 제가 그렇게 하지 않았다면 그 애는 정말 굶어 죽었을 거예요. (훌쩍거렸다.)
    필   자 : 물론 귀한 아들인지 압니다. 얼마나 귀한 아들이겠습니까? 그런데 경민이 어머니께서는 그렇게 귀한 아들을 어찌하여 그렇게까지 자라지 못하도록 괴롭혔는지 모르겠습니다.

어머니 : 저는 그 아이를 괴롭힌 일이 없어요. 다만 밥 때가 되어도 밥을 먹지 않으려고 하니까 밥을 먹으라고 했을 뿐입니다. 밥을 먹으라고 한 것이 그 아이를 괴롭히는 일이었다면 네, 괴롭혔다고 할 수도 있겠지요. 그러나 계획적으로 그 아이를 괴롭히기 위해서 괴롭힌 적은 한번도 없습니다.

필　자 : 경민이가 밥을 먹기 싫어했을 때 어머니는 밥그릇을 가지고 다니면서 아이와 싸움 아닌 싸움을 하지 않았습니까? 만약 그러한 관계를 싸움이라고 말할 수 있다면 어머니께서는 분명 하루에도 여러 번씩 경민이와 싸움을 하신 겁니다. 싸움은 어떠한 경우를 막론하고 즐거운 일은 아니니까… 즐거운 것이 아니라면 그 반대의 느낌인 괴로움이 될 수 있겠지요. 이런 측면에서 어머니와 경민이 사이를 보았을 때 밥 먹는 것 때문에 끼니때마다 '먹어라' '싫어요' 옥신각신 말이 오고 갔다면 그것은 분명 서로 기분 나쁜 실랑이가 되었을 겁니다. 밥을 먹으라는 어머니의 강요가 기분 나쁘게 받아들일 수 밖에 없는 것이었다면 경민이는 분명 그것을 기분 나쁘게 받아들였겠지요. 그렇지 않아도 먹기 싫은 밥이었는데 거기에다 설상가상으로 기분까지 상하게 만들어 주시니까 아이는 밥을 먹는다는 사실이 정말 싫었을 것으로 생각됩니다. 경민이 어머니께서는 저의 이러한 말을 어떻게 생각하십니까?

어머니 : 뭐가 뭔지 통 이해할 수가 없습니다. 저는 경민이 좋으라고 한 일인데 그 일이 경민이를 괴롭히는 일이었다니… 그렇지만 경민이 입장에서는 그렇게 생각했을 수도 있었겠다는 느낌이 듭니다.

필 자 : 어떻게 하면 경민이에게 경민이 나이에 필요한 만큼의 밥을 먹일 수 있을까? 궁금하시죠?

어머니 : 네?... 네에.

필 자 : 정말입니까?

어머니 : 네. 어떻게 하면 되지요? 방법이 있으신가요?

필 자 : 그것을 기대하고 오신 것 아닙니까?

어머니 : 네. 방법이 있으시다면 정말 알고 싶어요.

필 자 : 그럼 그 방법을 말씀드리지요. 일단 경민이가 밥을 잘 먹지 않는 아이라든지, 밥을 안 먹으려고 하는 아이라는 생각을 버리십시오. 그리고 밥을 잘 먹는 경민이의 누나들처럼 경민이도 밥을 잘 먹는 아이라는 생각을 가지고 경민이를 대하십시오. 밥 때가 되어서 밥을 차린 다음 경민이에게 밥을 먹으라는 말을 한 번만 하십시오. 그리고 다시는 밥 먹으라고 부르지 마십시오. 아마도 경민이는 대답을 한 다음에도 밥을 먹으러 오지 않을 겁니다. 그러나 어머니께서는 이에 대한 걱정도 하지 마시고 화도 내지 마시고 그냥 아무 일도 없었다는 듯 조용한 느낌으로 식사를 하십시오. 밥 다 먹을 때까지 경민이는 그 자리에 나타나지 않을 겁니다. 그래도 어머니는 편안한 마음을 변함없이 가지고 있도록 하십시오. 그리고 밥을 다 먹은 다음에는 상을 치워 버리십시오. 혹시라도 상을 치운 다음에 경민이가 나타나서 밥을 달라고 하면 밥을 주지 마십시오. (이때 경민이 어머니가 필자의 말을 막고 나섰다.)

어머니 : 어머, 어떻게 그렇게 할수 있어요. 경민이가 밥을 달라는 데도 밥을 주지 말라고요? 어떻게 그렇게......(잠깐 쉬었다

가) 주지 말라고 하셨지만 경민이가 밥을 달라고 하면 저는 너무 반가워서 얼른 줄텐데요. 밥을 먹으라고 사정을 해도 안 먹던 아이가 밥을 달라고 하는데 어떻게 안 줄 수 있겠어요?

필　자 : 그렇게 말씀하실 줄 알았습니다. 그러나 그렇게 하시는 것이 결코 경민이를 위해서나 어머니를 위해서 좋은 일이 되지 않는다는 것을 모르시기 때문에 그러한 말씀을 쉽게 하실 수 있으셨을 것으로 생각합니다. 경민이가 밥을 달라고 해서 주었을 때 혹시라도 밥만 받아놓고 예전처럼 먹지 않는다고 하면 어떻게 하실겁니까?

어머니 : 밥을 달라고 했으니까 달라고 한 밥을 주면 먹지 않을까요?

필　자 : 물론 먹을 수도 있겠지요. 그러나 십중팔구는 아마도 먹지 않고 예전처럼 밥만 받아놓고 앉아 있을 것입니다. 그리고 어머니가 먹여주기를 기다리는 데모를 할 것입니다. 실험을 해보시면 아시겠지만 틀림없이 그러한 일이 일어날 것으로 생각합니다.

어머니 : 그러시다면 정말 말씀하신대로 밥상을 치워버리고 달라그래도 주면 안 된다는 말씀이신가요? 그게 거의 불가능하겠지만 꼭 그렇게 해야만 문제가 해결된다면 마음은 아프겠지만 그렇게 해봐야 겠지요.

필　자 : 말씀은 그렇게 하시지만 그 일을 실천하기란 참으로 어려울 것입니다. 그러나 경민이를 위하는 어머니의 마음이 간절하다면 꼭 그렇게 해야 할 것입니다. 그때 밥을 안 먹었다고 해서 다른 먹을 것을 달라고 하더라도 그것을 주면 안됩니다. 다음 밥 때가 될 때까지 기다리게 해야 합니다. 다음 밥 때가 되었을 때도 밥을 먹으라는 말만 하고 데리러 가거나 빨리 와서 먹으라는 독촉을 해서는 절대 안됩니다. 아마도 그 다음 번에도 밥을 먹으러 오지 않을 것입니다. 걱정하지 마시고 기다리십시오. 세 번째 밥 때가 되었을 때는 아마도 밥을 차리기도 전에 밥상머리에 앉아 밥이 차려지기를 기다렸다가 허겁지겁 밥을 먹게 될 것입니다. 그래도 어머니께서는 반가운 기색이나 이제는 살았다는 기색을 보이지 마십시오. 태연하게 아무런 일도 일어나지 않은 것처럼 행동하시는 것이 좋습니다. 혹시라도 세번째 밥 때가 되었을 때도 밥을 먹지 않고 고집을 피운다면 첫 번째 밥 때와 세 번째 밥 때 사이에 경민이는 무엇인가를 먹었을 겁니다. 만일 이러한 일이 있었다면 그것은 어머니의 불찰입니다. 의식 무의식적으로 어머니께서는 경민이에게 밥을 먹지 않았으니까 얼마나 배가 고플까 하는 생각으로 아는척 모르는척 경민이가 무엇인가를 먹을 때 그냥 놓아두었을 것입니다. 이런 일이 있어서는 안 됩니다. 그렇게 되면 밥 먹는 버릇이 고쳐지지 않을 것이라는 겁니다. 필히 제가 시키는대로 하시는 것이 아이의 밥 먹는 버릇을 고치는 일이 될 것입니다.

어머니 : 알았습니다. 꼭 그렇게 실천할 수 있도록 해보겠습니다. 최선의 노력은 다 하겠습니다.

필　자 : 해보겠습니다 라는 말도 좋지 않은 말이고 최선의 노력을 다해 보겠다는 말도 좋지 않은 말입니다. 노력하지 마시고 그냥 실천하십시오. 노력은 절대 금물입니다. 오직 실천만이 있을 뿐입니다. 아시겠습니까?

어머니 : 아. 그게 그렇게 되는 겁니까? 알겠습니다. 꼭 그렇게 실천하겠습니다.

상담은 이렇게 해서 끝이 나고 경민이 어머니는 신이 난 듯 희망을 가지고 필자의 사무실을 떠났다.

경민이 어머니의 실천은 몇 번인가의 실패를 거듭했다. 그러나 실망하지 않고 실천을 거듭한 결과 경민이는 어머니에게 굴복 아닌 굴복을 하게 되었고 어머니 또한 그릇을 들고 다니면서 밥을 떠먹어야 하는 어려움으로부터 겨우겨우 벗어날 수 있게 되었다.

경민이와 경민이 어머니의 시행착오는 모자간의 무의식적 가정(假定)에 의해서 만들어진, 어쩌면 그렇게 될 수밖에 없는 사전의 약속 그러니까 의식이 알지 못하는 무의식의 약속에 의해서 이루어진 것이라고 단정할 수 있다.

12년이라는 긴 세월에 걸쳐 이룩한 모자간의 익숙할 대로 익숙해진 관계를 하루아침에 무너뜨린다는 것에 대한 아쉬움과 지금까지의 어려웠으면서도 한편으로는 편안했던 관계를 청산하고 낯설고 망서려 지는 새로운 관계(알아서 밥을 먹는 관계)를 만든다는 것이 싫었기 때문일 수 있다는 것이다.

경민이 어머니가 경민이 때문에 걱정이 많았다는 것은 오히려 경민이 어머니로 하여금 아들을 위해 걱정을 하는 것이 걱정을 안 하는 것보다 어머니다운 어머니 노릇을 하는 것이라고 느끼게 하는 보람을 갖게 했기 때문일 수도 있다. 그래서 걱정을 안 하는 편안한 생활보다는 걱정을 하는 괴로운 생활을 더 좋아했을 수도 있다.

누가, 그 어떤 어머니가 자식 걱정을 하고 싶어하겠는가? 걱정해야 할 일이 생기니까 걱정을 하는 것이 아닌가? 라고 반문할 수도 있다. 그러나 걱정을 하는 것도 팔자라면 팔자다. 그렇기 때문에 걱정을 하고 싶으면 하고, 하고 싶지 않으면 안 하면 된다. 걱정을 하면 걱정해야 할 일만 생기고 걱정을 안 하면 걱정할 일이 없어진다. 왜냐하면 걱정을 하지 않는 사람에게는 걱정거리가 혼자 알아서 찾아오는 일이 절대로 없기 때문이다.

걱정은 걱정을 하는 사람에게만 다가온다. 걱정을 하지 않는 사람에게는 걱정이 없다. 그렇기 때문에 걱정이 싫으면 걱정을 안 하면 된다.

아이를 기르는데 걱정처럼 무서운 장애가 없다. 그럼에도 불구하고 걱정을 하지 않고 어떻게 아이를 기를 수 있는가? 아이를 기르는 모든 부모는 걱정을 하며 아이를 기르는데 어떻게 그런 말을 그렇게 함부로 할 수 있는가? 아이라는 존재가 바로 걱정덩어린데 어떻게 걱정을 하지 말라는 말인가? 아이를 기르는 부모에게 걱정을 하지 말라 하면 아이를 기르지 말라는 말과 같지 않은가? 하며 걱정을 하지 말라는 사람(필자)에게 오히려 항변을 한다. 걱정을 하는 것이 괴롭다고 하면서도 걱정을 하지 않고는 사는 맛을 느끼지 못하는 사람들의 항변이다. 그렇지 않다면 어떻게 걱정을 하지 말라는 사람에게 그렇게 고집스러운 항변을 할 수 있겠는가?

걱정은 화를 부르고, 화는 소리지르는 것을 부르고, 소리지르는 것은 매를 부르고, 매는 미움을 부르고, 미움은 관계를 끊고 싶은 좌절을 부른다. 걱정은 이렇듯 부정적인 관계를 한 단계씩 상승시키는 마술을 가지고 있다. 그렇기 때문에 걱정은 안 하는 것이 좋다. 첫째는 걱정을 하는 부모를 위해서 좋고, 둘째는 부모를 걱정시킨다는 이유로 걱정하는 부모가 걱정의 대상인 아이를 때리지 않아서 좋다.

걱정이 없으면 태평세월이 오고 태평세월은 관계적 의미를 돈독히 한다. 풍요로운 삶을 위해 아름다운 인간관계를 위해 걱정이 없는 삶을 살아야 할 것이다.

모신(母神)

사례

컴퓨터 중독청소년 문제해결을 위한 대상중심 가족치료

 컴퓨터 중독청소년 문제해결을 위한
대상중심 가족치료

Ⅰ. 서론

인간이 향유하는 관계 중에서 가장 중요한 관계가 있다고 하면 그 관계는 부모와 자녀 관계라고 할 수 있다. 부모와 자녀 관계 중에서도 특히 중요한 관계는 양육자와 피양육자간의 관계라고 할 수 있다. 양육자는 필히 어머니라고 할 필요는 없지만 통속적으로 어머니가 자녀의 양육을 맡는 것이 일반적이며, 피양육자 또한 필히 자녀이어야 할 필요가 없지만 대체로 피양육자는 양육을 하는 사람의 자녀인 것이 일반적이다. 그러니까 어머니와 그 어머니가 낳은 자녀가 처음으로 어머니-자녀로서의 관계를 가지고 그 관계 속에서 관계를 성장시키는 것이 어머니가 자녀를 양육하는 것이다.

관계의 성장은 인간의 성장을 의미한다. 그렇기 때문에 양육자인 어머니와 피양육자인 아이가 같은 공간에서 때를 함께 하며 시간을 보내는 경험 속에서 관계를 지속시키는 것이 어머니는 어머니로서의 성장을 도모하고 자녀는 자녀로서의 성장을 촉진시키는 과정이라고 할 수 있다.

그러므로 그 과정은 인간이 필히 겪어야 하는 관계 속에서 나름대로의 인간적인 면들을 완성해 가는 과정이라고 할 수 있다. 어머니라고 칭하는 여자가 어머니가 되는 것은 자녀의 출산에 기인하는 것이고 아이가 자녀가 되는 것은 어머니가 먼저 존재 하고 그 존재의 연장으로서 삶을 이어가는 과정안에서 이루어지는 관계가 있기 때문이다.

다시 말해서 여자의 인생은 자녀의 출산을 필수적인 전제로 하며 그 자녀의 출산은 여자를 여자로서 기능 할수 있게 하는 기회를 제공하는 것이다. 이러한 과정 속에 그 여성과 함께 하는 피출산자인 아이는 출산자인 어머니를 하나의 인격체로 완성시켜 주는 역할을 하면서 자기의 삶을 살아갈 수 있는 기본을 준비하는 과정을 경험한다. 이 경험을 일러 성장이라고 하는 것이다.

그럼으로 해서 자녀의 성장은 어머니를 필연적인 존재로 하며 그 어머니의 존재가 어떠했느냐에 따라서 그 아이의 성격모양이 결정되는 이차적 과정에 의한 운명에 귀속된다. 이는 곧 양육자인 어머니에 의해서 아이의 운명이 결정된다는 것을 의미하는 것이다.

그렇기 때문에 아이의 성장이 바르거나 바르지 못한 내용의 형태는 그 아이를 낳아 기르는 어머니의 양육 패턴에 의해서 결정된다는 것이다. 아이가 아무리 바르게 성장하고 싶어도 그 아이를 기르는 어머니가 바르게 키우지 못한다면 그 아이는 다른 성품을 가지고 다른 인생을 살 수 있는 기회를 포착하지 못하고 어머니가 키워준 대로의 삶을 살 수 밖에 없다.

그럼으로 아이의 운명을 결정하고 그 운명의 결실을 위한 과정을 돕는 어머니의 중요성이 어쩔 수 없이 대두되는 것이다. 어머니는 순수해야 하고 어머니는 정직해야 하며 어머니는 능률적이어야 하고 그리고 처음부터 끝까지 양육적이어야 한다. 이러해야 할 어머니가 이렇지 못한 어머니로써 아이를 양육한다면 그 아이는 어쩔 수 없이 만신창이의 성장과정을 경험해야 할 것이며 그러한 경험은 그 아이로 하여금 일탈적인 반사회적 성격의 소유자로써 병리적인 행동을 하는 것 이외의 일에는 별다른 관심과 능력을 개발하지 못하는 아이가 되는 것이 일반적이다.

이러한 아이를 둔 양육자인 어머니는 병리적인 성격 때문에 병리적인 삶을 사는 아이를 꾸짖고 원망하며 병리적인 삶이 아닌 다른 형태의 삶, 가능하다면 타의 모범이 되는 삶을 살아주기를 원한다. 그렇지만 이러한 어머니의 소망은 그 소망 안에 숨겨진 아이의 모습, 즉 일탈행위를 하기를 바라는 것을 숨기고 본의 아닌 삶의 형태인 타의 모범이 되는 삶을 살아 주기 바라기 때문에 그러한 어머니의 진실을 이미 알고 있는 아이로써는 어머니가 형식적으로 바라는 다른 생활의 모습을 보여 줄 수 없는 것이다. 그러므로 그러한 아이는 반사회적인 행위를 할 수 밖에 없으며 정상적인 삶을 보장받는 행동을 할 수 있는 여유를 갖지 못하는 것이다.

양육자인 어머니의 표리부동한 아이에 대한 양육 태도 때문에 일차적으로 아이는 혼란스럽고 결과적으로 아이는 바람직하지 않은 행동을 하게 된다. 이러한 모습이 결국 어머니가 보기에 옳지 않은 행동이 되며 그러한 행동을 표출하는 아이가 보는 자기의 행동은 어머니의 요구에 의해 표출되는 행동이라는 사실을 스스로 알지 못하게 하고 자기는 어쩔 수 없이 그러한 행동을 하는 옳지 않은 아이로 인식하고 괴로워하는 생활을 하게 된다.

이러한 현상이 현실적으로 나타났을 때 공부를 못하게 하고 컴퓨터나 그 밖의 오락을 탐닉하는 아이가 되어 자기의 삶을 욕되게 하는 행위를 하게 한다.

그래서 이러한 행동을 하는 아이들은 그 행동을 교정하고 싶은 의욕이 없으며 있다고 하더라도 어머니의 절대적인 욕구가 그러한 것의 범주를 벗어나지 못하게 하고 있기 때문에 임의로 그러한 놀이의 영역을 벗어나지 못하고 스스로의 인생을 망치면서 무의식의 세계에서는 이를 탄식하고 의식의 세계에서는 이를 즐기는 듯 한 느낌 속에 장래가 없는 삶을 살게 되는 것이다.

지금까지 이러한 문제를 가지고 있는 청소년에 대한 관심과 연구의 부족으로 이들을 선도 할 수 있는 치료적 방법이 활발하게 모색되거나 모색된 방법들을 적용하는 경우가 많지 않았다. 따라서 성격 특성과 관련된 컴퓨터 중독 청소년 문제와 같은 습관성 놀이 중독 현상에 대한 심리 치료적인 개입은 시대가 요구하는 긴박한 중대 사안임을 감안해야 할 뿐만 아니라 실제로 상담을 실천할 수 있는 가능성을 모색하는 노력이 시급을 요구하는 일이라고 생각하지 않을 수 없다.

II. 연구의 목적

문제 청소년에 대한 기성 사회의 관심은 그 깊이와 기원을 측정할 수 없을 정도로 심각하고 오랜 세월 동안 이와 관련된 우려가 계속되어 오고 있다. 시대가 바뀔 때마다 청소년이 표출하는 문제의 양상은 다를지라도 문제 행동을 하는 청소년과 그 문제를 대하는 기성 사회의 태도는 언제나 위험 수위를 넘는 갈등 속에 있었다.

청소년의 문제가 심각하게 조명된 기성 세대의 청소년의 문제와 관련된 태도는 실제로 문제를 중재하는 것과는 무관한 방관자로써의 소극적인 태도를 취했을 뿐이다. 그러므로써 청소년의 문제는 언제나 문제를 가진 청소년의 문제로 처리되었을 뿐 청소년의 문제를 야기시킨 기성세대의 동인(動因)에 대해서는 그 책임을 묻지 않는 것이 상례였다.

청소년의 문제는 그 문제의 소인이 어디에 있던지 청소년의 문제는 그 청소년들이 속한 사회의 특성과 관련되어 있고 그리고 그 사회의 장래의 특성을 결정하는 중요한 변인으로 작용하기 때문에 청소년의 문제는 국가적인 문제로써 그 중요성을 더해왔다.

청소년의 문제에 대한 사회적 통념은 그 문제의 지속성이 희박하고 연구적 특성으로서의 그 에너지양이 부족하기 때문에 일정 세월이 지나면 그 문제는 자연스럽게 희석되어 없어지는 것으로 여겨왔지만 사실은 그렇지 않다는 것이 많은 학자들에 의해서 이미 오래 전에 밝혀진바 있다.

과학이 발전하면서 대두된 문명의 이기인 컴퓨터는 인간의 삶을 편리하게 해 주는데는 일익을 했지만 반면에 청소년들이 현혹될 수밖에 없는 습관성 도박과 관련된 매혹적인 프로그램을 계속해서 개발해 냄으로써 그렇지 않아도 습관성 일탈행위에 취약한 청소년들이 그 프로그램에 몰입하게 되어 긍정적인 삶을 위한 오늘의 노력을 외면하고 파괴적인 습관성 게임에 몰입하게 됨으로써 그들의 삶이 방해를 받고 있다.

컴퓨터 때문에 치루어야 하는 인간의 피해는 상상을 초월한다. 컴퓨터 때문에 비생산적인 일을 하다가 직장을 잃고 부인과 자식을 잃고 파산선고를 받은 중년 세대가 연간 35만 명이 넘는 통계치를 보이는 미국의 경우는 말할 필요도 없고 한국의 청소년들이 컴퓨터 때문에 장래를 방치하고 비생산적인 컴퓨터 게임에 매달려 있는 수는 헤아릴 수 있는 경지를 벗어나고 있다고 해야 할 것이다.

십대 청소년을 양육하는 한국 가정에서 컴퓨터 때문에 가족갈등이 야기되고 그 야기된 갈등을 해소하지 못하여 겪게 되는 고통이 극심한 경지에 달하고 있음에도 불구하고 이를 해결하려는 과학적인 연구에 의한 노력이 전무하다는 것은 문제청소년의 장래뿐만 아니라 국가의 백년대계를 방관하고 있는 처사라고 할 수 있을 것이다.

문제청소년과 관련된 컴퓨터 중독 현상에 대해서 부모의 우려와 교육

당국의 통책(痛責)은 그 정도가 극에 달하고 있지만 이를 해결하기 위한 방안 하나 제대로 제시하지 못하고 있는 실정이다.

세계의 많은 인구가 이미 컴퓨터로 인한 습관성 놀이의 열병을 앓고 있고 그 인구의 증가 추세가 상상을 불허할 정도로 팽창하고 있다. 이로 인한 세계인의 염려와 컴퓨터에 대한 부정적인 시각 또한 팽창일로에 있지만 컴퓨터가 가져온 인류 문화의 발전에 대한 기여도는 상상을 불허할 정도이기 때문에 컴퓨터의 근절에 의한 문제 해결은 상상 할 수도 없는 일이다.

오늘날의 청소년 문제가 마치 컴퓨터 때문에 어제 오늘에 시작된 문제인 것처럼 청소년의 모든 문제를 컴퓨터의 출현과 관련하여 이해하려고 하지만 이는 문제의 본질을 이해하지 못한 것에서 비롯된 무지의 소치라고 할 수 있다.

청소년과 관련된 문제 특히 컴퓨터 중독성 놀이 문화와 관련된 문제는 모든 청소년의 문제가 아니고 컴퓨터가 없더라도 다른 어떠한 것에 중독성을 가질 수밖에 없는 강한 반자기적 반대상적 반사회적 성격이 만들어 낸 문제라고 할 수 있다. 그러므로 그들은 컴퓨터가 없더라도 컴퓨터 중독이 아닌 다른 어떤 중독성이 있는 것에 중독되어 있을 성격 특성을 가지고 있기 때문에 이들의 중독은 이러나 저러나 중독에 걸려 있을 수밖에 없는 성격 소유자들이다.

중독성 성격은 일반적으로 인간중독에 실패한 사람들이 가지게 되는 이차적 중독으로써 일차성 과정 특성을 갖는 것이 일반적이다. 그들의 사고와 그 사고에 의해 표출되는 행동 그리고 무의식적인 가정이 극히 원시적이라는 것이다.

사고와 행동이 정상을 일탈하는 사람들의 성격은 대체로 중독성 특성을 가지고 있으며 그 중독성 성격특성은 초기 인간관계의 실패로 인한 자구책으로써 강구된 것이다. 그렇기 때문에 실패한 인생초기의 인간관계는 복원의 가능성이 희박하다. 인생초기의 인간관계 즉 양육자인 대상관계의 원만한 정립이 없는 한 중독성 성격을 버리거나 개선해서 정상화시킬 수 있는 방법이 없다는 것이다. 따라서 인간관계의 실패를 애도하는 한 형태로써 선택된 습관성 성격질환은 대상과의 관계적 변화가 없는 한 그 개선이 불가능하다고 할 수 있다.

컴퓨터와 관련된 습관성 놀이에 중독된 청소년의 문제해결은 상실된 양육자와의 의미있는 관계를 복원해 주는 것이다. 그 관계 속에서 예전에 충족시키지 못한 대상 에너지를 충분히 공급받아 대상과 관련된 느낌이 포만감을 갖게 함으로써 대상 결핍에 의한 문제인 습관성 컴퓨터 중독 현상을 치유할 수 있는 여지를 갖게 하는 것이다. 그렇기 때문에 컴퓨터 중독 청소년 문제 해결을 위한 방법으로써 충분한 대상 공급을 가능하게 해주는 것은 청소년의 굶주린 대상의 배를 채워주는 것이 된다. 이러한 과정을 일차적인 치료 과정이라고 할 수 있고 이러한 일차적 과정을 완성하는 것이 우선적으로 수행해야하는 치료적 과제가 되는 것이다.

본 논문에서는 이러한 청소년의 심리적 역동을 이용하여 중독성 성격과 관련된 역기능적 심리현상을 재정립하여 개인의 성장을 도모해 줌으로써 그들 청소년이 속한 가정과 학교 사회가 어떻게 변하는가를 보여주고 여기에서 사용된 구체적인 문제 해결 방법을 제시하여 이를 상담현장에서 보편적으로 사용할 수 있게 하는 가능성을 제시하려 했다.

Ⅲ. 이론적 배경

컴퓨터 중독 청소년의 문제는 컴퓨터가 있기 때문에 그 컴퓨터에 의해서 야기된 것이 아니고 양육과정에서 경험한 부족했던 대상과의 관계를 만회하기 위한 방법으로써 채워지지 않은 만큼의 부족한 대상을 보충하기 위한 행위라고 할 수 있다.

　본 연구에서는 양육과정에서 어려움을 겪었던 부정적인 어머니와의 관계를 만회하기 위해서 표출되는 청소년의 일탈 행위를 치료하기 위한 방법으로써 현재의 어머니를 동원하는 치료모델을 사용했다. 과거의 어머니를 동원한 치료 모델인 대상중심 치료기법을 활용한 이유는 충분한 어머니를 공급해 줘야 했던 영유아 시절의 불행한 경험을 양육자인 대상과 함께 통찰하고 통찰된 내용을 중심으로 새로운 관계를 설정할 수 있도록 해줌으로써 대상 결핍으로 인한 에너지의 고갈 때문에 자율성을 획득하지 못하고 계속해서 양육자였던 대상인 어머니에게 매달려야 할 필요를 제거해 줌으로써 더 이상 어머니에게 매달릴 필요가 없는 자기대상 표상의 통합을 가능하도록 하려했다.

1. 양육과정상의 대상의 역할

　대상은 영아를 양육하는 사람이고 대상의 역할은 영아가 건강한 인간으로 구김살 없이 성장할 수 있도록 양육의 책임을 전담하는 사람이다. 대상의 역할은 영아의 어머니가 감당하는 것이 일반적이지만 필히 그래야 한다는 원칙은 없다. 어떤 사람이든 영아를 양육하는 사람이면 누구나 그 영아의 대상이 된다.

　대상중심이론에서 대상을 중시하는 것은 대상이 영아가 하나의 인간으로서 가지고 살아야 할 심리내적 환경의 모든 것을 만들어 주는 역할을 하기 때문이다.

　인간이 인간인 것은 인간과 함께 살아갈 수 있는 인간적인 자질을 개발하여 사용할 수 있는 가능성을 잠재력으로 가지고 있기 때문이다.

인간적인 자질은 성격이라고 하는 그 사람 특유의 마음의 형태를 만들어 내는 바탕이 된다. 성격은 태어날 때 가지고 태어나는 것이 아니고 태어난 후에 이차적으로 영아를 양육해 주는 양육자에 의해서 주입된 관계적 자료들이 모여서 만들어 낸 사회성에 의해 구체화된 내용들을 근거로 하여 이루어 진다는 사실은 이미 오래 전에 증명된 것이다.

모든 인간은 그의 성장과정을 양육자인 대상과 함께 보낸다. 양육자가 아니면 성장이 불가능한 영아의 총체적 무력성에 기인한 것이다. 영아가 하나의 인간으로서 최소한의 기능을 할 수 있는 나이가 될 때까지 양육자의 보살핌이 있어야 한다. 이 기간을 대상관계이론에서는 36개월로 한정했고 필자 또한 대상관계이론의 성장과정 기간을 인정하고 36개월의 마술적인 기간을 인간 성격 발달의 전체과정으로 받아들이고 있다.

영아가 총체적인 무력감 속에서 본능적인 욕구를 충족하고자 할 때 영아는 "배가 고파요. 빨리 먹여 주세요." 하는 등의 요구적 사고를 한다. 이와 동시에 영아의 정신내면의 세계에는 영아의 배고픈 느낌이 들어있는 감성의 필름이 만들어진다. 이 때 외부세계의 양육자가 영아의 요구를 인지하고 얼마나 빨리 얼마나 따뜻하게 얼마나 정성을 들여 적당한 양의 젖을 먹여 주느냐에 따라서 수유를 받는 영아의 마음속에 준비된 필름의 다른 한편에 수유하는 대상의 양육의 질과 관련된 느낌이 각인된다. 이 때의 느낌이 좋았으면 좋은 느낌이 나의 느낌으로 준비된 느낌의 필름 속에 박히게 되고 그 느낌이 좋지 않았다면 좋지 않은 느낌이 역시 준비된 느낌의 필름 속에 남게 되어 그 필름 속에 담긴 영아의 정서가 그 영아가 가지고 살아야 할 대상의 느낌이 된다. 그 느낌들에 의해 결정되는 것이 영아의 자기-대상 표상이다.

영아의 양육을 맡은 대상의 역할은 이토록 중요하기 때문에 어떠한 성격을 가진 사람이 아이의 양육을 맡느냐는 것은 참으로 중요한 일이라고 아니할 수 없다. 아이의 양육은 하루 이틀에 끝이 나는 것이 아니고 정상적 자폐기와 공생기 그리고 격리개별화기를 관리하는 총체적 역할을 하기 때문에 대상인 양육자의 중요성은 아무리 강조해도 지나침이 없을 정도로 중요하다.

대상이 영아를 어떻게 관리했느냐에 따라서 그 아이의 느낌이 형성되고 생각이 만들어지고 생각에 의한 행동이 발현되고 행동의 반복으로 인한 습관이 배양되며 그 습관이 강박적으로 반복될 때 성격이 형성되고 성격의 활용이 운명을 결정하는 순서적 발달과정을 겪기 때문에 이러한 과정의 모든 것을 관리하는 양육자의 역할은 운명적이라고 할 수 있다.

모든 양육자는 영아를 잘 양육하고자 하고 양육되는 영아 또한 잘 양육되어지기를 희망하지만 희망하는 대로 양육이 잘 이루어지는 경우는 그다지 많지 않다. 만일 여기에 이렇게 될 수밖에 없는 어떤 이유나 원인이 있다고 한다면 그것은 바로 양육자가 가지고 있는 성격의 원형(prototype) 때문이라고 할 수 있다. 성격의 원형이 선하고 진취적이고 진실되고 창의적이라면 이러한 성격원형에 의해서 주조되는 영아의 성격 또한 성격의 원형과 같은 특성을 가지게 된다. 성장과정상의 성격과 관련된 이러한 현상은 그 어떤 이론도 부인할 수 없는 절대성을 가지고 있다.

이러한 관계적 현상 때문에 대상인 양육자를 잘 만나면 잘 만난 만큼 건강하고 능력 있는 정신과 창조적인 정신을 가지게 될 것이며 양육자를 잘못 만나면 잘못 만난 만큼 공격적이고 파괴적인 정신을 가지게 될 것이라는 것이다. 그러므로 양육자는 아이의 몸을 길러주는 사람이라기보다는 차라리 정신을 길러주고 운명을 길러주는 신과 같은 존재로써 절대적인 역할을 한다(임종렬, 1999).

이를 부연 설명하면 대상은 영아의 건강과 병약함, 명석함과 우둔함 그리고 나아가서는 삶과 죽음까지도 관리하는 신과 같은 절대자로서 생활력이 전혀 없는 영아의 양육을 전담하는 존재라는 것이다.

대상이 좋은 대상이냐 아니면 나쁜 대상이냐 하는 것은 아이가 관리할 수 있는 성질의 것이 아니다. 영아는 다만 대상이 공급하는 것을 수동적으로 받아들이는 입장 외에는 아무 것도 할 수 없다. 대상과 자기 관계에서의 모든 주도권은 대상에게만 주어져 있으며 아이는 다만 성장의 환경이 수시로 바뀌는 것에 대해서 즐거워하거나 괴로워하거나 슬퍼할 수 있을 뿐이다. 좋은 대상에 의해서 양육된 영아는 자폐기와 공생기를 무난하게 보낼 수 있을 것이며 이러한 아이는 격리개별화기의 온갖 모험을 즐길 수 있는 여유를 가질 수 있는 하나의 건강한 인간으로서 새롭게 태어나는 경험(부화=孵化)을 할 것이다. 그러나 나쁜 대상으로써의 역할만을 수행한 양육자에 의해 양육된 영아는 자폐기, 공생기를 잘 보내지 못할 것이며 격리개별화기 또한 자율성을 획득하지 못한 상태에서 그 어려운 에디퍼스 갈등기의 언덕을 넘지 못하고 그곳에 주저앉을 수밖에 없는 취약한 자아를 가질 수밖에 없다. 이러한 아이의 후기 인생은 자폐증이나 우울증, 정신분열증 혹은 경계선 성격장애와 같은 정신질환을 가지게 될 것이다.

2. 자기표상

아이는 성격이 없이 태어난다. 다만 성장과정을 통해 경험하게 되는 모든 것들이 모여 성격이 된다. 이는 어떤 사람과 어떤 경험을 하며 성장하느냐가 곧 성격을 만드는 과정이 된다는 것이다.

이를 부연해서 설명하면 아이가 즐거워하는 것은 어머니에 의해서 공급된 만족스러움에 의한 것이고 아이가 괴로워하는 것 또한 어머니에 의해서 공급된 것의 부족함에 의한 것이라는 것이다. 어머니가 만족스러운 것을 줄 수 있다면 그 때의 어머니의 기분은 즐거운 것이었을 것이고 어머니가 괴로운 상황에 있을 때 아이에게 무엇인가를 공급해 주었다면 그때의 어머니의 느낌은 괴로운 느낌이었을 것이기 때문이다.

어머니가 그 때 그 때 무엇인가를 아이에게 공급하는 순간의 기분이 그대로 아이에게 전달되어 정신적인 필름이라고 말할 수 있는 아이의 표상에 영상화되기 때문에 바로 영상화된 어머니의 그 느낌이 아이의 느낌처럼 느껴진다. 이렇게 느껴진 어머니의 느낌을 아이는 마치 자기가 만들어 낸 자기의 느낌으로 생각하고 그것을 가지고 평생을 산다는 것이다.

슬픈 어머니가 아이에게 즐거움을 공급할 수 없듯이 즐거운 어머니가 아이에게 괴로움을 공급할 수 없다. 아이에게 무엇인가를 공급해야 할 때 어머니의 정서적 분위기가 바로 그 어머니가 양육하는 아이의 정서적 분위기가 된다는 것이다. 아이를 사랑하고 귀하게 여기고 그래서 정성을 다해 양육한 어머니의 아이가 불행한 운명의 주인공이 될 수 없는 것처럼 아이를 미워하고 귀찮게 생각하고 그래서 정성을 다하고 싶지 않은 어머니에 의해서 양육된 아이가 행복한 운명의 주인공이 될 수 없다는 것은 구태여 설명해야 할 필요가 없을 정도로 명백한 인과응보적 결과라고 할 수 있다.

성장한 사람들이 자기의 마음, 자기의 성격, 자기의 운명이라고 말하는 정신내적 재산의 모든 것들이 사실은 자기의 것이 아니고 어머니의 것이라는 사실을 모르고 있다. 그렇기 때문에 하고자 하지만 할 수 없고 해서는 안 되는 것이라고 생각하는 일들을 하게 되는 연유에 대해서 무지한 것이다. 어떤 사람도 해야 할 일을 마음대로 할 수 있고, 하고 싶은 일을 마음대로 조절 할 수 있으며 해서는 안 되는 일을 마음대로 하지 않을 수 있는 능력을 가지고 있지 못하는 이유가 바로 이상에서 설명하는 바와 같은 양육자와 자기의 관계 다시 말해서 대상표상의 세계에 각인된 과거의 경험이 하고, 하지 아니 하고에 대한 준거틀이 되고 있기 때문이다.

어떠한 사물을 대했을 때 그 사물이 유용한가 아니면 유용하지 아니한가, 아름다운가 혹은 아름답지 못한가 등의 감별력은 감별을 하는 당사자의 편견에 의해서 결정된 결과이지 결정된 그 결과가 일반적으로 타당성이 있고 객관화할 수 있는 것이기 때문에 그러한 결정을 내린 것이라고 할 수 없다. 다만 사물을 보았을 때 순간적으로 그 사물의 질이 무의식 세계에 함입되어 함입된 그 사물이 표상의 세계에 설치되어 있는 감별 기능을 하는 여과기를 통과한 다음에 의식의 세계에 다시 투사된 그 이미지가 어떠한 것이냐는 그 이미지의 질을 결정해야 하는 내가 어렸을 때 그 사물을 본 어머니가 "이것은 질이 좋다" 혹은 "이것은 나쁘다"로 결정한 어머니의 결정이 지금 내가 내려야 할 결정이 된다. 그렇기 때문에 여기에 자기의 사고가 개입할 수 있는 일 푼의 여지도 없다는 것이다. 다시 말하면 양육자인 어머니가 어떤 사물을 보고 결정했던 그때의 결정이 결국 지금 내가 내려야 할 결정의 표본이 된다는 것이다.

양육자의 역할이 얼마나 중요한가는 제언을 필요로 하지 않는다. 그 예로서 한국사람인 우리가 한국말만을 즐겨 쓰고 외국어의 사용을 배척하는 까닭은 외국어를 익히는 것이 어렵고 구사하는 것이 힘들기 때문일 수도 있지만 사실은 우리 어머니가 한국말 이외의 다른 말을 사용하지 않았기 때문에 그 어머니에 의해서 습관화 된 언어(한국말)를 사용하는 것이다. 만일 우리의 어머니가 한국말을 모르고 영어만을 알았다면 영어는 어머니에게서 배우고 한국말은 밖에서 배워 두 개의 언어를 유창하게 구사할 수 있을 것이 아닌가? 그 뿐만이 아니다. 한국 사람은 밥과 김치와 된장국 먹기를 좋아한다. 그 이유가 어디에 있는지도 모르면서 밥과 김치 그리고 된장국 먹기를 좋아한다. 한국사람이 한국음식을 좋아하는 것은 양육자인 어머니가 한국 음식만을 좋아했기 때문에 어머니가 좋아했던 음식만을 우리에게 먹여 준 결과가 한국 음식만을 좋아할 수밖에 없는 입맛이라는 것을 만들어 냈기 때문이다. 그래서 한국사람은 한국 음식을 일상식으로 하며 외국음식은 간혹 재미로 먹어보는 정도일 뿐 외국음식을 일상식으로 하려는 생각을 하지 못한다.

이와 마찬가지로 한국사람이 사물을 보고 느끼고 평가하고 그리고 가치를 부여하는 것 또한 한국사람인 어머니가 한국적인 안목으로 그 사물을 보고 어떠한 느낌을 가지고 평가하고 가치를 부여했느냐가 바로 그 어머니의 자식인 나의 느낌과 평가와 가치를 부여하는 기준이 된다는 것이다.

어머니가 냉정했던 사람은 냉정한 정서를 가지고 있고 어머니의 마음이 따뜻했던 사람은 따뜻한 정서를 가지고 있다. 어머니가 화를 잘 냈다면 그 어머니의 아이 또한 어머니가 화를 낸 만큼의 화를 내기를 좋아하고 어머니가 공격적이었다면 공격적인 행동을 유보하지 않는다.

대상에 의해서 만들어진 성격, 다시 말해서 나쁜 자기표상을 가지고 결혼을 한다면 그 사람은 결국 자기와 비슷한 자기표상을 가진 사람, 과거의 생활사가 자기의 생활사와 비슷한 사람을 만나 결혼을 하게 되기 때문에 결국 부부는 서로가 서로에게 나쁜 대상으로서 불신하고 인정을 하지 않고 괴롭히며 자주 싸우는 삶을 살게 될 것이 불을 보듯 뻔하다. 이는 곧 각자의 어머니의 성격에 의해 각인된 자기 특유의 성격을 가지고 결혼을 한 것 때문이며 서로가 서로를 저주하며 괴롭히는 생활을 한다면 그것 또한 각자의 어머니의 성격에 의해 만들어진 유기감에 의한 매달림이기 때문에 이를 어찌하지 못한다. 마음에 흡족하지 않는 삶을 산다고 해서 지금까지의 삶의 형태를 버리고 새로운 삶을 살 수 없다는 것이다. 불변성 자기표상이 갖는 숙명적인 한계성 때문이다.

3. 자기-대상 분열과 유기불안

　대상 혹은 대상표상은 심리내부 또는 무의식 세계의 이분화된 일부분으로서의 자기표상을 통제하고 의식의 세계와 자아의 기능을 지휘하는 실력자로서 그의 위력을 행사한다. 그렇기 때문에 자기는 언제나 자기의 욕구충족을 위해 계획하고 활성화한 욕동의 결과를 얻지 못하고 대상표상에 의해서 공급되는 굴절(屈折)된 결과만을 안고 실망하고 좌절해야 하는 고통을 겪어야 한다. 다시 말하면 자기는 원래 선량하고 능력있는 존재로서 발전할 수 있는 잠재력을 가지고 태어나 이를 활용 가능하도록 하려는 의지와 노력을 아끼지 않는다. 그러나 이를 저해하는 대상의 병리적 간섭으로 인해 선량하고 능력있는 존재로서의 가능성을 포기하고 대상의 병리적 행동규범을 내재화함으로써 대상의 기대에 부합되는 행동을 통해 대상의 자기를 향한 기대를 재확인하는 것으로서 안정을 얻은 다음에 저장된 대상의 심리기제에 의해 형성된 모순된 관계를 자기 것으로 재정립한다. 고로 이러한 사람의 대상표상은 항상 불안하고 이 불안에 의해서 조장된 폭발직전의 용암(鎔巖)과 같은 분노와 적개심 그리고 무기력함이 자기의 성격특성으로 나타나는 운명을 지니게 된다. 이러한 측면에서 대상을 보았을 때 대상은 어쩌면 잔인하고 이기적이고 현실과는 무관한 자기 보호적 마성(魔性)을 지니고 대상자기의 대상과의 관계에서 미해결된 유기불안을 자녀에게 투사하여 자녀자기의 유기불안을 조장함으로써 대상에게 매달리게 하는 분열된 자기-대상 표상을 가지게 한다.

　격리개별화 되지 못한 자기(아이)에 의해 강화된 대상추구의 이면에 내재된 분노는 폐기해야 할 파생물을 폐기시켜 주는 대신에 오히려 자기(아이)에게 매달리는(clinging) 대상의 병리적 유기감 때문에 결과적으로 자기(아이)는 자기 파괴적인 장벽을 쌓고 심리적으로 고립되는 경향을 보인다.

자기가 추구하는 행위가 복잡하고 난해한 이유는 추구하는 그 행위가 무의식의 세계에 근거하고 있기 때문이며 추구하는 것 그 자체가 근본적으로 무엇을 추구하고 있는가를 충분히 인식하지 못하고 있기 때문에 얻으려고 하는 막연한 만족을 얻지 못하고 있는 것에 대해서만 심한 갈증을 느낀다. 그렇기 때문에 대상의 긍정적인 몸짓이나 만족을 주는 만족의 출처를 외면해 버리는 경향이 있다. 이러한 결과로서 대상과 가족성원 전체에게 무모한 공포감을 자아내게 하고 관계적 모순을 야기시키는 결과를 초래한다.

원래 가족에 의해 지속되어 온 병리적 격리와 유기감을 관리해야 하는 사람은 그의 결혼생활에서 아이와 부인과 어머니의 역할을 동시에 수행해야 하는 정신적인 위치 때문에 훨씬 더 복잡한 가족관계를 형성하게 된다. 이들의 대부분은 그들의 어머니와 공생적 혹은 적의에 찬 종속관계를 가지고 있으며 동시에 그들의 배우자 혹은 배우자의 가족 그리고 나아가서는 그들의 자녀에게까지 그들이 어머니와의 관계에서 보였던 전이적 관계를 유지하는 경향이 있다.

이들의 배우자, 배우자의 가족 그리고 자녀들과 같은 주변 사람들은 필요한 것을 얻지 못한 불행한 심리를 투사하는 그들의 부모를 대신해서 존재할 뿐 격리된 개인으로서 권리를 행사할 수 있는 존재로 보이지 않는다. 동시에 이러한 가족들의 일부는 만족스럽게 그러나 대부분의 경우는 불만족스럽게 어머니와 같은 양육자로서 상호간의 보충적 관계를 유지해야 한다.

경계선 증후군의 갈등은 두 가지 형태의 행위로 나누어진다. 유기공포에 의해 지배되는 사람이 배우자를 선택하는 행위에서 그리고 결혼

후의 관계에서 자기와 배우자가 구별되지 않은 상태를 조성하며 배우자 혹은 배우자가 될 사람에게 집요하게 매달리는 공생적 경향을 보이며 배우자 혹은 배우자가 될 사람에게 정신적으로 유기 당하는 톱니바퀴 모양의 관계를 계속해서 유지해야 하는 경향이 있다.

어떠한 형태의 배우자 관계를 막론하고 정신을 움직이는 중요한 요인으로서의 유기공포는 심리적 기제의 모든 것을 중재하는 근본적인 것으로서 혼자라는 생각에 집중되어 영구적으로 고독감을 정착시키는 경향이 있다. 함께 살되 언제 버림을 받을지 모른다는 느낌과 함께 살되 혼자라는 생각을 가질 수밖에 없는 심리적인 현상이 유기를 희망하는 정신내적 소망과 버림을 받으면 안 된다는 유기공포간의 이율배반적인 갈등이 관계적 거리를 유지하게 한다.

IV. 치료적 접근

프로이드 이전의 정신치료는 성직자, 혹은 무녀(巫女=witch)들이 귀신을 쫓아내는 의식을 통해서 정신질환자의 치료를 시도했으며, 의사 혹은 의인(醫人 = medicine men) 또한 머리에 구멍을 뚫어 놓고 정신질환자를 견딜 수 없을 정도로 심하게 구타함으로서 매의 아픔에 견디다 못한 귀신이 환자의 머리 속에서 밖으로 도망쳐 나갈 것이라고 믿었으며 그 결과에 의해 정신질환이 낫게 될 것이라고 믿었던 것(Fenichel, 1945)이 정신치료의 전부였다. 이러한 현상의 일부가 지금까지도 지속되어 오고 있다는 사실에서 머리 속의 귀신을 정신질환의 원인으로 간주했다는 것을 엿 볼 수 있으며 나아가서 심리치료의 근원은 귀신을 추방하는 것에서 비롯되었을 뿐만 아니라 지금도 일부에서는 정신질환자의 머리 속에서 귀신을 추방하는 것을 치료의 방법으로 택하고 있다.

　목사의 안수기도, 신부의 구마(驅魔) 혹은 불제기도(?除祈禱), 그리고 무녀의 굿 등이 의식면(儀式面)에서는 현저하게 다를 수도 있지만 이들 의식이 지향하는 궁극적인 목적은 하나같이 정신질환을 앓고 있는 사람의 머리 속에서 귀신 특히 악귀(惡鬼)를 몰아냄으로써 일순간에 정신질환을 치유해 버리려는 시도를 한 사실에서 정신치료와 샤머니즘(巫俗)과의 깊은 관계를 엿볼 수 있게 한다. 뿐만 아니라 지금까지도 이러한 의식적 시도는 계속되고 있다. 종교적 의식에 의한 치유는 물론 많지는 않았지만 경우에 따라서 기대했던 효과를 얻어낸 사례도 만만치 않게 있어 왔다(임종렬, 1999)는 사실을 부인하지 못한다.

　머리 속에 들어 있는 귀신을 쫓아내려는 의식들은 일반적으로 무속(巫俗)이라고 알려진 원시적 종교 형태의 한 의식이라고 할 수 있는 샤머니즘(shamanism)의 굿과 엑소시즘(exorcism)이라고 알려진 성직자들에 의한 안수기도 혹은 불제기도(?除祈禱)는 지금까지도 여기저기서 행해지고 있다.

　여기에서 필자가 밝히려 하는 것은 샤머니즘이나 엑소시즘의 치료적 효과에 대한 것이 아니다. 다만 그때 그 성직자들과 무인(巫人) 혹은 의인(醫人)들이 머리 속에 귀신 그것도 선귀(善鬼)가 아닌 악귀(惡鬼)가 들어 있어서 정신질환을 앓게 하고 있다는 사실을 어떻게 추측할 수 있었느냐 하는 것이다. 그렇다고 해서 정신질환과 귀신 사이에 어떤 관계가 있다는 것을 증명하려는 것은 아니다. 귀신에 대한 기존 개념 혹은 사람들이 말하는 귀신의 실체는 무인(巫人)들의 샤머니즘적 주장을 제외하고는 그 어떤 사람도 보지 못한 존재이다. 필자 역시 귀신을 보았거나 만난 일이 없다. 그러므로 귀신을 알지 못하고 귀신의 존재를 인정하지 못하는 것이 필자의 입장이다. 다만 귀신을 연상하게 하는 존재 혹은 귀신을 방불케 하는 이미지 속의 신적 존재에 대한 실증이 있다는 것을 말하려 할뿐이다.

머리 속에 귀신이 있어서 정신질환을 일으킨다면 그 귀신은 사람의 머리 속에 들어가 그 사람을 괴롭히는 존재라고 할 수 있겠다. 왜냐하면 귀신의 괴롭힘에 견디다 못한 사람이 귀신 때문에 정신질환을 일으키게 되었다고 보아야 하기 때문이다.

어떠한 것이 사람의 머리 속에 들어가 귀신이 되어 그 사람을 괴롭히겠는가? 그리고 사람의 머리 속에 어떠한 여백이 귀신이 들어가 있은 곳인가 등을 생각한다면 실질적으로 귀신의 존재란 있을 수 없다. 다만 귀신이라고 생각하는 어떠한 것, 아니면 사람을 괴롭히는 어떠한 것, 그것이 바로 귀신이라는 이름의 것이 아니겠는가?

사람의 머리 속에서 그 사람을 괴롭히는 귀신의 역할을 하고 있는 것은 그 사람이 경험한 과거의 불행한 이미지들이다. 사람을 괴롭히는 과거의 이미지는 전능감을 상실하게 하고 자긍심의 손상을 주는 파지와 용전 그리고 향전(響傳=echolilia)의 결핍과 왜곡에 의한 우회현상의 결과이다. 이러한 결과는 하나같이 영아의 양육을 전담하는 대상에 의해서 이루어진 부당한 처사에 의한 것이다.

파지(把持=holding)의 결핍은 사람을 오그라들게 하는 두려움을 야기시키고 용전(容傳=containment)의 왜곡은 자기 자신을 믿지 못하게 하는 불신의 씨가 되며 향전의 우회현상은 공황을 일으키는 마귀의 소리가 되어 성장을 저해하는 주요 요인으로 작용한다. 이러한 것들이 고착되어 정신질환을 일으킨다는 사실은 수많은 이론가들에 의해 밝혀진 바 있다.

파지와 용전 그리고 향전 모두가 영아의 양육을 맡은 양육자의 양육태도에 의해서 결정되는 특성을 가지고 있기 때문에 단, 파지와 용전 그리고 향전이 원만하게 공급처리 되었느냐 아니면 그렇지 못했느냐에 의해 결정되기 때문에 영유아가 가지고 있는 정신적인 모든 문제는 양육자의 개인적인 문제라고 할 수 있다. 양육자의 개인적인 문제가 피양육자인 영아의 문제가 되기 때문에 영아의 문제는 곧 양육자의 문제라고 할 수 있는 것이다.

양육자가 아이를 잘 키우기 위해서 혹은 양육자 마음대로 아이를 키우기 위해서 양육하는 아이를 미워하고 불신하고 인정하지 않고 냉정하게 양육했다면 그 아이의 머리라고 말할 수 있는 무의식의 세계에는 아이의 능력으로는 감당할 수 없는 엄청난 괴로움을 갖게 하는 아픔이 저장되어 있을 수밖에 없다. 무의식 속에 저장되어 있는 아픔은 수시로 활성화되어 아이를 괴롭힌다. 무의식에 아픔이 활성화될 때마다 아이는 자기를 괴롭히는 생각과 행동을 하게 된다. 그 행동이 심화되어 더 이상 밖으로 표출할 수 없게 되었을 때 그 아이는 사고를 행동화하지 못하고 현실과의 거래를 차단할 수밖에 없는 정신적인 공황상태에 처하게 되는데 이 때 일어나는 현상이 바로 정신질환이라는 것이다.

이러한 맥락에서 정신질환을 보았을 때 정신질환은 대상과의 관계에서 경험한 불행한 느낌들이 활성화된 현상이기 때문에 정신질환자가 가지고 있는 불행한 느낌들 모두는 그가 어렸을 때 경험한 대상의 느낌이다.

정신질환자의 머리를 어지럽히는 과거의 경험, 그 경험이 바로 정신질환의 원인이다. 정신질환의 원인이 과거의 불행한 경험이라면 그 경험은 정신질환자의 머리 속에서 정신을 교란시키는 질환의 원인이 되고 그 원인이 바로 귀신이라고 말하는 양육자의 처벌적 양육태도가 각인된 것이라고 할 수 있다. 그렇기 때문에 정신질환을 만들어 내는 머리 속의 귀신이 바로 양육자의 이미지가 된다.

대상중심 가족치료는 귀신의 역할을 하는 영유아 시절의 양육자의 이미지를 중시하며 그 시절의 양육자 상, 파지(把持)와 용전(容傳)과 향전(響傳)에 인색했던 양육자의 이미지를 과도기적 대상의 역할을 하는 치료가에 의한 새로운 파지와 용전 그리고 향전을 통하여 정신을 교란시키는 출생 초기 양육자의 이미지를 개선시켜 줌으로써 새로운 함입과 감별 그리고 통합을 이룩하게 한다. 그리고 더 이상 자괴감에 의한 자학적 사고와 행동을 하지 않아도 되는 대상항구성을 정립할 수 있는 자아의 현실거래 능력을 길러 주는 것이다.

그렇기 때문에 대상중심 가족치료는 문제를 가진 I.C.를 중시하는 것이 아니라 I.C.의 문제의 원인이며 머리 속에서 귀신의 역할을 하고 있는 대상과의 중재를 우선으로 한다. 왜냐하면 대상이 치료되지 않는 한 I.C.의 문제는 어떠한 일이 있어도 치료되는 경우가 절대로 있을 수 없기 때문이다.

사례 소개

여기에 제시된 사례는 1993년 8월에 상담을 시작하여 2001년 2월에 내담자가 서울대의 지구환경학부에 특차로 합격하여 진학하게 됨으로써 더 이상의 상담이 필요 없게 되어 치료가 종료된 사례이다.

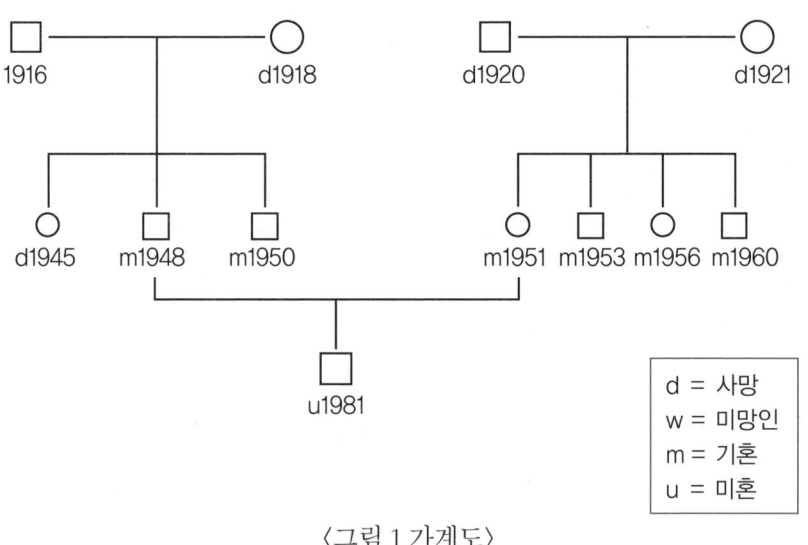

〈그림 1 가계도〉

내담자

　내담자 M부인은 4남매 중 첫째 딸로 태어나 K대학교 사범대학 가정교육학과를 졸업하고 X중학교 교사를 역임했으며 27살이 되던 해에 자동차 부속품 납품회사의 엔지니어로 재직중인 31살이었던 지금의 남편을 만나 결혼하였다. 결혼 후 1남을 낳았다. 아이가 성장하는 동안에 아들 양육 문제로 고생이 많았지만 친정어머니의 도움을 받아 교사직은 아들이 초등학교 5학년 1학기를 마칠 때까지 계속할 수 있었다. 교사직을 갑자기 그만 두게 된 이유는 아들이 초등학교 5학년 여름방학 초에 대구가족상담센터에서 주관한 1993년 하계 자긍심강화캠프에 참석하게 되었는데 그 프로그램의 일환으로 실시한 어머니강좌에 참석하게 된 M부인이 강의를 듣고 아들의 문제가 어머니 자신의 양육방법과 밀접한 관계가 있다는 사실을 절감하고 아들의 장래를 위해 그 해 여름 방학이 끝나기 전 사표를 제출하고 그 후에는 순수한 어머니로서 아들의 성장을 보살피며 살게 되었다.

내담자의 남편

　내담자 남편은 X대학교 기계공학과를 졸업하고 자동차부품 납품회사의 엔지니어로 근무하다가 1989년에 자동차에 들어가는 베어링 제조업을 창업하여 공장을 운영하게 되면서 가족과의 관계가 소원해졌지만 남편으로써 그리고 하나밖에 없는 아들의 아버지로써 최선을 다하려는 노력을 했다. 그러나 성장과정상의 어려움이 부부생활과 자식과의 관계에 반영되어 계획했던 대로의 의미있는 관계를 맺지 못하고 가까이 지내고 싶으면서도 거리감이 있는 삶을 살았다.

내담자의 아들

　내담자의 아들은 상담 초에는 T초등학교 5학년에 재학중인 문제아동으로써 어머니의 지나친 간섭과 학대를 받으며 어려운 생활을 하고 있었다. 그러던 중 1993년 대구가족상담센터에서 실시한 여름 자긍심강화 훈련 프로그램에 참석하게 된 것이 동기가 되어 성격개조를 위한 상담을 받게 되었다.

의뢰한 사람

내담자 M부인이 아들이 참석했던 캠프의 어머니 강좌 프로그램에 참여하게 되어 어머니의 양육태도와 아이의 성격에 대한 강의를 듣고 잘못된 자신의 양육방법에 대한 과거의 경험을 보상하기 위해 상담을 받으려는 생각을 굳히게 되었다. M부인이 자진해서 시작한 상담은 8년여의 세월에 걸쳐 진행되었으며 그 사이에 부인자신과 남편 그리고 부모가 문제시했던 아들의 일탈적 행위가 시정되면서 가족의 평정이 이루어졌으나 M부인의 무의식적 저항에 의한 일부 미수정된 만큼의 욕동파생물에 의한 부정적인 관계는 미소하나마 끝까지 부정적인 요인으로 기능했다.

제시된 문제

내담자 M부인이 제시한 주요불평(primary complaints)은 "하나밖에 없는 아들이 공부를 하지 않고 전자오락과 컴퓨터에 매달려 공부를 제대로 하지 않기 때문에 답답하고 화가 나서 미칠 지경입니다. 날마다 죽도록 때리고 맞아야 하루의 일이 끝나는 아들과의 관계 때문에 부부관계에까지도 금이 가고 시댁과의 관계에서도 원성을 듣는 괴로운 생활을 해야 했습니다. 이 문제를 해결하지 않는 한 우리 가족은 머지 않아 해체 될 수밖에 없는 위기를 맞이하게 될 것이라는 불안감이 저를 심하게 괴롭히고 있습니다." 이었다.

겉으로 나타난 첫 상담에서의 내담자의 일반적인 인상

내담자는 40세의 나이보다 성숙해 보이는 가꾸지 않은 외모에 보통보다 작은 키였고 몸매는 마른 편이었다. 염색을 한 것 같은 머리카락은 흐트러져 있었고 걱정과 분노가 뒤섞인 표정은 긴장되어 굳어져 있었으며 얼굴의 윤곽은 오른쪽으로 약간 일그러져 있었다. 구안와사를 앓고 있는 것 같은 인상이 M부인의 모습을 조금은 초라하게 보이게 했다. 중학교 교사로서는 어울리지 않는 평상복을 입고 있었다.

자신의 삶에 대한 이야기를 할 때는 주저하지 않았고 자조적인 한숨에 섞여 나오는 목소리는 떨리고 작았으며 아들에 대한 이야기를 할 때는 걱정과 불안 그리고 한이 서린 듯한 노여움이 섞인 말을 하면서 때때로 주눅이 들어 웅크리고 옆에 앉아 있는 아들의 눈치를 보는 듯 힐끗 힐끗 아들을 쳐다보았다.

내담자 M부인은 말이 많았으며 묻는 말을 대답하는 대신에 자기가 하고 싶은 말을 자진해서 하는 편이었다.

마치 그가 가지고 있는 문제가 그의 삶을 지탱시켜 주는 근본이라도 되는 듯 내담자를 힘들게 하고 걱정하게 하고 분노를 자아내게 하는 등의 과거지사를 이야기하는데는 어려움이 있는 듯 했으나 하나밖에 없는 자식인 아들의 행동에 대한 이야기를 할 때는 거칠 바가 없었다. 뭐가 그렇게 신명이 나는지 아들에 대한 것만 물으면 그칠 줄을 모르고 끝이 없는 불평과 하소연이 이어지는 말을 했다.

애당초에 받고 싶은 상담이었기 때문에 자진해서 상담을 받고 있었지만 상담과정이 예상했던 것보다는 어려웠고 질문과 대답해야 할 내용들이 과거의 괴로웠던 경험과 관련되어 있었기 때문에 그러한 것들에 대한 이야기를 하면서 상상을 초월하는 통한의 아픔을 토해내는 어려움을 겪어야 했었다.

그러나 상담이 계속되면서 자신의 정서를 조정하고 필요한 내용의 말을 솔직하게 하되 선별할 수 있는 능력을 가지게 되었다. 장래가 보이는 내담자로서의 좋은 자질을 갖추려는 노력이 현저했다.

상담내용 요약 1

다음은 컴퓨터 오락 중독 때문에 학업을 전폐하고 컴퓨터에만 매달려 부모 특히 어머니의 비정상적인 처우 속에 매일 죽도록 매를 맞아야 하루의 일과가 끝나는 초등학교 5학년에 재학중인 아들의 정상적 삶을 복원해 주기 위한 가족치료 중 3개월이 지난 후의 14회째 상담내용을 발췌한 것이다.

어머니 : 상담을 시작을 한지가 벌써 4개월 째가 되었지 않아요? 그 동안 동재에게는 아무런 변화가 없었어요. 정말 미칠 것만 같아요. 전생에 무슨 업이 그리 많기에 동재같은 자식을 낳고 이 고생을 하며 사는 지 알 수 없어요. 눈 딱 감고 함께 뛰어 내렸으면 좋겠어요. 하라는 공부는 안하고 컴퓨터에만 매달려 있으니...

동　재 : 공부는 적당히 하면 되요. 제가 알아서 하면 되니까요. 엄마는 걱정을 안 해도 된다는데 날마다 저 모양이예요. 정말 재수 없어요. 재수 없다니까(하며 엄마를 힐끔 쳐다본다).

어머니 : 지난 주 동재가 학교에서 중간고사가 있었습니다. 그런데 동재가 하는 행동이 어찌나 기가 막힌지 제가 할 말을 잃었 습니다. 지난 9일 박사님을 뵙고 10일 첫시험을 세시간 봤답

니다. 그리고 그날 오후 내내 PC방에 가서 밤늦게 까지 있다가 돌아 왔습니다. 저는 도서관에 가서 11일 치룰 시험 공부하느라 늦는 줄 알았습니다. 그래서 내일 시험준비는 좀 되어 있냐고 했더니 대충하면 된다나요? 그래서 또 평일 날은 PC방에 가지 않기로 박사님하고 약속하지 않았니? 했더니 시험 친 기념이라나요? 정말 말문이 막혔습니다. 신경 쓰지 말고 잔소리하지 말라는 말에 더 이상 말을 안 했습니다만은 저대로 계속 두어야 하는 건지 분간이 안됩니다. 11일 날도 시험 치고 일찍 집에 와서는 바로 PC방에 가서 밤늦게 까지 있다오더니만 토요일, 일요일 계속 PC방에서 살다시피 했습니다. 그러면서도 그러한 제 행동이 얼마나 잘못된 것인지를 전혀 모른다는 사실이 엄마인 저를 너무 너무 슬프게 만듭니다.

상담가 : 동재, 자네 어머니 말씀 들었지? 어떻게 생각하나?

동　　재 : 재수 없어요. 말도 하기 싫어요. 엄마 말이예요 너무 엉터리 예요. 전부 지어낸 말 이예요. 저는 그런 적 없어요.

어머니 : 지어낸 말이라고? 그래 지어낸 말이면 좋겠다. 네가 공부하고 집에 일찍 들어오고 그랬는데 내가 지어내 갖고 네가 PC방에서 일주일 내내 살았다고 하는 거니? 너 같은 애를 내가 자식이라고 믿고 사람 만들어 보려고 하는 것이 실수야 실수. 나도 이제는 질렸다 질려. 더 이상 내가 할 일이 뭐니 응? 할 일이 뭐냐고.

동　　재 : 좋아요. 좋아. 알아서 해. (큰소리로) 언제 내가 지난 주 내내 PC방에 가서 살았어? 내가 PC방에 가서 살기는 뭘 살아. 시험 보던 마지막날 11일날 오후에 집에 오는 길에 한시간 들렀고

토요일 밤하고 일요일 하루는 약속대로 PC방에 가 있었는데 엄마는 왜 거짓말을 하지? 내가 언제 일주일 내내 PC방에 있었어? 우리 엄마가요. 지금 거짓말을 하고 있는 거예요. 거짓말을요. 우리 어머니는 항상 저래요.

어머니 : 그래 거짓말이면 좋겠다. 너는 어떻게 그렇게 양심도 없는 말을 함부로 할 수가 있니?

동　재 : 어머니는 지난 주 내내 학교에서 늦게 오셨잖아요? 내가 늦게 오는 것을 언제 봤어요? 정말 봤어요? 보지도 않고 본 것처럼 얘기하는 것은 옳지 않아요.

어머니 : 그래. 맞다. 네가 맞아. 내가 학교에서 늦게 와서… 늦게 왔기 때문에 보지 못했으니까. 그래 네가 학교에서 직통으로 집으로 왔단 말이지? PC방에 들르지 않고?

상담가 : 동재야 누구의 말이 맞는 말이지? 엄마의 말이 맞는 거야? 네 말이 맞는 거야?

동　재 : 그야 박사님이 판단하시면 알 것 아니예요? 제가 옳은지 엄마가 옳은지. 잘 해보려고 하는데 엄마가 저러니까 잘 할 수가 없어요.

상담가 : 나도 자네 말에 동감이야. 엄마는 자네가 집에 늦게 오는 것을 보지도 않고 늦게 왔다고 하는 것은 잘못된 것일 수도 있으니까.

어머니 : 그렇지 않아요. 제가 보지는 않았지만 제 말이 옳아요. 저는 동재가 제 아들이지만 동재가 하는 말을 믿을 수 없어요.

내담자 M부인이 아들 동재에게 보여 준 병원적 실체
1) 상담을 4개월이 넘게 했는데도 전혀 변화가 없다.

2) 아들 동재가 하는 말을 믿지 않고 있다.
3) 계속해서 PC 게임을 하도록 장려하고 있다.
4) 공부를 계속하라고 하면서도 공부하는 것을 극구 말리고 있다.
5) 근거가 없으면서도 어머니 자신의 말이 옳다고 주장하고 있다.

왜곡된 방어적인 병원적 실체

1) 내담자 M부인은 아들이 스스로 인생을 망치고 있다고 굳게 믿고 있다. 사실은 어머니인M부인 때문에 아들 동재가 하고 싶은 공부를 하지 못하고 있는데도 불구하고 어머니는 아들 때문에 사는 것이 너무 힘들다고 말하고 있다.
2) 아들 동재는 어머니의 요구가 공부를 하지 말라는 것이기 때문에 공부를 하지 않기 위한 수단으로써 컴퓨터 게임에 매달리고 있다. 컴퓨터 게임에 매달림으로써 동재는 스스로가 공부를 할 수 없는 것에 대한 것을 마치 컴퓨터 게임이 좋기 때문에 공부를 하지 않고 컴퓨터에 매달려 있는 것처럼 보이기 위해서 컴퓨터 게임만을 하고 있도록 만들고 있는 어머니의 무의식적 요구에 순응하고 있다.
3) 아들이 자기 파괴적이며 자기파괴적인 행동을 통해서 어머니를 괴롭히고 있다고 주장하고 있다. 아들이 어머니를 괴롭히고 있는 것이 아니고 사실은 어머니가 아들을 괴롭히고 있기 때문에 아들이 살기가 너무 힘들다. 아들이 공부를 하지 않는 것을 원망하면서 컴퓨터는 해도 된다는 허락을 해주고 있기 때문에 아들은 어쩔 수 없이 컴퓨터를 하면서 자기의 인생을 망치고 있다.
4) 아들이 컴퓨터에 중독되어 있기 때문에 할 수 있는 일이 아무 것도 없다고 생각하고 있다. 어머니의 아들에 대한 표현이 지나치도록 과장되고 고착되어 있다. 아들이 아무 것도 할 수 없는 것은 아니다.

아들은 많은 것을 할 수 있고 사실상 하고 있다. 그럼에도 불구하고 어머니는 아들의 부정적인 행동을 장려하는 것으로써 긍정적인 일을 하지 못하도록 강요하고 있다. 아들이 컴퓨터에 중독 될 수 있는 성격을 가지고 있다면 그 아들은 공부에도 중독 될 수 있는 가능성을 가지고 있다는 것을 시사한다. 그럼에도 불구하고 어머니가 그 사실을 인정하지 않기 때문에 아들은 속수 무책이다.

방어적 병원적 실체의 구조와 결정적인 것에 대한 가정

1) 어머니 M부인의 양가감정이 강하게 드러나 있다. 표현 또한 지나치게 과장되어 있다. 가장 분명하게 드러난 불일치는 자기파괴적인 모습과 이와는 반대로 약하고 타인을 종용하려 하고 정상적인 인간관계를 갖는 것이 두려워서 어떤 행동도 할 수 없는 아이처럼 아들을 묘사하고 있다는 점이다.
2) 아들 동재를 수동 공격적이고 가학적으로 보는 시각은 아들에게 어머니 자신의 공격성과 견딜 수 없는 유기불안을 투사하고 있는 사실을 부인하고 그 원인이 아들 동재에게 있는 것이라고 믿고 있다.
3) 아들이 어머니의 소망을 들어주지 않음으로써 어머니를 파괴하려 한다고 생각하는 것이나 아들의 행동이 자기 파괴적이라고 믿는 어머니의 병원적 실체는 어머니 자신의 정신내부에 억압되어 있는 친정 아버지를 투사하는 경향과 아들에게 실제로 실패를 암시하는 음모가 있는 것 같다.

상담가의 의견

상담 중에 내담자 M부인은 특정한 투사적 방어적 기제를 지나치게 많이 사용하고 있었다. 내담자 M부인의 부정적인 대상표상이 아들에게 투사되고 있음을 볼 수 있었다.

내담자 M부인의 무의식 속에 들어 있는 자신의 양육자의 이미지를 아들에게 투사했고 투사된 어머니의 표상(M부인의 친정 어머니 상)이 아들의 표상(아들의 무의식 속에 함입된 M부인의 상)과 합세하여 아들을 괴롭히고 있었다.

어머니가 아들에게 투사한 우울, 불안, 분노가 아들의 느낌이 되어 그 느낌이 다시 어머니인 M부인에게 투사됨으로써 어머니는 역으로 아들 때문에 괴로워하고 있다는 생각을 하게 하고 있다.

어머니 M부인은 아들에 의해 역투사된 우울, 불안, 분노를 받아들이는 것을 어려워했다. 그래서 아들의 양육을 포기하고 싶은 마음이 생긴 것이라고 할 수 있다. 그러나 내담자 M부인은 아들 동재와의 관계에서 그가 어린 시절에 경험했던 옛날의 삶을 재현하고 있었고 그것이 재현되었을 때 괴로워하는 것으로써 그가 원했던 옛날의 맛을 다시 보고 있었다.

외견상으로 볼 때 내담자가 불안해하고 미워하고 고민하는 것은 의식 수준에서 '척' 하는 것이고 무의식의 자기는 무능해진 아들이 무능해졌기 때문에 자기를 버릴 수 없게 되었다는 것을 확인하며 안도의 숨을 쉬게 된 것처럼 보였다. 이러한 심리적 환경을 계속 유지하기 위해서 내담자 M부인은 자기의 바램이 아들에게 전이된 만큼 아들이 이상행동을 할 수 밖에 없도록 계속해서 부정적인 압력을 가하고 있는 것처럼 보였다.

상담내용 요약 2

상담이 시작되고 2년 6개월 동안 내담자는 본 상담실에서 근무하는 상담연구원에 의한 상담을 주로 받았다. 상담과정은 본인의 면밀한 지도 감독하에 진행되었다. 그 동안 상담이 잘 이루어져 모자관계가 개선되고 학교생활에도 비교적 잘 적응해 가는 편이었지만 만족할 만한 경지에 이르지 못한 것에 답답해진 내담자 M부인의 요구에 의해서 본 사례를 상담해야 할 상담가가 연구원에서 본인으로 옮겨지게 되었다.

본인이 이 사례를 인수받고 난 후 세 번째로 상담한 사례인 119회 째 상담에서 발췌한 내용은 다음과 같다.

어머니 : 약속을 지키지 못해서 뵐 면목이 없습니다. 사실은 그렇지 않으려고 했었는데 너무 보채고 엄살을 떨고 울림장을 놓고 해 그만… 사실은 인생이 너무 불쌍했어요. 자기를 망치는 컴퓨터 게임에 왜 그렇게 매달려야 하는지 기가 막혀서 말이 나 오질 않아요. 허락을 해서는 안 된다는 것을 번연히 알면서도 그렇게 하고 싶은 컴퓨터라면 원껏 해봐라 하고 허락을 했었지요.

상담가 : 잘 하셨습니다. 계획대로 잘 되었습니다.

어머니 : 그게 무슨 말씀이세요? 원래 박사님의 계획은 지난 주 부터 앞으로 3개월 동안 동재가 원하는 대로 무엇이든지 다 하도록 내버려두자는 것이 아니었던가요.?

상담가 : 그런데요. 맞습니다. 그렇게 말씀드렸지요.

어머니 : 그러니까요. 그래서 그냥 놓아두었는데 이 애가, 동재가 컴퓨터만 하고 아무 것도 하지 않았어요. 그러니까 컴퓨터를 끊을 수 있을 때까지 최소한 3개월을 그냥 두고 보라고만 하셨는데… 그래서 두고 보았더니 아이가 철딱선이가 없어서 정말 아무 것도 하지 않았다니까요. 그래도 되는 건가요?

상담가 : 아니지요. 동재를 그냥 놓아두라고 한 그 때는 그렇게 해 주시기를 기대하면서 말씀드린 것이 틀림없습니다. 지난 2년 6여 개월에 걸쳐 제가 아닌 다른 상담가에게 상담을 받고 동재의 행동이 많이 교정이 되었지만 마지막 남아 있는 문제라고 생각했던 컴퓨터 중독증 때문에 결국은 상담가를 옮겨 저에게로 오면서 문제 해결접근 방법이 조금은 달라졌기 때문에 거기에서 온 혼란을 극복하지 못 한 것 같습니다. 동재를 간섭하지 말고 그냥 놓아두라고 권유하면서도 아마 3-4일 정도가 지나기도 전에 견딜 수 없다는 핑계로 소리를 지를 것으로 예상했었습니다. 동재 어머니가 지금까지 동재에게 해 왔던 것처럼 말입니다.

어머니 : 그럼 제가 속은 건가요? 아니면 박사님의 말씀을 잘 들은 건가요? 갑자기 혼란스러워서 뭐가 뭔지 갈피를 잡을 수 없습니다.

상담가 : 혼란스럽게 만들어드리고 싶어서 그렇게 했던 것은 아닌데요. 하지만 그렇게 결과가 나올 것이라는 예상을 했다는 거지요. 어떻든 간섭을 했고… 이제는 서로의 마음이 옛날로 다시 돌아가 있을 것이고…

동　재 : 어머니는 언제나 그랬어요. 어머니 마음대로 무엇이든지 그렇게 했어요. 제가 아무리 잘 하려고 해도 소용이 없었어요. 어머니는 내가 잘하는 꼴을 보지 못하니까요. 제가 하려고 하는 것은 무엇이든지 방해를 놔요. 제가 하는 일이 무엇이든지 어머니의 마음에 안 든다는 거죠. 그래서 저는 집이 싫어요. 도망가고 싶은 거예요. 갈 데만 있다면 말입니다.

어머니 : 뭐라고? 네가 잘하는 꼴을 보지 못한다고? 그래서 아무 것도 할 수 없다고? 그리고 뭐? 집을 나가고 싶다고? 야, 내가 언제

너한테 집에 있으라고 했어? 나가라고 했잖아? 나가. 네가 우리 집에 있어야할 이유가 없지. 네가 아니면 우리 집이 이렇게 시끄러울 필요가 없어. 너 때문에 모든 게 엉망이 아니냐? 잘 해보려고 온갖 노력을 다했지만, 그 노력이 수포로 돌아갔지.

동 재 : 그래요. 나가지요. 원하는 대로 나갈 거예요. 그래서 그렇게 나를 의붓자식처럼 두들겨 패고 소리지르고 못살게 굴었네. 이제야 왜 내가 그렇게 힘들게 살았는지 알겠어.

어머니 : 얘가 이렇게 항상 어미에게 달려든답니다. 보셨죠? 세상에 이렇게 어미한테 달려드는 자식이 어디 있겠어요? 항상 얘는 이렇습니다. 정말 같이 살수 없어요. 정말 이예요.

상담가 : 정말로 동재가 집을 나가주기를 바랍니까? 설마 그런 것은 아니겠죠? 집을 나가지 않는 상태에서 가상을 해보는 거죠? 없으면 좋을 것 같다는 그런 생각을 말이예요. 정말 동재가 없어지기를 바랍니까? 동재 어머니께서는...

어머니 : 말이 그렇다는 거죠. 어떤 애미가 자식이 집을 나가기를 바라겠습니까? 그것도 하나밖에 없는 자식인데요. 속상하니까 하는 말이지요. 이럴 때는 정말 너 죽고 나 죽자 그러고 싶어요. 그 의미는 잘살아 보자는 의미죠. 그럴수록 저 얘와의 관계는 점점 더 정이 떨어지는 관계가 되는 것 같아요.

동 재 : 정이 떨어지는 관계라고? 정은 무슨 정, 정이 어디 있길래 정이라는 거야. 나는 정을 느껴본 적이 없어, 우리 집에는 정이라는 것은 씨알만큼도 없는데... 무슨 정이야. 나가면 나가고 죽으면 죽는 거지. 정 어쩌고 하면서 병 주고약 주는 꼴 보기 싫어. 재수 없다.

어머니 : 그래. 그렇게 해봐라. 그렇게 해서 네가 잘 되는가 두고 보자.

상담가 : 동재가 화가 많이 나 있네. 물론 화가 날만도 하지만… 그렇지만 어머니와의 관계니까 어떻게 하겠어? 이왕에 상담 받기 시작 한 것이고 또 서로가 관계를 개선했으면 하는 의욕도 가지고 있고 그 동안의 노력도 많이 했고 그래서 전에 비해 관계가 많이 개선되었는데 그래도 요즘은 옛날처럼 맞고 울고 하는 심한 학대적 관계는 없지 않아. 어머니의 자네에 대한 생각이나 자네가 어머니에 대해 생각하는 태도는 모두 불행했던 과거에 근거한 느낌들이 만들어낸 것들이니까 오늘의 상황과는 사실상 관계가 없는 것인데… 그것들이 마치 오늘의 감정처럼 생각되고 그 감정 때문에 그러한 행동을 하면 안 되지. 전에 자네가 자네 자신에게 약속한 것처럼 동재 자네는 말이지, 컴퓨터를 하고 싶은 만큼 하면서 앞으로 3개월간을 살고 그리고 동재 어머니는 말이죠. 지난번의 약속이 아직도 유효하다는 것을 인정하시고 3개월 동안 동재가 원하는 것을 하면서 자기 마음대로 하면서 살도록 내버려두고 동재가 원하는 맛있는 것을 해주면서 일체 간섭하지 않고 그러면서도 편안하게 살 수 있는 여유를 갖도록 해주시는 겁니다. 근래에 와서 드물게 오늘 심하게 컴퓨터 때문에 모자가 싸웠는데 거기서 얻어진 것이 뭐가 있죠? 서로 불신하는 것을 얻었습니까? 미워하는 것 그런 것을 얻었어요? 그게 모자관계에서 얻고 싶은 것이었어요? 그런 것들은 아니었겠죠? 그렇다면 새로운 삶을 위해서 다시 동재는 동재가 하고 싶은 일을 하고 어머니는 동재가 하고 싶은 일이 잘 될 수 있도록 도와주는 삶을 사는 겁니다. 아셨죠? 동재 자네도 내가 무슨 말을 하는지 알겠지?

동　　재 : 네.
어머니 : 어쩔 수 없죠. 말씀하신 대로 실천할 수밖에요. 그 방법이 최선의 방법이라면… 왜 그렇게 해야 하는지는 모르겠지만 그렇게 할 수 밖에요. 그렇지만 자식이 저렇게 부모에게 달려들고 함부로 말하고 제가 해야할 일은 전혀 하지 않고 삐뚤어진 생각만 하고 신세 망치는 일만 계속 하고 있는데 그것을 보고만 있으라 하시니까… 정말 답답합니다. 그렇지만 어떻게든 해 봐야지요.
상담가 : 전에도 여러 차례 그런 말을 한 것 같은데 소리지르고 야단치고 때리고 상상을 초월할 정도로 자식을 학대하면서 길러보았는데 그 결과가 어떻게 되던가요? 잘 크지 않았다는 것을 누구보다도 잘 알고 계시잖아요? 매를 때리는 것이 자식을 올바르게 양육하는 방법이라면 때리면 되겠죠. 그러나 지금까지 매가 아니라 구타를 받으며 학대 속에 자라온 자식들이 잘 크는 경우를 보았습니까? 동재만 해도 그렇죠. 날마다 상상을 초월할 정도로 맞고 자라지 않았습니까? 초등학교 5학년때까지 적어도 12년이라는 세월을 맞고 컸는데 그때 그 세월 속의 동재의 행동과 상담을 받기 시작한 이후의 동재의 행동에는 엄청난 차이가 있습니다. 제 눈에는 그렇게 보이는데 동재 어머니 눈에는 요즘의 동재가 어떻게 보입니까?
어머니 : 맞아요. 저도 그렇게 생각해요. 하지만 동재가 나아졌다고는 하지만 고집을 부리고 말을 잘 듣지 않는 것을 보면 아직도 멀었다는 생각이 들어요.
동　　재 : 뭐라고? 내가 아직도 멀었다고? 저러니까 내가 미친다니까 미쳐요. 미쳐. 변하지 않은 것은 엄마지 내가 아니잖아. 내

가... (어머니가 끼어든다.)

어머니 : 뭐라고? 내가 변해야 하는데 내가 변하지 않는다고? 그러면서 너에게 야단을 친다고? 내가 변할게 뭐가 있냐? 응? 내가 변해야 한다고? 그래, 내가 왜 변해야 하지? 어떻게 변해야 하지?

상담가 : 잠깐만요. 그렇게 화를 내시면 윽박을 지르는 거죠. 그것은 대화가 아닙니다. 친정 식구 중에 그런 스타일의 대화를 하는 사람이 있었습니까? 그 분이 누구셨죠?

어머니 : 예? 친정 식구 중에요? 그런 사람이요? 저처럼 소리를 지르는 사람이요? 아, 예. 엄마요. 제 친정엄마가 소리를 많이 질렀어요. 그래서 우리 친정엄마의 별명이 기차화통이었어요. 막무가내로 소리를 질렀어요. 그래도 저는 엄마하고는 다른 데요. 엄마처럼 소리를 지르는 것이 아닌데요. 점잖게 타이르려고 하는데 이 애가 내 말을 물고 늘어지고 내 말을 안 듣고 하니까 이렇게 되는 거죠. 일부러 그런 건 아닌데요. 이 애 때문에 제 성질이 다 버려졌어요. 정말 미칠 것 같다니까요.

동　재 : 엄마 성질을 다 버렸다고? 내가 성질을 다 버려줬다고? 엄마는 내가 태어나기 전에도 이렇게 학생들에게 소리지르고 때리고 엄마 학교에서 가장 악명 높은 선생이었잖아? 그런데 내가 소리지르게 만들었다고?

어머니 : 얘는 항상 이렇게 달려든다니까요. 하룻강아지 범 무서운 줄 모른다더니. 이럴 때는 죽이고 싶다니까요. 아 정말 미칠 것 같아요.

상담가 : 그런 말씀은 함부로 하시는 게 아니죠. 자식을 죽이고 싶다니요. 화가 나서 한 말이라면 그만 일수도 있겠지만 그런 말을 하는 어머니를 동재가 어떻게 생각할 것인가 정도는 고려하

시고 말씀을 하시는 것이 좋을 듯 합니다. 어떻든 앞으로 3개월 동안 동재를 간섭하지 마세요. 좋아하는 컴퓨터 하도록 놔두시고 원 하는 대로 하도록 허락해 주시고 그리고 맛있는 것 많이 사주시면서 편안하게 집에서 보내도록 해 주세요.

어머니 : 알았습니다. 성질 내봤자 소용없다는 말씀 같으시니까 화를 내지 않고 그렇게 알고 실천하도록 하겠습니다.

동 재 : 우리 엄마가 박사님 말씀대로 저를 그냥 놔 둘꺼라구요? 맛있는 것을 많이 내가 원하는 대로 해 줄 것이라구요? 참 별 일이 다 있겠네요.

상담가 : 모자가 다같이 서로를 불신하는데 그 불신을 없애기 위해서 서로 이해하고 수용하는 삶이 되었으면 하는데… 오늘부터 새롭게 인생을 시작하는 겁니다. 아셨죠? 동재 자네도 그렇게 살았으면 하는데… 알겠나?

내담자 M부인이 아들 동재에게 보여 준 병원적 실체

1) 어머니는 비교적 기능적이었던 2년 6개월 여(餘)의 어머니로서의 역할을 수행했던 스타일을 버리고 이전의 성질 고약한 어머니로써 복원되어 아들을 괴롭히려고 하고 있다. 그 이유는 상담가가 새롭게 바뀐 것에 대한 불안 일 수도 있고 전 상담가로부터 버림을 받았다는 유기감이 불러온 자기 방어적 행위로써 아들에게 결사적으로 매달림으로써 정신적인 안정을 취하려는 무의식적인 소망을 표현하는 것이라고 할 수 있다.

2) 어머니의 리비도적 파생물이 동재에게 투사되어 그 투사된 영향으로 인해 어머니의 무의식적 가정에 순응하는 행위를 하는 동재의 비정상적 행동을 꼬집고 비평하는 어머니의 태도가 마치 동재는

그러한 성격을 가진 자식으로 태어나 어머니를 욕되게 하는 것 같은 인상을 가지게 함으로써 어머니가 보여준 병원의 실체를 은닉하려는 강한 욕구가 들어있는 행위를 계속해서 보여주고 있다.
3) 아들 동재는 자기가 원하는 삶을 살고 싶어하는 일련의 바램을 내보였지만 동재의 무의식적 기대를 받아들일 수 없는 어머니의 유기불안이 동재로 하여금 계속해서 역기능적 행위를 할 수밖에 없도록 강요하고 있음을 볼 수 있다.

병원적 실체를 극복하게 한 파지

1) 약속을 지키지 못해서 체면이 서지 않는다는 어머니의 태도는 그동안 자기의 잘못을 인정하지 않았던 것에 비해 새로운 시작을 위한 좋은 징표가 될 뿐만 아니라 동재에게 희망을 안겨주는 마음을 보여준 파지로써의 역할을 했다.
2) 동재에게 협박적인 언어 행사를 많이 했지만 그 협박 속에 들어 있는 병원의 실체는 사실상 동재에 대한 연민의 정이 숨어 있는 것으로써 파지 형태를 띠고 있었다.
3) 상담가의 요구에 동의한 어머니의 태도는 파지 가능성을 암시하는 것으로써 의미 있는 관계를 형성하는데 충분한 잠재력을 담고 있었다고 할 수 있다.
4) 맛있는 음식을 사주거나 해주겠다는 것 또한 파지 가능성이 엿보이는 좋은 징조라고 생각되었다.

상담가의 의견

내담자 M부인은 2년 6개월여의 세월에 걸쳐 상담을 받아오던 이전의 상담가와 헤어지고 새로운 상담가를 만나 약간은 혼란을 겪고 있는 듯한 느낌을 가지게 했다.

상담가를 바꾸게 된 이유는 오랫동안 고질병으로 생각해 오던 전자오락과 컴퓨터 게임중독증에 대한 중재적 효과가 미흡하여 더 이상 상담의 진전이 이루어지지 않고 답보 상태를 계속하고 있는 것에 우려한 바가 컸기 때문이다.

이전의 상담가처럼 고집을 부리고 거부하면 그 고집과 거부가 통할 수 있을 것으로 생각하고 고집을 부리는 양상을 보인 것 같다. 그러나 고집과 거부가 이치에 맞지 않고 치료의 대상이 되는 심각한 심리적 문제라는 것을 암시한 상담가의 은유적 표현에 적응하는 태도를 취함으로써 새로운 상담가와의 관계를 정립해 가려는 의도가 결과적으로 상담가의 제안을 받아들이게 한 동기가 되게 한 것 같다. 뿐만 아니라 그 치료의 원만한 진행을 위해서 상담가가 제시한 과제들을 충실하게 이행하는 것이 옳을 것이라는 생각을 하게 한 것 같고 그 생각이 결과적으로 이행하기 어려운 허용(컴퓨터 게임)과 공급(맛있는 음식)의 균형을 맞추려 하는 계획을 세운 것처럼 느껴졌다.

일주일 전에 제시했던 3개월간의 모자 관계에 대한 모형이 3, 4일도 지나지 못하고 깨어진 것에 대한 분노가 여러 형태의 부정적인 반응을 보이게 함으로써 아들에게 필요 이상의 호된 발언들을 하게 했지만 그 발언들 뒤에 숨은 이미지들을 정리해 줌으로써 앞으로의 상담이 기대에 순응하는 속도를 유지할 것 같은 낌새를 보이게 되었다고 생각하게 했다.

상담내용 요약 3

상담 6년 8개월 여가 지난 302회 째 상담에서 이야기한 내용을 발췌

하면 다음과 같다.

어머니 : 고발하는 것 같아서 마음이 편치 않는데요. 사실은 어제 저녁에도 동재가 PC방에 들렀다가 늦게 왔거든요. 잔소리를 하면은 안된다는 걸 번연히 알면서도 어제 저녁에는 왠지 애가 미웠어요. PC방에 들렀다 왔기 때문에 미운 거라고 생각했었는데 사실은 그냥 그 애가 미웠어요. 오랫동안 미운 생각이 없이 지냈는데 갑자기 PC방에 간 것과 연결시켜서 그 애를 미워했어요. 아마도 그 동안의 미움이 쌓여 있다가 더 이상 덮어진 상태로 있을 수가 없어서 밖으로 튀어나왔나 봐요. 애를 미워하면서 처음으로 나는 엄마가 될 자격이 없는 여자가 아닌가? 무엇 때문에 하나 밖에 없는 자식을 미워해야 하는가 PC방에 가는 자식도 자식이고 PC방에 가지 않는 자식도 자식일텐데 이러나 저러나 자식이라면 그냥 자식이라는 사실만 생각하면 자식을 자식으로 생각하면 자식이니까 좋은 생각도 날 수 있을 텐데. 나는 왜 그 오랜 세월을 어렵게 살아오면서 자식 미워하는 생각을 없애려고 상담도 받으면서 무한정 애를 쓰고 있는데 아직도 자식을 미워하다니. 알다가도 모를 일입니다. 나는 구제불능인가 봐요. 어쩌면 좋죠?

상담가 : 어쩌면 좋지요 라니요? 동재를 미워했다고는 하지만 그 정도의 통찰력을 가지고 미워했다는 사실을 인정하고 후회하며 그 마음을 없애려고 하는 노력이 보이는 생각을 하며 살고 있으니까 우선은 그것으로 충분하지 않을까 싶은데요.

어머니 : 그렇지만 제가 동재를 미워한 만큼 동재는 미워해야 할 필요가 없는 자신을 미워하면, 자신을 미워한 만큼 자기의 삶에 흠집을 내는 것이 보이니까 그것이 애미로써는 보기에 괴로운

일일 수 밖에요.

동 재 : 엄마 참 대단한 생각을 했네. 엄마가 그런 생각을 할 수 있다는건 꿈에도 생각해 보지 못했어. 어떻든 엄마가 나를 미워하는 것과 관련된 생각인데요. 엄마는 계속해서 나를 미워했어요. 내말이 맞지 엄마? 엄마가 직접 나에게 미워한다는 내용의 얘기를 하지 않아도 저는 느낌으로 그걸 다 알아요. 어느 정도로 미워하는지 까지도. 엄마가 나를 미워하는 것을 느끼면서 좋다 해 봐라 미워해 봐. 미워하는 만큼 골탕을 먹여줄테니까 하면서 나는 PC방에도 가고 시험 때는 아는 문제도 일부러 틀리게 쓰고 내 점수가 아닌 훨씬 더 못한 점수를 받아오면서 나는 엄마가 그것을 보고 좋아할 걸 생각해서 너무나 신나 했어요.

어머니 : 내가 나빠진 성적을 보고 기분 좋아할 것이라는 것을 어떻게 알아? 어떻게 알았느냐고? 정말 넌 내가 너의 나빠진 시험 점수를 보며 기분 좋아한다고 생각했니?

동 재 : 기분 좋아했잖아요. 기분 좋아했으니까 성적이 나빠지면 그렇게 떠들고 신이 나서 야단을 치고 그 난리 법석을 떨고 했잖아. 그보다 더 좋아 할 수가 있어? 나는 시험 점수가 낮아진 답안지를 들고 집에 올 때마다 엄마가 뛰며 소리지르고 신나 할 생각을 하며 나도 덩달아서 쓴웃음을 웃으며 쾌재를 불렀는데 그게 이상한 행동인가? 아닐텐데. 엄마는 그것을 간절히 원했잖아. 그래서 나는 엄마가 원한 대로 해 줬는데. 그런데 그것이 마치 내 잘못인 것처럼 엄마는 그렇게 생각했지?

어머니 : 야 이놈아 그게 아들이 하는 소리냐? 응? 응? 아들이란 놈이 엄마에게 하는 소리가 고작 그것 밖에 없어?

상담가 : 동재의 생각은 참으로 훌륭한 생각이다. 서당 개 3년에 풍월 짓는다더니 상담 6년만에 전문가가 다 됐네. 엄청난 통찰을 했어. 어머니의 일거수 일투족을 분석적으로 보면서 계속 어머니를 컨트롤 하는 삶을 살아 왔군 그래. 아무튼 잘된 일이야. 어머니를 놀리는 것 같은 그런 생활태도는 시정해야 할 필요가 있을지 모르지만 그런 생활들이 습관이 되면은 조금은 자신의 삶에 타격을 줄 수도 있겠지.

어머니 : 그게 무슨 말씀이세요? 저는 통 이해가 가지 않는 딴 나라의 얘기를 듣고 있는 것 같습니다. 동재가 엄마를 놀리고 있는데 잘한 짓이라니요?

상담가 : 생각을 해보시면 알만한 일인데 생각을 하시기 싫으신 모양 이죠? 동재가 계속해서 좋은 점수를 받아오면 어머니는 흥분 해야 할 일이 없을 테니까 어머니를 흥분시키기 위해서 동재가 날림 점수를 받아온다는 거예요. 저는 그것을 믿습니다. 동재는 능력 있는 아이고 6년 세월에 걸친 상담을 통해서 자신의 이미지를 완벽하게 개선한 아이인데 자기 자신의 시험점수 하나 제대로 컨트롤 할 수 없는 학생이라고 생각하지 않아요. 저는 처음부터 그러니까 동재가 저한테 상담을 의뢰해 오면 서부터 이미 그러한 느낌을 가졌었는데요. 동재는 앞으로도 어머니의 생각에 어긋나는 행위를 하겠지만 그 행위가 동재를 위해서 동재 자신의 목적을 달성하는데 좋은 재산이 될 것이 라고 생각합니다. 의심의 여지가 없어요. 어머니의 생각은 그렇지 않을 수도 있습니다만 저는 상담가로서 동재를 전폭적 으로 믿고 지지합니다.

어머니 : 저는 밀려난 느낌이 되어서 기분이 안 좋아요. 좋은 말씀을

해주셨지만 그 말씀을 안들은 것으로 처리하고 싶어요. 저는 박사님처럼 동재를 전폭적으로 믿질 않아요. 저에게는 그럴 만한 이유가 있으니까요. 지금도 저 애가 밤중에 일어나 컴퓨터 게임을 한다는 것을 알아요. 문을 잠구어 두고 혼자 컴퓨터 삼매경에 빠져 내가 문을 열려고 핸들을 트는 소리를 내는데도 그 소리를 듣지 못하면서 컴퓨터에 빠져 있다는 사실을 제가 압니다.

동　재 : 뭐라고? 엄마 지금 뭐라고 했어? 내가 밤중에 일어나 컴퓨터 삼매경에 빠진다고? 엄마는 귀신이 다됐네. 내가 하지도 않고 생각하지도 않고 느끼지도 않는 것을 내가 한다고 느끼니 귀신이 통곡할 일이지 그런 것까지 다 안다는 것은 대단한 능력이야. 대단해 엄마. 하지만 나는 그런 적이 없어요. 아무리 엄마가 그렇게 해주기를 암시해도 나는 더 이상 그 음모와 그 무서운 계략에 빠져 들어가지 않을 테니까 걱정하지 마세요. 절대로 그런 일은 없을 꺼예요. 절대로요.

어머니 : 재 하는 말 좀 들어보세요. 고2가 되더니 이제는 건방을 떠는 거예요. 자식은 길러 놓으면 다 저렇게 되는 건가요? 물론 제 실수로 밤중에 컴퓨터를 한다고 생각했을 수도 있겠지만 말이예요. 그러한 엄마의 생각이 잘못 되었다면 좋게 사실대로 말 할 수도 있을 텐데 정말 약이 올라요. 밉다니까요.

상담가 : 어머니가 동재를 미워하는 마음도 이해 할 수 있고 동재가 어머니를 약 올리려고 하는 마음도 이해합니다., 그러나 섭섭할지 모르지만 동재의 정신이 어머니의 정신보다는 좀더 성장해 있습니다. 동재의 능력을 더 이상 평가절하 하는 틀린 말씀은 하지 않으시는 게 좋을 것 같습니다. 어떻든 동재는 살아남

앉고 앞으로도 계속 살아 남을 것으로 생각하기 때문입니다.

동 재 : 와, 맞았어요. 네. 살아남은 겁니다. 제가 음모와 책략 속에서 살아 남았아요. 저는 절대로 죽지 않습니다.

내담자 M부인이 아들 동재에게 보여준 병원적 실체
1) 동재는 아직도 PC방엘 다니면서 나에게 잔소리를 하게 하고 있다.
2) 자식인데도 사랑스럽지 않고 밉다.
3) 나빠진 점수에 매달려 동재에게 어머니 자신의 이미지를 투사하고 있다.
4) 동재는 잘 될 수 없다. 그리고 그 얘가 잘되는 것을 바라지 않는다.

상담에 의해서 창출된 파지
1) 어머니는 동재가 미워서 미워하는 것이 아니고 이유가 없이 느낌 속에서 새어나오는 미움 때문에 미워하기 때문에 사실은 아들 동재를 미워하지 않는다.
2) 미워해야 할 필요가 없는 동재를 미워함으로써 미움을 받은 만큼 동재가 동재 자신에게 흠집을 낼 것이라는 생각을 하니까 그것이 괴롭다.
3) 나빠진 동재의 성적을 보고 좋아 할 것이라는 동재의 생각이 틀렸다고 말하는 어머니의 태도에 절실함이 있었다.

상담가에 의해서 창출된 용전

1) 어머니가 아들 동재에 대해서 불편을 말하는 태도가 긍정적으로 변화하도록 했다.
2) 아들의 나쁜 버릇에 대한 어머니의 평가가 대부분 수용적으로 변할 수 있도록 도왔다.
3) 거친 말투 속에 이해와 수용과 격려가 담겨 있을 수 있도록 정신적인 여유를 부여했다. 전반적으로 상담가는 내담자 M부인의 편에 서서 비평보다는 지지를 거절보다는 수용을 좌절된 상태에서도 희망을 갖도록 하는 일관된 적극성을 보임으로써 행동상의 변화에 대한 확신을 가지게 한 결과라고 할 수 있겠다.

상담가의 의견

대상이 병원적 실체를 배우자와 가족들에게 투사하지 않고 가족성원 각자가 필요한 능력만큼의 에너지를 공급해 주었을 때 그들은 공급받은 만큼의 에너지를 가지고 그들의 문제를 해결할 수 있는 자생력을 가지게 된다. 그러므로 대상이 대상의 병원적 실체를 투사하는 것으로서 가족의 능력을 경감시키고 경감된 만큼의 능력을 이용하여 가족이 해야 할 일을 대상이 대신하면서 가족을 위해 산다는 것이 얼마나 희생적이며 고통스러운 것인가를 호소하는 경향이 강했다. 그러나 그러한 사실은 대상의 역할이 가족기능을 마비시키고 마비시킨 만큼의 일들을 마비된 가족을 위해서 대상이 그 일들을 모두 해야만 유기불안으로부터 자신을 보호할 수 있는 관계적 의미를 가지게 하기 때문에 유기불안에서 헤어나지 못한 대상은 자율성을 획득하지 못한 자신의 무능력함을 만회하기 위한 방법으로서 가족의 자율성을 인정하지 않고 대상에게 매달리게 함으로써 서로의 주체성이 용해된 상태에 머물러 있게 한다.

동재 가족의 구조적 특성이 위에서 언급한 자아자율성의 부재로 인한 대상의 유기불안이 동재로 하여금 대상인 어머니에게 매달리게 하는 성격상의 모순을 가지게 했다.

동재의 비자율적인 자아에 의해서 파생된 분열현상이 대상으로부터의 유기감을 조장하게 하여 대상과의 관계를 밀착시킨 결과가 동재로 하여금 경계선적 행동을 하도록 했다. 그리고 이러한 행동을 조장한 대상은 자신이 경험했던 분열된 피양육 경험을 동재와의 관계에 적용시킴으로서 유기불안을 극복할 수 있게 했다. 그리고 그 결과는 병리적인 안정감을 가질 수 있도록 했다.

6년 8개월에 걸친 상담은 동재 어머니와 동재 관계를 변형시키는데 충분한 기간이었을 뿐만 아니라 서로가 서로의 자질을 인식하고 자아능력을 개발할 수 있는 통찰력을 가지게 하는데도 충분한 기간이었다.

동재가 병리적으로 표출해 낸 습관성 컴퓨터 중독은 양육초기에 경험했던 부족한 대상과의 관계를 스스로 알아서 충족시켜 주었던 대리만족에 대한 느낌을 반추하는 현상으로서 현실적으로 공급되지 않는 대상을 스스로 만들어 갖는 행위라고 해야 할 것이다. 정서적으로 안정된 분위기를 조성하는 대상부재는 성장에 필요한 에너지의 고갈로 격앙된 분노심을 자아내게 할 뿐만 아니라 결과적으로 비정상적인 행위를 함으로써 공급되는 대상의 부정적인 에너지를 위해서 스스로 자신의 성장을 해치는 행위를 하는 것이 일반적이다.

동재가 컴퓨터에 매달려 대상인 어머니를 괴롭혔던 것은 충분한 어머니를 공급받기 위한 행위로 처리될 수도 있는 문제이지만 사실은 어머니를 괴롭힌 것이 아니고 어머니의 무의식적 가정에 의해서 투사된 관계적 불안을 제거하기 위한 대상의 유기불안이 동재로 하여금 매달리는 행위를 하게 함으로써 대상을 괴롭힌 것으로 보이게 했을 뿐만 아니라 동재의 중독성 행위는 충분한 모성이 부재했던 영유아 시절의 굶주린 정을 만회하기 위한 행위로서 간주될 수 있다.

이러한 현상이 습관성 중독행위를 하게 하는 원인이 된다는 것을 감안하여 동재로 하여금 충분한 어머니의 정을 느낄 수 있는 기회를 갖게 해주기 위해서 2년 4개월이 되는 시기에 3개월 간의 게임기간을 정해주고 그 동안에 습관화 된 중독성 게임만을 하도록 하면서 어머니로 하여금 동재가 원하는 모든 것을 해주도록 특히 맛있는 음식(피자, 햄버거, 통닭, 떡볶이 등)을 조건 없이 공급해 주도록 하여 굶주린 모성을 느끼도록 했다.

이러한 치료적 개입이 적중하여 동재의 습관성 오락중독증은 3개월 후부터는 그 정도가 경감되기 시작하여 점차적으로 게임에 흥미를 잃게 되어 중독성과 관련된 행위적 자기 학대는 일단 그 끝을 보게 되었다.

그러나 6년 8개월의 상담이 계속되는 동안 지금까지 걸핏하면 PC방에 들려 한 두 시간의 게임을 하고 어머니로부터 믿음을 받지 못하게 했던 이유는 어머니가 편잔을 주는 만큼의 매달림을 강요하는 무의식적 가정에 의한 병원적 실체를 인준하는 행위로 간주할 수밖에 없으며 이러한 행위가 모자간의 관계적 의미를 돈독히 하는 결과를 가져 오게 함으로써 상징적인 매달림을 계속하는 느낌을 가지게 한 것에 있다고 하겠다.

동재의 병리적인 행동의 교정과 태만했던 학업에 열중할 수 있게 된 결정적인 원인은 정서공급자로서 총체적인 역할을 하는 모성을 충분하게 공급할 수 있도록 해 준 것에 있다. 이는 곧 어머니로 하여금 선량하고 따뜻하고 풍부한 정을 가진 어머니가 되게 하여 그것을 계속해서 집중적으로 공급할 수 있게 해 주었다는 것이다.

동재가 유능했기 때문에 여기에 소개 된 바와 같은 소기의 목적을 달성한 것이 아니고 여유 있는 모성을 창출해 낼 수 있는 어머니에 의해서 문제해결이 모색되었다는 사실을 간과할 수 없다.

치유를 위한 중재는 동재의 경우에서와 같이 무의식의 작업과정을 의식이 알지 못할 때 현실성이 없는 병리적인 유기불안에 의한 공황이 현실적으로 합리화된다. 그러므로 역기능적 가족의 기능을 회복시키기 위한 상담에서는 대상의 유기불안을 합리적으로 처리하는 일이 우선한다. 대상의 유기불안을 다루지 않고 현실적으로 부상된 문제만을 다루는 일은 계획된 결과를 우회하는 무모한 노력에 불과하기 때문이다.

대상에게 자율성을 부여하는 일은 격리개별화에 장애가 되고 있는 성장기의 대상 이미지를 버리게 하는 것이다. 그리고 새로운 대상 이미지를 창출해 낼 수 있는 심리적인 경제력을 강화시키는 일이다. 대상중심 가족상담은 성장기의 대상(친정 어머니)이 고집하고 있는 무의식 세계의 병리적인 의존성 혹은 가족에게 매달리지 않으면 아니 되는 대상의 불안을 제거하기 위한 것이다.

가족을 위한 집이 비바람을 막고 무너져 가고 있는데 무너져 가고 있는 그 집을 수리하지 않고서 어떻게 가족을 보호한다고 할 수 있겠는가? 어머니의 유기불안 때문에 가족이 병들어 가고 있다면 격리개별화라는 명약이 필요하다. 상담가는 서둘러 격리개별화의 명약을 처방하는 것이 옳다. 격리개별화의 처방없이는 가족상담이 기획하는 소기의 목적을 달성할 수 없기 때문이다.

상담내용 요약 4

상담의 마지막 회는 상담이 시작된 지 7년 5개월이 되던 2001년 2월 26일 총 378회를 기해서 끝을 맺게 되었다.

어머니 : 결국 와야할 날이 오고 말았군요. 끝이 나서 시원하다기 보다는 섭섭한 생각이 먼저입니다. 앞으로 상담실에 오지 않고 상담실에 와야할 날과 시간은 무엇을 해야 할지 약간 걱정이 됩니다. 오랜 세월동안 오는 것이 버릇이 되어서요.

상담가 : 참 대단한 인내와 지구력이 끝을 보게 했습니다. 약속 했던 대로 만점으로 KIST에 갔어야 하는 건데 갑자기 서울대학으로 선택 학교를 선회했어요. 이유라도…

동　재 : 제가 원해서였는데요. 400점은 아니었지만 400점이나 마찬가지죠. 5점은 어머니가 원한대로 엄마에게 선물로 드렸으니까요.(동재의 이 말이 떨어지자마자 어머니는 통곡을 하기 시작했다. 동재와 상담가는 놀라 서로를 바라보며 멍하니 무슨 까닭인지 몰라 의문의 눈초리로 M부인의 울음이 끝나기를 기다리고 있었다. M부인의 울음은 5분 이상 계속되었다. 우리는 그냥 간혹 서로의 눈을 쳐다보며 곤혹스러운 5분을 침묵으로 지켜나가고 있었다. 결국 울음이 끝나고…)

어머니 : 죄송해요.(눈물을 닦을 생각도 잊은 체 울먹이며) 5점을 삼킨 어미의 통한이었습니다. 하루종일 울어도 울음이 멈출 것 같지 않으니 한이 서려 있는 울음이었습니다. 저는 동재를 생각하느라고 끝내 그 애를 혼자 놔두지 못했으니까요. 겉으로는 놔 둔 것처럼 보였지만 마음속으로는 고삐를 더 치켜 잡고 가까운 곳에서 이 애를 불신하고 걱정하고 불안해하며 살았습니다. 그 무서운 저의 집착을 5점으로 지불한 아들에게 고맙다고 해야 할까요? 대단한 아들입니다. 100점 200점 뭉테기로 지불할 수 있었던 점수를(다시 울기 시작한다.) 5점으로 처리한 능력에 저는 또 한번 감탄의 눈물을 흘려야 합니다.

(이 때 동재는 엄마의 얼굴을 빤히 바라보며 한 손으로 조용히 엄마의 손등 위에 손을 얹고 꼭 쥐어주는 여유를 잃지 않는다. 아들의 위대한 힘이 여기에서 그 능력을 발휘하고 있는 것이다. 물론 어머니의 노고가 섞인 능력이었겠지만 그 능력을 자기 것으로 소화해서 자기 것으로 만들어 가진 동재의 끈질긴 집착은 필히 상을 받아 마땅하다. 한참을 울고 난 M부인이 고개를 처들고...) 한없이 울 것 같아요. 그렇지만 이제는 그만 울어야겠죠? 죄송스러워서.(하며 얼굴에 억지 미소를 지어 보인다.)

동 재 : 지금 와서 5점에 연연할 필요가 없죠. 제 점수가 395점이었지만 저는 400점으로 계산을 했으니까요. 왜냐하면 틀린 5점은 제가 다 아는 문제였는데 그 중에서도 가장 쉬웠던 문제였는데 그 문제의 답을 틀리게 썼어요. 박사님 말씀대로 저의 무의식에서 어머니의 노고를 위하는 값을 치르고 싶었나 봐요. 5점으로요. 어떻든 제가 어머니의 끈질긴 성격 덕분으로 어머니에게 이끌려 7년 반 동안이나 상담을 받으러 다닌 덕분에 저는 평생 학원에도 한번 가보지 않은 체 395점으로 서울대를 특차로 입학했습니다. 건방진 생각 같지만 산에 올라가 외치고 싶어요. 저를 보라구요. 박사님 감사합니다. 처음엔 박사님의 자신 있는 말씀을 믿지 않았지만 곧 저는 박사님의 그 신념에 감탄했고 저에 대한 박사님의 기대에 제가 동의했습니다. 저의 오늘의 결실은 그 결과라고 생각합니다. 어때요 박사님? 이만하면 제가 말을 잘 하죠? 전부 박사님에게 배운 겁니다. 앞으로 저는 박사님처럼 반드시 미국으로 유학을 갈 것이고 제가 원하는 학문을 익혀 반드시 저의 뜻을 펼칠 것

입니다.

어머니 : (동재의 손을 잡으며) 고맙다. 원망하지 않고 엄마를 이해해 줘서 고마워. 이제 걱정해야 할 것도 없고 믿지 못해야 할 것도 없고 한숨 쉬며 잠 못 이루는 밤도 가질 필요가 없고 나는 이제 무슨 재미로 사나?

동 재 : 엄마. (조용히 손을 잡는다.)

상담가 : 동재와 동재 어머니가 오랫동안 원했던 대로 대학에 들어갈 때까지 상담을 하겠다고 했을 때 조금은 답답한 생각이 들었지만 상담을 하는 동안 상담을 하는 것이 제게도 버릇이 되어서 이제 동재를 상담해야 할 날이 되면 허전할 것 같다는 느낌이 듭니다. 상담가로서 제게 자신감을 갖게 해 준 동재와 동재어머니께 감사를 드립니다. 앞으로 더 좋은 곳에서 만나게 될 것을 기약합니다.

이렇게 해서 동재와의 결별이 이루어지고 동재는 다음날 아침 전화를 걸어 서울로 가고 있노라고 짐을 싣고 가는 짐차 안에서 전화를 걸어왔다. 7년 5개월의 상담은 목적했던 대로 결과를 달성했다. 성공적인 결과를 달성하게 해 준 동재와 동재어머니에게 진심으로 사의를 표한다.

V. 결론

본 논문을 통해 가족의 병원적 실체는 자녀의 발달 잠재력에 병리적 불안을 느끼게 하는 본질을 가지고 있다는 것과 새로운 성장 가능성을 방해하려 하는 부모의 부부체계를 유지시키고 있는 어머니의 무의식적 음모는 아버지의 음모에 의해 동조되고 그 음모를 실제로 행사하는 당사자는 가족을 양육하는 어머니의 무의식이라는 사실을 인식할 수 있게 했다.

따라서 가족의 정신병리는 부모체계에 은둔하고 있는 어머니의 모순 투성이인 병원적 실체에서 비롯된다는 것은 물론 비슷한 양육과정을 걸친 남녀가 만나 부부가 되고 그 부부가 아이를 가지면 부모가 되어 그들이 양육된 과정에서 배운 양육방법을 그들의 자녀에게 그대로 적용한다는 반복성 강박행동을 예증했다.

가족의 발달은 가족을 양육하는 사람으로부터 격리되고 개별화될 수 있는 잠재력을 길러주는 것에서 비롯된다. 양육자로부터 격리개별화 되는 것은 부분적으로 가족개인이 개인에 대한 인식능력의 개발과 개발된 인식능력의 활용가능성에 의해 결정된다.

격리개별화의 성취는 일차적으로는 관계적 발달에 의존하고 그 후에는 리비도적 발달에 의존한다. 무엇보다도 흥미로운 것은 자녀가 성숙하고 있다는 증거를 보며 반응하는 부모의 태도 특히 양육자인 어머니의 태도 이다. 그리고 부모 각자가 가지고 있는 방어적인 욕구와 상응하는 병원적 실체와 그들간의 관계성, 그리고 그 욕구에 상응하는 자녀의 장애정도와의 관계성이다.

고집스럽고 자폐적인 부모의 병원적 실체는 가족 개인이 성장하고 있다는 현실을 인정하기 싫어하는 것 때문에 나타나는 현상이다. 자녀의 성장을 방해하는 부모의 병원적 실체와 부모 상호간의 성장에 위협을 느끼는 상대방 배우자의 사고장애와 자폐적인 해석이 반영된 것이다. 그렇기 때문에 가족 중의 어떤 개인이 경계선 장애 혹은 분열증적 장애를 가지고 있다면 그것은 분명 가족을 양육하는 사람의 사고장애와 관련된다는 사실을 잊어서는 아니 된다.

문제 가족의 양육자는 문제를 가진 양육자이다. 가족 개인이 각자의 문제를 극복하고 정상적인 삶을 살려고 하는 조짐을 보이면 양육자는 강력한 저항을 한다. 가족의 정상적인 삶을 싫어하고 이를 방해한다는 것이다. 이러한 예는 본 논고에서 이미 제시한 바와 같다.

가족 중의 어떤 사람이든 일단 정신질환이 발작하게 되면 정신질환을 가진 당사자나 그의 양육자는 그 정신질환이 호전되는 것을 두려워한다. 질환에 걸린 자녀는 질환이 낫는 것을 싫어하고 부모 역시 자녀의 질환이 나아지는 것을 싫어한다는 것이다.

그렇게 때문에 자녀의 질환은 부모의 의지에 의해서 치유 가능하다고 하는 것이다. 특히 영유아 시절의 결핍된 대상에 의해 대상 포만감을 경험하지 못한 경우라면 대상포만감을 경험하지 못한 만큼의 일탈 행위를 한다. 그러므로 이러한 청소년 다시 말해서 컴퓨터 게임광과 같은 상습형 놀이 중독증은 결핍된 대상 포만감을 없애는 작업을 통해 증상의 이완을 가져 오게 한 것이다.

이상의 예에서 입증된 바와 같이 모든 정신질환은 가족(대상)의 무의식적 가정에 의해서 인위적으로 만들어진 것이다. 그렇기 때문에 가족의 도움이 없는 가족상담 특히 양육자의 적극적인 참여가 없는 가족상담은 좌초를 예상한 항해와 같다.

가족의 병리를 상담하는 상담가는 가족치료의 좌초를 막기 위해, 대상의 격리개별화를 완성시켜야 하는 상담의 효율성을 위해, 가족 모두가 유기감을 느낄 필요가 없는 성공적인 가족치료를 위해 대상이 중심이 되는 가족상담의 절대성에 대한 인식을 새롭게 할 것을 적극적으로 권유한다.

저자 약력

노우스웨스턴 미시간대학 졸업(A.A)
웨인주립대학교 졸업(B.A.)
웨인주립대학교 사회사업대학원 졸업(MSW)
웨인주립대학교 박사원 졸업(Ph.D)
International Institute 수석임상사회사업가
미시간대학교 사회사업대학원 현장실습교수
웨인주립대학교 사회사업대학원 교수
미시간주 교육국 이중언어교육 자문위원
미시간주 법률사정위원회 자문위원
미시간주 공인임상사회사업가(CSW)
미국법무성인정 이민담당 변호사
임종렬 가족치료상담소 운영(미국, 디트로이트)
대구대학교 사회복지학과 교수역임
상명대학교 가족치료전공 책임교수역임
한국가족치료연구소 소장역임(02)711-6242~3

저 서 : 인간관계론
　　　　심리치료상담론
　　　　대상관계이론과 가족치료
　　　　대상중심이론과 가족치료(공저)
　　　　치료심리학
　　　　가족상담
　　　　관계적 사유
　　　　인터뷰 외 다수

모 신 母神

지은이 : 임　종　렬
펴낸이 : 김　순　천

펴낸곳 : **한국가족복지연구소**
　　　　서울특별시 마포구 백범로 178 신영지웰 오피스텔(공덕동)A711호
전화 : 02) 711-6242, 6243
홈페이지 : www.kfti.re.kr
이메일 : kfti2@hanmail.net
등록번호 : 1991, 11, 21. 제11-62호

1판 1쇄 발행일 / 1999년 3월 05일
2판 1쇄 발행일 / 2000년 8월 03일
3판 1쇄 발행일 / 2001년 4월 20일
4판 1쇄 발행일 / 2002년 4월 02일
5판 1쇄 발행일 / 2009년 5월 11일
6판 1쇄 발행일 / 2010년 1월 02일
6판 3쇄 발행일 / 2012년 9월 01일
6판 4쇄 발행일 / 2013년 7월 22일
6판 5쇄 발행일 / 2021년 2월 01일
7판 1쇄 발행일 / 2022년 9월 01일
ISBN 89-89821-04-5 03370

정가 25,000원